Agradeça e seja feliz!

ROBERT A. EMMONS, PH.D.

Agradeça e seja feliz!

Como a ciência da gratidão pode mudar sua vida para melhor

Tradução
Maria Clara De Biasi W. Fernandes

8ª edição

Rio de Janeiro | 2025

CIP-BRASIL. CATALOGAÇÃO-NA-FONTE
SINDICATO NACIONAL DOS EDITORES DE LIVROS, RJ

E46a   Emmons, Robert A.
8ª ed.   Agradeça e seja feliz!: como a ciência da gratidão pode mudar sua vida para melhor / Robert A. Emmons; tradução Maria Clara De Biasi W. Fernandes. – 8ª ed. – Rio de Janeiro: Best*Seller*, 2025.

Tradução de: Thanks!
ISBN 978-85-7684-361-0

1. Gratidão. I. Título.

08-5352   CDD: 179.9
                                                               CDU: 179.9

Título original em inglês:
Thanks!

Copyright © 2006 by Robert A. Emmons
Publicado mediante acordo especial com Houghton Mifflin Company

Todos os direitos reservados. Proibida a reprodução, no todo ou em parte, sem autorização prévia por escrito da editora, sejam quais forem os meios empregados, com exceção das resenhas literárias, que podem reproduzir algumas passagens do livro, desde que citada a fonte.

Editoração eletrônica: Abreu's System

Direitos exclusivos de publicação em língua portuguesa
para o Brasil adquiridos pela
EDITORA BEST SELLER LTDA.
Rua Argentina, 171 – Rio de Janeiro, RJ – 20921-380 – Tel.: (21) 2585-2000
que se reserva a propriedade literária desta tradução.

Impresso no Brasil

ISBN 978-85-7684-361-0

Seja um leitor preferencial Record.
Cadastre-se no site www.record.com.br e receba
informações sobre nossos lançamentos e nossas promoções

Atendimento e venda direta ao leitor:
sac@record.com.br

AGRADECIMENTOS

Dizem que as únicas certezas na vida são a morte e os impostos. Logo em terceiro lugar, vem a certeza da dívida. Como seres humanos, estamos em dívida. Não a dívida financeira, embora isso também seja uma realidade para muitos de nós, mas a dívida emocional e pessoal para com todos que nos ajudaram em nossa jornada. Do berço ao túmulo, devemos às inúmeras pessoas que nos tornaram o que somos, e das quais dependemos. Contudo, as dívidas de gratidão são diferentes dos outros tipos de dívidas, porque são benfazejas. Essa forma de gratidão é prazerosa. Eu me sinto afortunado por estar em dívida para com as muitas pessoas que me ajudaram a tornar este livro possível.

Sou especialmente grato a Mike McCullough, meu colaborador no projeto de pesquisa sobre a gratidão. Mike tem sido um bom amigo e colaborador em vários projetos. Sem sua experiência e incentivo, poucas das pesquisas neste livro teriam sido conduzidas. Vários outros estudantes, colegas e mentores deram contribuições importantes para a ciência da gratidão, inclusive Barbara Fredrickson, Bob Roberts, irmão David Steindl-Rast, Charles Shelton, Chris Peterson, Dacher Keltner, Dan McAdams, David Myers, Jeffrey Froh, Jo-Ann

Tsang, Jon Haidt, Marty Seligman, Patrick McNamara, Peter Stewart, Philip Watkins, Ray Paloutzian, Sol Schimmel, Stefanie Gray-Greiner, Stephen Post e Todd Kashdan. Discussões, colaborações e amizade com essas pessoas aumentaram minha compreensão acerca do papel vital da gratidão nos assuntos humanos.

Localmente, sou grato a Ted Abresch e Craig McDonald, ambos do Davis Medical Center, da University of California, por me deixarem participar de sua pesquisa e subvenção para treinamento sobre a qualidade de vida das pessoas com doença neuromuscular. Agradeço a todos que participaram dessa pesquisa, dedicando-lhe generosamente tempo e fazendo revelações pessoais. Lisa Krause foi de valor inestimável no gerenciamento desse aspecto do projeto. Nos últimos anos, contei com o apoio do presidente de meu departamento, Phil Shaver, e dos reitores Steven Sheffrin e Steven Roth, no College of Letters and Science. Sou grato a Gabriel Unda, da Campus Mediaworks, por suas habilidades fotográficas. Um agradecimento especial a Sarah Schnitker, por me ajudar a manter meu laboratório funcionando quando tirei uma licença sabática para concluir este livro.

Esmond Harmsworth, da Zachary Shuster Harmsworth Literary Agency, foi tudo que um escritor principiante pode querer de um agente, e muito mais. Sou muito grato por seu *insight*, perspicácia, sabedoria e incentivo durante todo o processo. Reconheço que o livro ficou muito melhor graças a seu cuidado e apoio. Também agradeço a Jane Rosenman, minha editora na Houghton Mifflin, por suas duas paixões — a escrita clara e concisa e o New York Yankees —, sobre as quais conversamos muito e trocamos e-mails. Agradeço a Beth Burleigh Fuller, editora de manuscritos da Houghton Mifflin, pelo cuidado com que conduziu o manuscrito ao longo de toda a produção. Eu me convenci de que os copidesques são realmente heróis desconhecidos do negócio editorial.

Grande parte da pesquisa neste livro foi patrocinada por generosas subvenções da John Templeton Foundation. Sou especialmente grato ao vice-presidente executivo Arthur Schwartz, por seu apoio e entusiasmo constantes, e o desejo de traduzir a pesquisa básica em formas que terão o maior impacto na sociedade. Também sou grato pelo apoio do vice-presidente sênior Chuck Harper, do presidente Jack Templeton, da conselheira sênior Mary Anne Meyers, de Joanna Hill, editora da Templeton Foundation Press, e de sir John Templeton. Nunca me esquecerei do momento em que sir John, em uma conferência sobre a gratidão, se levantou e perguntou ao público: "Como podemos fazer seis bilhões de pessoas em todo o mundo praticarem a ação de graças?" Que este livro possa ser uma iniciação modesta na direção desse objetivo.

Minha mulher, Yvonne, e meus dois filhos, Adam e Garrett, me forneceram inúmeras oportunidades de gratidão. Como as principais fontes de ação de graças em minha vida, dedico este livro a eles.

SUMÁRIO

1. A NOVA CIÊNCIA DA GRATIDÃO   11
2. GRATIDÃO E PSIQUE   33
3. COMO A GRATIDÃO É MATERIALIZADA   79
4. GRAÇAS A DEUS: A GRATIDÃO E O ESPÍRITO HUMANO   119
5. UM CRIME ANTINATURAL: INGRATIDÃO E OUTROS OBSTÁCULOS À VIDA GRATA   159
6. GRATIDÃO EM TEMPOS DIFÍCEIS   199
7. A PRÁTICA DA GRATIDÃO   235

Notas   265

1
A NOVA CIÊNCIA DA GRATIDÃO

> Não posso lhe dizer, em alguns minutos, como ser rico. Mas posso lhe dizer como se sentir rico, o que sei, por experiência própria, que é muito melhor. Seja grato... esse é o único esquema totalmente confiável de enriquecimento rápido.[1]
>
> — BEN STEIN, ator, comediante e economista

Em 1999, o renomado escritor Stephen King foi vítima de um grave acidente automobilístico. Quando King caminhava por uma estrada no campo, não muito longe de sua casa de veraneio, na área rural do Maine, o motorista de um furgão, distraído por seu *rottweiler*, saiu da estrada e o atingiu, atirando-o por cima do pára-brisa do furgão em uma vala. Por pouco ele não caiu sobre a saliência de um rochedo. King foi hospitalizado com fraturas múltiplas na perna direita e no quadril, lesão pulmonar, costelas quebradas e laceração do couro cabeludo. Quando mais tarde lhe perguntaram o que sentiu quando lhe disseram que poderia ter morrido, ele respondeu com uma só palavra: "Gratidão." Apesar de claramente não-religioso em sua vida pessoal, nessa ocasião ele percebeu a boa influência divina no resultado. Ao discutir a questão acerca da culpa pelo acidente, King disse: "Graças a Deus, ele [o motorista do furgão] não foi responsável pela minha morte."

Esse vislumbre da vida privada do romancista mais bemsucedido de todos os tempos mostra que a gratidão pode ocorrer nas circunstâncias mais improváveis. Na qualidade de especialista em escrever sobre o lado mais sombrio e temível da vida, o "rei" do terror é um apregoador improvável da gratidão. Normalmente associamos a gratidão às esferas mais elevadas e enaltecidas da vida. Durante séculos, teólogos, filósofos morais e escritores identificaram a gratidão como uma manifestação indispensável de virtude e excelência de caráter. Recentemente, um filósofo contemporâneo observou que "a gratidão é a mais agradável das virtudes e o mais virtuoso dos prazeres".[2]

Apesar disso, até pouco tempo atrás, a gratidão nunca tinha sido examinada ou estudada por psicólogos científicos. É possível que a psicologia a tenha ignorado porque aparentemente é uma emoção muito óbvia, sem complicações interessantes: nós recebemos uma dádiva — de amigos, familiares, Deus — e nos sentimos prazerosamente gratos. Mas, embora essa emoção parecesse simplista até mesmo para mim, quando comecei minha pesquisa, logo descobri que a gratidão é um fenômeno mais profundo e complexo que desempenha um papel crucial na felicidade humana. É, literalmente, uma das poucas coisas que podem mudar de forma mensurável a vida das pessoas.

Talvez seja inevitável que um trabalho para corrigir essa evidente omissão científica, como tantas outras inovações, comece por um feliz acaso. Como professor da University of California-Davis, na década de 1980, passei a me interessar pelo que é agora conhecido como psicologia positiva, o estudo das emoções humanas que são aspectos saudáveis e prazerosos da vida (oposta à concentração anterior da área nos problemas clínicos e emocionais). Do final da década de 1980 ao final da década de 1990, o foco de minha pesquisa foi a felicidade e os esforços para atingir objetivos. Então, em 1998, fui convidado a assistir a uma pequena conferência sobre o que eram consideradas "as fontes clássicas da força humana": sabedoria, esperança, amor, espiritualidade, gratidão e humildade. Cada cientista foi encarregado de apresentar um conjunto de conhecimentos sobre seu tema e desenvolver uma agenda de pesquisa para o futuro. Minha primeira escolha, a humildade, não me foi destinada; em vez disso, fiquei com a gratidão. Esmiucei a literatura teológica, filosófica e da ciência social, colhendo *insights*, em uma tentativa de entender a essência dessa força universal. Logo passei a acreditar que a capacidade de ser grato está profundamente associada à espécie humana e possivelmente também a outras espécies.

Depois da conferência, iniciei um programa de pesquisa científica em colaboração com Michael McCullough, psicólogo da University of Miami, e fizemos várias descobertas importantes sobre a gratidão. Descobrimos provas científicas de que o cultivo sistemático da gratidão faz as pessoas obterem vários benefícios mensuráveis: psicológicos, físicos e interpessoais. Isso contradiz a idéia amplamente aceita de que todas as pessoas têm um "ponto de ajuste" da felicidade que não pode ser redefinido por nenhum meio conhecido; em alguns casos, as pessoas disseram que a gratidão levou a mudanças de vida transformadoras. E, mais importante ainda, familiares, amigos, parceiros e outras pessoas a seu redor dizem constantemente que quem pratica a gratidão parece muito mais feliz e é melhor companhia.

Este livro apresenta a nova ciência da gratidão. Em meio à narrativa, há uma discussão sobre como os grandes líderes religiosos, filósofos, teólogos e escritores escreveram sobre a gratidão em culturas e períodos históricos distintos. Para incentivar o leitor a dar início à jornada da prática da gratidão, incluo uma discussão acerca das técnicas que aumentam a gratidão e a felicidade. Quero que este livro desperte interesse intelectual, assim como autocrítica; espero que lhe forneça informações que o inspirem a tomar decisões que mudarão sua vida.

O QUE É GRATIDÃO

O que exatamente significa *gratidão*? A maioria de nós tem uma percepção comum desse conceito. Quando sou grato, reconheço que recebi uma dádiva, o valor que ela tem e as intenções do doador. O benefício, a dádiva ou o ganho pessoal podem ser materiais ou imateriais (emocionais ou espirituais).

Contudo, de uma perspectiva científica, a gratidão resiste à classificação fácil. Alguns anos atrás, o site de um *talk-show* popular vendia camisetas adornadas com o mote: "A gratidão é uma atitude." Certamente que sim, mas é muito mais do que isso. Também tem sido descrita como uma emoção, uma disposição de ânimo, uma virtude moral, um hábito, um motivo, um traço de personalidade, uma reação de imitar e até mesmo um estilo de vida. O *Oxford English Dictionary* define *gratidão* como "a qualidade ou condição de ser grato; o reconhecimento de uma tendência a retribuir a bondade".[3]

A palavra *gratidão* deriva do latim *gratia*, que significa "graça", e de *gratus*, que significa "agradável". Todos os derivados dessa raiz latina têm a ver com bondade, generosidade, dádivas, a beleza de dar e receber ou receber gratuitamente. A gratidão é agradável. Dá prazer. Também é motivadora. Quando nos sentimos gratos, somos levados a partilhar a bondade que recebemos com os outros.

Gratidão é reconhecimento e admissão

Ao refletir sobre gratidão, descobri que é muito útil concebê-la em duas etapas. Em primeiro lugar, é a *admissão* da bondade na própria vida. Na gratidão, dizemos sim à vida. Afirmamos que, apesar dos contratempos, a vida é boa e vale a pena ser vivida. Admitir que recebemos algo nos gratifica, por sua presença ou pelo esforço do doador para escolhê-lo. Em segundo, é o *reconhecimento* de que a(s) fonte(s) dessa bondade está(ão), pelo menos em parte, fora de nós. O objeto de gratidão é o outro; você pode ser grato aos outros, a Deus, aos animais, mas nunca a si próprio. Essa é uma característica importante que distingue a gratidão das outras disposições emocionais. Uma pessoa pode se sentir zangada e satisfeita consigo mesma, orgulhosa de si mesma, ou culpada por algo errado que fez, mas seria bizarro dizer que se sente grata a si mesma. Mesmo que você se oferecesse um lauto jantar, como eu me inclino a fazer quando peço serviço de quarto, seria estranho agradecer a si mesmo. Os agradecimentos são voltados para fora, para quem ofereceu as dádivas.

Vista desse ângulo, a gratidão é mais do que um sentimento. Exige uma disposição de reconhecer: (a) que fomos beneficiários da bondade de alguém; (b) que o benfeitor proporcionou intencionalmente o benefício, muitas vezes incorrendo em um custo pessoal; e (c) que, para o beneficiário, o benefício tem valor. Gratidão implica humildade — um reconhecimento de que não poderíamos ser quem somos ou estar onde estamos na vida sem a contribuição dos outros. Também implica o reconhecimento de que é possível que outras forças ajam a nosso favor com fins benéficos e altruístas. Em um mundo composto apenas de injustiça e crueldade, a gratidão não seria possível. Ser grato a Deus consiste em admitir que há coisas boas e divertidas no mundo.

Esses dois termos, *reconhecimento* e *admissão*, exigem algumas explicações. Em primeiro lugar, sugerem que a gratidão (ou o agradecimento) é um estado que requer esforço para criar e manter. Não é para os intelectualmente letárgicos. O agradecimento pertence à esfera do pensamento: as duas palavras têm raízes etimológicas comuns. O proeminente filósofo existencial Martin Heidegger gostava de dizer "*denken ist danken*"[4] ("pensar é agradecer"). A língua francesa é especialmente rica em expressões que têm a ver com agradecimento. O termo *reconnaissance* é do francês antigo, *reconoissance* significando uma inspeção ou exploração com o objetivo de reunir informações. Tipicamente, tem uma conotação militar, mas, no contexto da gratidão, se refere a inspecionar ou explorar a própria vida com o objetivo de ver a quem o agradecimento deve ser dirigido. A expressão francesa "*je suis reconnaissant*" é traduzida como uma interpretação de três partes: (1) "eu reconheço" (intelectualmente), (2) "eu admito" (sinceramente) e (3) "eu aprecio" (emocionalmente).[5] Somente quando todas as três vêm juntas é que a gratidão é completa.

Essa breve digressão etimológica já sugere que a gratidão é muito mais do que mera cortesia ou um sentimento superficial. O reconhecimento é a qualidade que permite que a gratidão seja transformadora. Reconhecer é conhecer de novo, ou pensar a respeito de algo de um modo diferente do que pensávamos antes. Pense em uma experiência em sua vida na qual o que era inicialmente uma desgraça acabou se revelando uma bênção. Talvez você tenha sido demitido, se divorciado ou acometido de uma doença grave. Aos poucos, saiu da escuridão resultante com uma nova visão. A adversidade se transformou em oportunidade. A tristeza se transformou em gratidão. Você *re-conheceu* o acontecimento. O reconhecimento também pode envolver questões muito mais triviais do que redução do número de funcionários, divórcio ou incapacidade. Ao dirigirmos para o trabalho em um dia comum, podemos notar pela primeira vez um nascer do sol, um campo florido na primavera ou uma formação de gansos acima de nossa cabeça, e subitamente nos sentir cheios de respeitosa gratidão.

Gratidão também é consciência de que somos alvos de bondade. Na gratidão, lembramo-nos das contribuições dos outros para nosso bem-estar. Do lado receptor, admitimos que recebemos um benefício e percebemos que o doador agiu intencionalmente para nos beneficiar. Do lado do doador, admitimos que o receptor precisava ou era merecedor do benefício, e que podíamos proporcioná-lo. Não podemos ser gratos sem pensar. Não podemos pôr nossa engrenagem mental em ponto morto e manter um estilo de vida de gratidão. Portanto, a gratidão exige contemplação e reflexão.

O coração e a cabeça

Para não intelectualizarmos demais a gratidão (o que representa um risco ocupacional para um acadêmico como eu), devemos ter em mente que o componente afetivo ou emocional pode ser forte. A gratidão mobiliza o coração e a mente. *The International Encyclopedia of Ethics* diz que "a gratidão é o indicador interno do coração de que o total das dádivas excede as trocas".[6] Há quase dois séculos, o filósofo inglês Thomas Brown definiu a gratidão como "a deliciosa emoção de amor por quem foi bondoso conosco, sentimento esse que, em si, é uma parte importante do benefício conferido".[7]

Passei a acreditar que temos uma grande necessidade de expressar gratidão pela bondade recebida. Em algumas pessoas, em certas ocasiões, esse sentimento cresce e transborda. Talvez seja por isso que freqüentemente derramamos lágrimas de gratidão. A gratidão clama por expressão até não poder mais ser contida.

Elizabeth Bartlett é professora de ciência política em uma universidade do Meio-Oeste dos Estados Unidos. Com 42 anos e taquicardia crônica (batimentos cardíacos irregulares), precisava de um transplante de coração. Quatro anos antes, sofrera uma parada cardíaca e a medicação não conseguira melhorar sua condição. No livro que escreveu narrando essa jornada, ela relembra esse sentimento de transbordante gratidão:

> Contudo, descobri que para mim não basta ser grata. Desejo fazer algo em troca. Agradecer. Dar coisas. Pensamentos. Amor. Assim, a gratidão se torna a dádiva, criando um ciclo de dar e receber, a cascata perene. Aumentando e transbordando. Do fundo de meu ser. Isso não provém de um sentimento de obrigação, como os bilhetes de agradecimento de uma criança aos avós e tios que a presentearam. Trata-se de uma benevolência espontânea, talvez nem mesmo para com o doador, mas para com outra pessoa, qualquer uma que surja no caminho. O simples ato de passar a dádiva adiante.[8]

Recebendo o que não merecemos

Outro aspecto essencial da gratidão é a idéia do *prêmio imerecido*. Quando estou grato, reconheço que não tenho direito à dádiva ou ao benefício recebido; foi-me concedido voluntariamente por compaixão, generosidade ou amor. Por isso, um filósofo da ética define a gratidão como "a disposição de reconhecer os incrementos imerecidos na própria experiência".[9] O termo teológico para isso é *graça*. Assim, temos outro grupo de três termos: *graça, grátis* e *gratidão*. Eles fluem um para o outro. Perceba a graça e se sentirá naturalmente grato.[10] A graça é imerecida — uma dádiva voluntária. Se você acredita nela, também confia que há um padrão de beneficência no mundo, independentemente do nosso esforço e até mesmo da nossa existência. Portanto, a gratidão depende de recebermos o que não esperamos ou não merecemos. A graça é o motivo pelo qual a discussão sobre a gratidão é tão comum nos discursos religiosos, e talvez tão rara nas ciências sociais. Quando Stephen King afirmou que estava vivo pela graça de Deus, concluiu que, em face do que poderia ter ocorrido na estrada naquele dia, não recebeu o que estava em condições de receber.

O problema é que, para muitos de nós, é bastante difícil manter a visão de um mundo cheio de graça. O ser humano dispõe de ferramentas mentais que parecem trabalhar contra a tendência a perceber a graça. Nós somos desatentos. Temos as coisas como certas. Temos expectativas elevadas. Presumimos que somos totalmente responsáveis por tudo de bom que surge em nosso caminho. Afinal de contas, nós conquistamos tudo isso. Nós fizemos por merecê-lo. Quando lhe pediram para rezar à mesa de jantar da família, Bart Simpson proferiu as seguintes palavras: "Meu Deus, nós pagamos por todas estas coisas, por isso obrigado por nada."[11] De certo modo, Bart estava certo. A família Simpson realmente ganhou o próprio dinheiro. Mas, de outro, não viu o quadro geral. A pessoa grata percebe que muita bondade ocorre independentemente de suas ações ou até mesmo a despeito dela mesma. Nós recebemos ajuda alheia, tanto no passado como no presente, e precisamos ser lembrados disso. Em seu discurso de colação de grau no Ithaca College, Ben

Stein, que citei no início deste capítulo, disse aos formandos: "Todos somos herdeiros de uma sociedade de liberdade e abundância que a maioria de nós não fez absolutamente nada para merecer. Ela simplesmente caiu em nosso colo." Nós podemos nos orgulhar de nossas realizações e ao mesmo tempo perceber que seriam impossíveis sem a ajuda dos outros. Essa percepção é o solo que permite que a gratidão germine.

A gratidão também pode ser uma reação ao mal imerecido. Embora quase sempre a associemos a bons resultados, não é rara mesmo em meio a grandes traumas e tragédias. Meu trabalho me levou a entrevistar pessoas que sofreram de doenças terríveis, perdas e até mesmo com os acontecimentos de 11 de setembro de 2001 e os furacões destruidores que atingiram o sudeste dos Estados Unidos, em 2005. Mesmo diante dessas terríveis adversidades, é possível ser grato por um benefício recebido. E, ainda mais importante: com mais freqüência, as pessoas que sentem gratidão nessas circunstâncias horríveis dizem que são mais felizes e menos suscetíveis a emoções e resultados negativos do que as que não sentem. É sua presença nos tempos difíceis que nos permite concluir que a gratidão não é apenas uma forma de "pensamento positivo", ou técnica de "felicidade-ologia", mas um reconhecimento profundo e contínuo de que a bondade existe, mesmo durante o pior que a vida oferece. Esse aspecto da gratidão é um dos mais intrigantes para mim.

POR QUE A GRATIDÃO É IMPORTANTE?

"Seja grato por suas bênçãos e àqueles que fazem o bem para você" é algo que ensinamos desde cedo a nossos filhos. Isso é mais do que um chavão desprovido de significado. A gratidão é uma dimensão importante para a vida quando interagimos em nossas relações diárias. É impossível imaginar um mundo em que os indivíduos não sejam regularmente gratos uns aos outros. Unindo as pessoas em relacionamentos de reciprocidade, a gratidão é um dos alicerces da sociedade civil e humana. Georg Simmel, um proeminente sociólogo suíço do início do século XX, se referiu à gratidão como "a memória moral da humanidade". Ele escreveu que, "se todo ato de gratidão [...] fosse subitamente eliminado, a sociedade (pelo menos como a conhecemos) se desintegraria".[12] Nós precisamos de gratidão para viver em sociedade.

Ilustrando esse componente de conexão, Roger, um homem que entrevistei, estava prestes a perder sua casa devido a despesas médicas crescentes e um longo período sem trabalhar. Ele escreveu em seu diário de gratidão:

> Eu deveria voltar ao trabalho no dia 7 de agosto de 2000, e meus colaboradores e amigos promoveram um evento beneficente para mim em um clube de *rock and roll* chamado The Double Door. Localizado em um bairro "em ascensão", o lugar se tornou conhecido como palco de abertura da turnê dos Rolling Stones. O síndico do meu prédio liderou o esforço, organizando rifas de jantares em restaurantes, itens esportivos e bufê e música grátis. Minha mulher, Sue, sentiu-se culpada por não ter participado do planejamento e da promoção do evento. Achamos que isso seria pedir demais de nossos amigos e familiares. Mas, como não estávamos no comando, limitamo-nos a apreciar o grande esforço e trabalho que estava sendo realizado em nosso benefício. O evento seria um fracasso? Ou um sucesso? Não

sabíamos, mas Sue, Brian e os três garotos agradeceriam a todos que comparecessem. Após muita expectativa, chegou o grande dia. Cerca de 200 pessoas compareceram, compraram rifas, beberam, dançaram, se divertiram e comeram até o fim da festa, à 1 hora da manhã! Nós subimos ao palco para agradecer alegremente a todos, entre lágrimas e abraços. Na semana seguinte, o síndico me entregou um cheque de mais de U$ 35 mil! Sem ele, eu teria perdido minha casa e meu carro. O seguro pagou a maioria das contas, mas tivemos muitas despesas com exames semanais, remédios e acompanhamento médico. Vimos tantos amigos e colaboradores, que aquela foi realmente uma grande noite. O primeiro prêmio de mil dólares foi doado a nós pelo ganhador (um estranho!). Meu médico e meu enfermeiro também compareceram, e nosso padre passou por lá para tomar algumas cervejas — fico pensando em mais pontos de especial interesse enquanto escrevo. Meu coração se enternece quando penso nas pessoas que compareceram. Também sinto necessidade de ajudar os outros sempre que posso, falando ou apenas ouvindo.

Basta tentar imaginar os relacionamentos humanos existindo sem gratidão, como Simmel fez em sua experiência sobre o pensamento. De modo oposto, a ingratidão leva, inevitavelmente, a uma consciência do eu que confina, limita e "encolhe". Emoções como raiva, ressentimento, inveja e amargura tendem a minar as relações sociais felizes. Mas a virtude da gratidão não só protege contra a deterioração dos relacionamentos, como também contribui positivamente para a amizade e a civilidade, porque é tanto benevolente (desejando o bem ao benfeitor) quanto justa (dando ao benfeitor o que lhe é devido). Na gratidão, demonstramos nosso respeito pelos outros reconhecendo suas boas intenções de nos ajudar. Às vezes, a mentalidade de gratidão chega a dominar a vida de toda uma cultura, como pode ser visto em certos países do Oriente, em que os indivíduos se vêem como receptores de bênçãos infinitas de seus ancestrais.

Mas podemos ir além das experiências sobre o pensamento. Há muito, os escritores religiosos presumiram que uma estratégia eficaz para reposicionar a vida espiritual e emocional é contar as bênçãos. Ao mesmo tempo, o dogma psicológico atual afirma que a capacidade de se alegrar é estabelecida biologicamente. Nossa pesquisa experimental[13] começou a submeter essas afirmações conflitantes a um rigoroso teste. Descobertas preliminares sugerem que aqueles que têm regularmente um pensamento de gratidão recebem benefícios emocionais, físicos e interpessoais. Os adultos com o hábito de escrever diários de gratidão se exercitam com mais freqüência, apresentam menos sintomas de doenças, sentem-se melhor em relação à vida como um todo e mostram-se mais otimistas quanto ao futuro. Esses benefícios foram observados em estudos experimentais em que foram comparados com pessoas a quem foi pedido que narrassem seus aborrecimentos cotidianos ou refletissem sobre o modo pelo qual estavam em melhor situação do que os outros. Em estudos diários da experiência emocional, quando as pessoas afirmam que sentem gratidão e reconhecimento, também se sentem mais amorosas, dispostas a perdoar, alegres e entusiásticas. Essas emoções profundas parecem surgir por meio da disciplina da gratidão.

Há o sentimento de gratidão de curto prazo, mas também a disposição de ser grato no longo prazo. Nossa pesquisa pioneira mostrou que as pessoas gratas apresentam níveis mais elevados de emoções positivas como alegria, entusiasmo, amor, felicidade e otimismo, e que a prática da gratidão como disciplina as protege dos impulsos destrutivos da inveja, do ressentimento, da ganância e da amargura. Descobrimos que uma pessoa que sente gratidão é capaz de lidar com mais eficácia com o estresse diário, tem mais resiliência diante do estresse causado por trauma, se recupera mais rapidamente de doenças e tem mais saúde física. Nossa pesquisa nos levou a concluir que sentir gratidão leva a sentimentos maiores de união, relacionamentos melhores e até mesmo altruísmo. Também descobrimos que, quando as pessoas são gratas se sentem mais amorosas, mais capazes de perdoar e mais próximas de Deus. A gratidão maximiza a apreciação do bem — dos outros, de Deus e da vida. A felicidade é facilitada quando apreciamos o que recebemos, "queremos o que temos".

A importância da gratidão reside em sua capacidade, como Ben Stein disse de forma convincente, de enriquecer a vida humana. A gratidão eleva, energiza, inspira e transforma. As pessoas se comovem, tornam-se receptivas e humildes por meio das experiências e expressões de gratidão. A gratidão dá sentido à vida, encapsulando a própria vida como uma dádiva. Sem ela, a vida pode ser solitária, deprimente e empobrecida.

Portanto, a gratidão é uma chave para a felicidade, como discutirei de um ângulo científico. E a felicidade em si é uma coisa boa. Uma suposição implícita de muitos de nós é que a felicidade depende dos *acontecimentos* — do que ocorre na vida. Nós acreditamos que o sucesso na vida — seja na sala da diretoria ou no quarto — torna as pessoas mais felizes. Contudo, um reexame recente da literatura científica sobre a felicidade revelou que ela produz muitas recompensas para o indivíduo e precede esses resultados.[14] Isso significa que a felicidade faz coisas boas acontecerem. Realmente promove resultados positivos. Seus benefícios incluem renda mais alta e resultados melhores do trabalho (por exemplo, maior produtividade, qualidade do trabalho e realização profissional), maiores recompensas sociais (como casamentos mais duradouros e satisfatórios, mais amigos, maior apoio social e interações sociais mais agradáveis), mais atividade, energia, fluxo e saúde física (por exemplo, um sistema imunológico mais forte, níveis mais baixos de estresse e menos dor) e até mesmo uma vida mais longa.

Pense no que isso significa concretamente. Dois resultados altamente desejados são longevidade e riqueza. Queremos ter vida longa e prosperar. Fumar demais pode tirar cerca de seis anos da vida de uma pessoa. De modo inverso, a felicidade pode aumentar em nove anos a expectativa de vida. E quanto ao patrimônio? Um estudo longitudinal de estudantes universitários descobriu que os níveis de felicidade na universidade prenunciavam progresso financeiro 16 anos depois. Os estudantes mais alegres ganhavam US$ 25 mil a mais por ano do que os colegas mais circunspectos.

Mas uma vida longa e confortável não é tudo, não é mesmo? A literatura sugere que as pessoas alegres também são mais criativas, prestativas, caridosas, autoconfiantes, têm mais autocontrole, capacidade de se auto-regular e de superação. Os fatos mostram claramente que elas são bem-sucedidas. Portanto, as intervenções que aumentam a alegria duradoura se tornam ainda mais desejáveis, porque a felicidade prenuncia mudanças em outros resultados positivos como comportamento altruísta, criatividade, desempenho profissional, saúde física e relacionamentos sociais.

Certamente, a gratidão profunda e constante — a capacidade de apreciar as coisas comuns — é uma qualidade humana desejável. Eis algumas das questões que explorarei neste livro: Como chegar lá? Como ter gratidão? A gratidão é uma daquelas dádivas "injustas" concedidas a quem tem um temperamento alegre, não sente instintivamente a ansiedade, a dor e o isolamento de viver neste mundo? Provém de uma predisposição química ao otimismo, ou há opções que podemos fazer? Podemos escolhê-la? Concluo que a gratidão realmente pode ser cultivada de um modo positivo e se tornar um componente crucial da felicidade humana. No último capítulo apresento uma discussão de alguns dos exercícios que recomendo aos leitores para aumentar sua gratidão e, conseqüentemente, enriquecer sua vida.

Algumas reservas sobre a gratidão

Talvez você já esteja fazendo algumas objeções a uma abordagem grata da vida. Eu ouvi as que se seguem. Hoje em dia, isso não é muita ingenuidade? A gratidão é ótima para o sentimentalismo da Hallmark, mas e quanto à dura realidade da vida? Ela ignora a tragédia e o sofrimento? Se eu for grato pela minha vida, meu contentamento me levará a evitar ser um agente de mudança no mundo? As pessoas gratas estão satisfeitas demais com o *status quo*? A gratidão mina a autonomia e a auto-iniciativa? É legítimo eu não me sentir grato mesmo que os outros sejam bondosos comigo? E quanto a quem me prejudicou, mas também me beneficiou? Como lidar com esse conflito?

Estas e outras perguntas surgem na mente instigadora. Um de meus objetivos neste livro é apresentar algumas reflexões cuidadosas sobre essas objeções, usando, sempre que possível, evidências com base científica. A gratidão é uma reação natural a uma situação em que coisas boas acontecem, mas há momentos em que é uma reação incorreta. Às vezes, somos tão influenciados pelos eventos bons em nossa vida que reagimos equivocadamente a determinada situação. Por exemplo, podemos sentir gratidão por um indivíduo cujas intenções não a merecem. Podemos acreditar que objetos inanimados salvaram nossa vida, ou nos dão sorte, a ponto de sentirmos gratidão por eles. Nós nos iludimos achando que deveríamos ser gratos a coisas. Somos gratos por nosso jogo de futebol não ter sido interrompido pela chuva, por ganhar na loteria ou encontrar uma vaga no estacionamento do shopping no Natal.

Acho que parte do problema é não termos um discurso sofisticado para a gratidão, porque nos falta prática. O filósofo da emoção Robert Solomon observou que é relativamente raro os norte-americanos falarem sobre a gratidão, mas que essa emoção forma a base da interação de muitas outras culturas. A gratidão é uma emoção "hipoconhecida" nos Estados Unidos, o que significa que, coletivamente, não costumamos pensar muito sobre ela.[15] Por outro lado, a raiva, o ressentimento, a felicidade e o amor romântico tendem a ser minuciosamente examinados, ou "hiperconhecidos". Argumenta-se que os homens convencionais podem ser avessos a experiências e expressões de gratidão porque indicam dependência e dívida. Um estudo fascinante da década de 1980[16] descobriu que os homens norte-americanos tendiam a avaliar menos positivamente a gratidão e a considerá-la menos construtiva e útil do que os alemães. A gratidão pressupõe tantos julgamentos sobre dívida e dependência que é fácil entender por que os supostamente autoconfiantes homens norte-americanos se sentiriam constrangidos até mesmo em discuti-la. Nós não gostamos de ser lembrados de que precisamos de ajuda. Não queremos dever favores a nossos salvadores. Só por esse motivo a gratidão já pareceria representar um desafio.

A gratidão pode ser uma pílula amarga, humilhando-nos e exigindo, como exige, que confrontemos nossa própria idéia de auto-suficiência. Por isso, podemos evitá-la, assim como evitamos ir ao médico para o exame de próstata anual. Mas ela também é um bom remédio com poucos efeitos colaterais. Ao longo das culturas e do tempo, as experiências e expressões de gratidão têm sido tratadas como aspectos básicos e desejáveis da personalidade humana e da vida social. A gratidão é uma virtude, assim como uma emoção, e tê-la permite à pessoa viver bem. Portanto, deve ser incluída em toda discussão abrangente sobre as virtudes. O filósofo romano Cícero disse que "a gratidão não é apenas a maior das virtudes, mas a mãe de todas as outras". Seu contemporâneo Sêneca afirmou: "Quem recebe um benefício com gratidão paga a primeira parcela de sua dívida." "O homem sábio é aquele que não se entristece com as coisas que não tem, mas se rejubila com as que tem", escreveu Epíteto. O teólogo Dietrich Bonhoeffer escreveu: "Dificilmente percebemos que recebemos muito mais do que damos, e é somente com a gratidão que a vida se torna rica."[17] Os psicólogos que se alinharam com a psicologia positiva estão bastante interessados nas tendências psicológicas essenciais que levam a uma vida rica, e minha mensagem é que a gratidão é uma delas.

Enquanto a gratidão parece ser universalmente louvada, a ingratidão é universalmente condenada. Sêneca a chamou de "abominação". Os filósofos do Iluminismo David Hume e Immanuel Kant, em desacordo sobre a maioria das questões psicológicas mais instigantes, encontraram uma base comum na ingratidão. Hume observou que, "de todos os crimes que as criaturas humanas são capazes de cometer, o mais horrível e antinatural é a ingratidão",[18] enquanto Kant afirmou que "a ingratidão [...] é a essência da vilania".

Apesar dessas veementes afirmações, as opiniões sobre o *status* da gratidão como virtude estão longe de ser unânimes. Em busca de um consenso universal, não devemos deixar de notar a ambivalência em relação ao lugar da gratidão no mundo antigo, repetida por muitos de nossos contemporâneos. La Rochefoucauld disse que "a gratidão da maioria dos homens não passa de um desejo secreto de receber maiores favores". Aristóteles considerava a gratidão uma fraqueza e incompatível com a magnanimidade. Por conseguinte, não a incluiu em sua lista de virtudes. Segundo ele, as pessoas magnânimas insistem em sua auto-suficiência e por isso acham humilhante estar em dívida para com os outros. Nietzsche acreditava que a gratidão freqüentemente disfarçava interesses e que contar com a gratidão de alguém garantia a lealdade dessa pessoa. As citações anteriores são generosas comparadas com as palavras de Dorothy Parker: "A gratidão é o atributo mais mesquinho e hipócrita do mundo."[19]

Hoje em dia, não nos opomos tanto à gratidão por razões filosóficas e morais. Em vez disso, simplesmente não pensamos muito sobre ela. Na verdade, podemos ser totalmente amnésicos quando se trata de gratidão. O reverendo Peter Gomes, ilustre professor da Harvard University Divinity School, escreveu: "Quando vi as luzes de Natal sendo penduradas nas ruas da cidade e os Papais Noéis nas vitrines da Sears, soube que o Dia de Ação de Graças não poderia estar longe."[20] Na opinião de Gomes, na vida contemporânea nós nos esquecemos do Dia de Ação de Graças e, mais basicamente, de seu próprio objetivo: expressar gratidão. As pesquisas da ciência social contemporânea nos lembram que, se descuidarmos da gratidão, será por nossa própria conta e risco emocional e psicológico.

Um dos riscos de escrever um livro sobre a gratidão é que ele pode se tornar vítima das tendências ao sentimentalismo e à doutrinação. A tendência ao sentimentalismo enfatiza o aspecto emocional e os benefícios pessoais da gratidão: ela é agradável, por isso a felicidade pessoal se torna a motivação final para a gratidão. Gomes observou que, "quando nos livrarmos da rotina de contar e enumerar cada uma de nossas bênçãos, daremos um passo importante".[21] Por outro lado, a tendência à doutrinação salienta a natureza imperativa moral da gratidão: devemos ser gratos, e o mundo seria um lugar melhor se todos o fossem. Embora certamente haja um valor positivo e imperativo moral na gratidão, um foco apenas nesses dois elementos não abrangeria o conjunto crescente de conhecimentos sobre o tema. Além disso, essas suposições estão totalmente equivocadas. Longe de ser um sentimento morno e vago, a gratidão é moral e intelectualmente exigente. De modo análogo, achar que *deveríamos* sentir gratidão depois de termos sido doutrinados para isso pode produzir ressentimento, não gratidão. Contudo, este livro se baseia em descobertas científicas. Embora eu busque objetividade e exatidão ao descrever e explicar os benefícios da vida grata, não confunda objetividade com neutralidade. Não sou neutro no tocante à gratidão. Acredito que ela é a melhor abordagem da vida.

A GRATIDÃO COMO UMA ATITUDE ESCOLHIDA

Ao ler relatos sobre a gratidão de pessoas de todo o mundo ao longo da história, convenci-me de que ela é uma abordagem da vida que pode ser livremente escolhida. Não depende de circunstâncias objetivas como saúde, riqueza ou beleza. Dizer que a gratidão é uma escolha significa que podemos selecioná-la dentre um conjunto de reações ao que a vida oferece. O falecido padre católico, psicólogo e escritor religioso Henri Nouwen sabia disso:

> A gratidão como disciplina envolve uma escolha consciente. Posso ser grato mesmo quando minhas emoções e meus sentimentos estão impregnados de raiva e ressentimento. É impressionante como surgem muitas oportunidades em que posso optar por ser grato quando sou criticado, mesmo quando meu coração responde com amargura [...] posso decidir ouvir as vozes que perdoam e olhar os rostos sorridentes, mesmo quando ainda ouço palavras de vingança e vejo esgares de ódio.[22]

O que significa dizer que a gratidão é uma escolha? Significa que podemos aperfeiçoar nossa capacidade de reconhecer e admitir o dom da vida; tomar uma decisão consciente de ver as bênçãos, e não as maldições; e que nossas reações internas não são determinadas por forças externas.

O fato de a gratidão ser uma escolha consciente não implica que seja fácil. Apesar de ser agradável, a capacidade de escolhê-la não surge naturalmente. Requer esforço. A gratidão deve ser conscientemente cultivada. Albert Einstein admitiu que precisava se lembrar centenas de vezes por dia de que sua vida interior e exterior dependia dos esforços de outros homens, vivos e mortos, e de que "devo me esforçar para dar na medida em que recebi e ainda estou recebendo".[23] Vários fardos pessoais e obstáculos externos impedem os pensamentos gratos. Muitas atitudes são incompatíveis com uma percepção grata da vida, inclusive sentimentos de vítima, incapacidade de reconhecer os próprios defeitos, sensação de ter direito e incapacidade de admitir que não se é auto-suficiente. Em uma cultura que celebra o engrandecimento pessoal e as percepções de mérito, a gratidão pode ser excluída. É fácil ver como pode ser difícil para ela sobreviver em uma cultura que promove o consumo. Porém, quando sentimos gratidão, reconhecemos que, em última análise, não somos produtores e consumidores, mas, acima de tudo, receptores de dádivas.

2
GRATIDÃO E PSIQUE

> Eu diria que o agradecimento é a forma mais elevada de pensamento e a gratidão é a felicidade dobrada pela admiração.
>
> — G. K. CHESTERTON

UM DOS ESCRITORES MAIS PROLÍFICOS do século passado, G. K. Chesterton,[1] produziu quase cem livros nos gêneros de fé e filosofia, mistério, biografia, poesia e comentários sociais e políticos. No decorrer de sua vida, Chesterton contribuiu para outros 200 livros, escreveu mais de 4 mil ensaios para jornais, inclusive o equivalente a 30 anos de colunas semanais para *Illustrated London News* e 13 anos de colunas semanais para *Daily News*. Ao mesmo tempo, editou o próprio jornal, o *G. K.'s Weekly*.

Chesterton foi um grande pensador que tinha o dom de expressar com simplicidade verdades profundas e fazer observações simples parecerem profundas. Um observador escreveu que ele sempre dizia algo sobre tudo — e melhor do que qualquer outra pessoa. Mas, para quem o conhecia, seu comportamento habitualmente positivo era ainda mais notável do que sua grande inteligência. Embora pudéssemos esperar que sua carga de trabalho pesada o deixasse exausto, seus amigos e conhecidos sempre o descreviam como "exuberante" e "feliz" com a vida. Para o que essas características contribuíram?

Pensar em Chesterton, escreveu um observador, é "pensar em gratidão". Sua vida e seus escritos expressavam constantemente gratidão e um sentimento de admiração e apreço pela vida. Chesterton se alegrava com o que era comum e se surpreendia e se maravilhava com sua existência e a de tudo mais. Durante toda sua vida teve o objetivo consciente de manter um sentimento de admiração pueril e não sucumbir à monotonia e ao tédio que tiram a alegria e o objetivo de muitas vidas. Sua admiração pelas coisas comuns é bem ilustrada nesta carta para sua noiva, Frances, em que ele se desculpa por uma mancha de tinta na carta:

> Eu gosto da tinta do ciclostilo,* é tão negra! Não creio que haja alguém que aprecie tanto as coisas em si quanto eu. A umidade surpreendente da água me excita e me embriaga; o calor do fogo, a dureza do aço, a indescritível consistência do barro. Acontece o mesmo com as pessoas [...] Quando dizemos que um homem é "másculo" ou uma mulher é "feminina", tocamos a mais profunda filosofia.[2]

Chesterton ficava tão absorto no presente que diziam que ele vivia em um estado quase místico de exaltação. Contudo, o foco no presente vinha à custa da distração, e a dele era le-

---

* Técnica de impressão que precedeu o uso das fotocopiadoras. (*N. da T.*)

gendária. Ele raramente sabia onde deveria estar em determinada hora. Fazia a maior parte de seus trabalhos de escrita em estações ferroviárias, porque geralmente perdia o trem que deveria pegar. Certa vez, chamou um táxi para levá-lo a um endereço que ficava do outro lado da rua. Em outra ocasião, estava tomando vinho com sua cunhada em uma taberna em Londres quando subitamente se lembrou de que, dentro em pouco, deveria dar uma palestra em outra cidade. Outra vez, ainda, mandou para sua esposa um telegrama que dizia: "Estou em Market Harborough. Onde deveria estar?"

Sem dúvida, sua capacidade de entrar na corrente da vida, um estado marcado por total concentração e distanciamento do que estava ao redor, contribuiu para seu sucesso como escritor e sua alegre afirmação da vida. Muitos psicólogos diriam que Chesterton era apenas uma pessoa naturalmente feliz e engajada, um homem que ganhou a loteria genética no nascimento e cujo cérebro era programado para sentir prazer e alegria até mesmo nos ambientes mais mundanos. Mas havia outro fator. Em seu livro mais conhecido, *Ortodoxia*, Chesterton escreveu: "O teste de toda felicidade é a gratidão. As crianças se sentem gratas quando Papai Noel põe brinquedos ou doces em suas meias. Posso deixar de me sentir grato a Papai Noel quando ele põe o presente de duas pernas miraculosas em minhas meias? Nós agradecemos às pessoas por presentes de aniversário [...] Não posso agradecer a alguém o presente de ter nascido?"[3] Em sua autobiografia, publicada no ano de sua morte, ele resumiu os escritos de sua vida dizendo que a gratidão, "se não é a doutrina que sempre ensinei, é a que sempre gostaria de ensinar".[4] Segundo Chesterton, todos sempre têm oportunidades de serem felizes, porque em cada esquina há outra dádiva esperando para nos surpreender, e nos surpreenderá se controlarmos nossa tendência natural a comparar, ter as coisas como certas e achar que temos direito a elas.

Chesterton foi criado sem fé religiosa, mas era cheio de gratidão por sua própria vida, pelo amor, pela beleza e por tudo que existe. Ele tinha um sentimento profundo de gratidão e uma necessidade enorme de ter alguém ou algo a agradecer. Como se pode ser grato, perguntava-se, se não há a quem agradecer? Esse mistério se tornou o enigma filosófico fundamental de sua vida e, em última análise, o levou a se converter ao catolicismo, aos 48 anos.

O QUE DETERMINA A FELICIDADE?

Se você perguntar à maioria das pessoas o que de fato elas querem da vida, o que *realmente* importa, elas darão várias respostas. Família, amigos, saúde e segurança financeira são as mais comuns. Se você as fizer ir mais fundo lhes perguntando *por que* querem essas coisas, inevitavelmente dirão que é porque, sem elas, não podem ser felizes. Quando Thomas Jefferson declarou, no século XVIII, que os americanos tinham o "direito inalienável" de buscar a felicidade, não sabia que, no século XXI, a felicidade se tornaria o objetivo supremo da vida da maioria das pessoas. As decisões importantes que elas tomam na vida — com quem se casar, se devem começar uma família ou não, se devem continuar casadas — se baseiam em opções que lhes darão maior sensação de felicidade. Estudos mostraram que a maioria dos entrevistados norte-americanos considerava a felicidade pessoal muito importante, e que as pessoas pensam na felicidade pelo menos uma vez por dia.[5] Os cientistas que estudam a felicidade fizeram descobertas importantes sobre quem é feliz e por quê. Uma delas é que cada pessoa parece ter um ponto de ajuste da felicidade. A maioria das pessoas que fazem dieta conhece a noção dos pontos de ajuste. Apesar de seus grandes esforços, elas sabem que é difícil manter a perda de peso quando influências metabólicas promovem sua volta aos níveis anteriores. Há um ponto de ajuste parecido nos níveis de felicidade: os pesquisadores sugerem que cada pessoa tem um nível de felicidade crônico ou característico.[6] Segundo essa idéia, as pessoas têm pontos de ajuste da felicidade aos quais inevitavelmente voltam depois de acontecimentos perturbadores na vida. Publicar um livro, mudar-se para a Califórnia, a pessoa de seus sonhos responder a seu anúncio pessoal — tudo isso pode fazer a balança da felicidade sair temporariamente do prumo. Porém, depois de alguns meses, ela volta ao ponto de ajuste típico de cada indivíduo. O que sobe tem de descer. Alguns pesquisadores dizem que essa tendência é tão forte que é inútil tentar mudar a felicidade, porque o indivíduo, inevitavelmente, volta a um estado predeterminado.

Esse processo de voltarmos a nosso nível de felicidade característico, pouco depois de experimentarmos eventos excepcionalmente bons ou ruins, é conhecido como adaptação. Inicialmente, as pessoas reagem fortemente às circunstâncias diferentes; porém, com o correr do tempo, suas reações emocionais perdem a força. Elas se adaptam; em outras palavras, têm as coisas boas como certas e superam os obstáculos que a vida lhes apresenta, voltando ao nível de felicidade que lhes é natural. Em um dos mais famosos estudos da adaptação, psicólogos compararam o bem-estar e a felicidade de dois grupos bem distintos: de pessoas que haviam acabado de ganhar na loteria e pessoas que haviam sofrido lesões devastadoras na medula espinhal. Concluíram que os ganhadores da loteria eram menos felizes do que a maioria de nós esperaria[7] (e, o que ainda é mais surpreendente, não eram muito mais felizes do que um grupo de controle) e que os indivíduos com lesões na medula espinhal eram mais felizes do que se poderia esperar.

De onde vem esse ponto de ajuste? Dos genes. As pesquisas mostraram que cerca de metade da variação nos sentimentos momentâneos de bem-estar é determinada pela grande loteria genética que ocorre na concepção, e a outra metade depende da boa ou má sorte (veja a Figura 2.1). O ponto de ajuste da felicidade é determinado geneticamente e presume-se que seja fixo, estável ao longo do tempo e imune a influência ou controle. Uma implicação desse ponto de ajuste biológico é que as pessoas diferem geneticamente em seus limites de variação dos pontos de ajuste da felicidade. Algumas são geneticamente programadas para serem felizes durante a maior parte do tempo, enquanto outras parecem destinadas a viver sempre

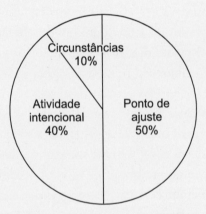

FIGURA 2.1. Três fatores primários que influenciam o nível de felicidade crônica.

Fonte: Lyubomirsky, Sheldon, & Schkade (2005). Reimpresso com permissão.

de mau humor. Compare, por exemplo, o sempre efusivo ator e diretor, ganhador do prêmio da Academia, Roberto Benigni (*A Vida é Bela*) com o sempre mal-humorado treinador de basquete universitário Bob Knight.

Juntos, tais conceitos e descobertas sobre os pontos de ajuste e a adaptação poderiam sugerir que tentar ser mais feliz pode ser tão inútil quanto tentar ser mais alto. Contudo, como no caso do peso, o ponto de ajuste programado biologicamente não é tanto um ponto fixo como um limite de variação. Embora as circunstâncias tenham um efeito temporário ao qual nos adaptamos, os psicólogos identificaram um grupo de atividades intencionais que podem ajudar a mover para cima ou para baixo o ponto de ajuste dentro de seu limite de variação geneticamente determinado. Essas atividades intencionais exigem certo esforço: a pessoa tem de tentar realizar a atividade, que não ocorre espontaneamente.

Há um bom motivo para acreditar que as atividades intencionais podem influir no bem-estar. Na verdade, nós as realizamos o tempo todo. Cuidando do jardim, nos socializando, fazendo compras, comendo chocolate ou nos exercitando, escolhemos as atividades que melhoram, pelo menos temporariamente, nosso humor. Por exemplo, cumprir um novo programa de exercícios melhora o humor e a vitalidade, e o benefício pode se estender por seis meses.[8] De fato, isso mostra uma das distinções cruciais entre a categoria de atividade e a categoria de circunstâncias da vida — as circunstâncias *acontecem* e, embora geralmente não possamos mudá-las, apenas nos adaptar, *podemos* mudar o modo como reagimos intencionalmente a elas. Se as circunstâncias são ruins, podemos acelerar o processo de adaptação buscando o apoio de amigos, nos exercitando, rezando ou realizando outra atividade positiva. Também podemos retardar o processo realizando uma atividade negativa: isolando-nos, abusando de bebidas alcoólicas, queixando-nos de nossa falta de sorte ou comprando compulsivamente. Se as circunstâncias são boas, desejamos o oposto: desacelerar o processo de adaptação.

Chesterton, com quem comecei este capítulo, não atribuía a felicidade à natureza ou às circunstâncias, mas à vontade. Ele acreditava firmemente que a capacidade de se alegrar pode e deve ser treinada. Mas pouco ou nada se sabe sobre quais intervenções psicológicas podem resolver o problema apresentado pela adaptação, se é que isso é possível. Embora o modo como reagimos aos fatos da vida possa ser acentuado ou atenuado, dependendo do que escolhemos fazer, durante anos pesquisei a questão de se nossas reações podem realmente alterar o processo de adaptação em si e nos permitir melhorar permanentemente nosso limite pessoal de variação da felicidade.

A GRATIDÃO É O SEGREDO DA VIDA?

Pense em um momento no qual você se sentiu grato. Que outros sentimentos associa a esse estado? Às vezes inicio palestras com esta pergunta. Se você é como as outras pessoas, provavelmente está pensando em palavras como "tranqüilidade", "contentamento", "afeição", "generosidade", "amizade" e "alegria". É improvável que a gratidão o faça se sentir "oprimido", "estressado" ou "ressentido". Essa simples experiência mostra que a gratidão é um estado positivo, desejável e agradável. Chesterton disse que ela produz os momentos de mais pura alegria conhecidos pelo homem. Muitas pessoas descrevem um episódio de gratidão como um dos melhores momentos de sua vida. Um homem de 53 anos, em nosso estudo diário da intervenção da gratidão em pessoas com doença neuromuscular, escreveu:

> Em 1995, tive uma crise muito séria de asma e fiquei na UTI durante dez dias. Durante esse tempo, continuei a piorar e finalmente um serviço particular de remoção aérea me levou para outro hospital. Lembro-me de que pensei que ia morrer e entrei em pânico. Obviamente, eu me restabeleci e voltei para casa após duas semanas. Ao chegar, fiquei muito feliz em ver meus filhos. Tinha achado que não voltaria a vê-los. Embora ainda estivesse muito fraco, fiquei muito contente em abraçar as crianças e o cachorro entre elas, e em apenas ver minha casa de novo. Chorei lágrimas de felicidade. A experiência me deu a esperança de poder ver meus netos (meus filhos se casarem) etc. Em minha visita de acompanhamento a meu médico, eu o abracei e expressei minha gratidão por ele ter ajudado a me salvar. Essa experiência mudou minha vida porque abri meu coração para Deus e acho que me tornei uma pessoa mais sensível e gentil.

A idéia predominante nos escritos clássicos e populares sobre a felicidade é a de que a abordagem eficaz para maximizar o contentamento é ser conscientemente grato pelas próprias bênçãos. O grande filantropo, médico, teólogo e ganhador do prêmio Nobel da Paz, Albert Schweitzer, chamava a gratidão de "o segredo da vida". Em um sermão particular, resumiu sua posição afirmando que "o mais importante é ser grato por tudo. Quem aprendeu isso sabe o que significa viver.

Compreendeu todo o mistério da vida: ser grato por tudo."[9] Os livros sagrados antigos e os escritores religiosos modernos freqüentemente recomendam contar as bênçãos como uma estratégia para melhorar a vida. O grande bestseller *A Simple Abundance Journal of Gratitude* defende uma vida de gratidão e generosidade e promete boas recompensas para quem a tem: "Seja o que for que esperamos — paz de espírito, contentamento, graça —, certamente virá para nós, mas somente quando estivermos prontos para recebê-lo com um coração aberto e grato."[10] Joel Osteen, o sorridente pregador da Lakewood Community Church de Houston, recomenda os sete passos a seguir para "viver melhor agora": amplie sua visão; forme uma auto-imagem saudável;[11] descubra o poder dos pensamentos e das palavras; deixe o passado para trás; encontre força na adversidade; viva para doar e escolha ser feliz. Desenvolver um apreço profundo pela vida e não ter as coisas como certas são recomendações concretas que ele faz repetidamente para progredir por meio desses passos. "Reflita sobre suas bênçãos presentes, pois todo homem as tem — não pense nos infortúnios passados, que todo homem também tem",[12] escreveu Charles Dickens, que certamente entendia a natureza humana.

Como cientista que tende ao empirismo, quis submeter ao teste empírico esses e outros pronunciamentos sobre a importância e o poder da gratidão. Assim, fui levado a investigar a capacidade da gratidão de produzir felicidade e a fazer as perguntas a seguir. Contar sistematicamente as bênçãos tem impacto na felicidade e no bem-estar? Em caso positivo, por que, de que modo e por quanto tempo? A gratidão é apenas um meio de acelerar a adaptação às circunstâncias ruins e de retardá-la nas boas, ou tem um efeito mais duradouro que muda todo o limite de variação do ponto de ajuste?

CONTANDO BÊNÇÃOS E FARDOS

Passei os últimos anos de minha carreira tentando avaliar qual é o efeito visível que uma "atitude de gratidão" pode ter no nível de felicidade. Em minha primeira série de experiências, meu colega Mike McCullough e eu decidimos examinar o impacto de uma intervenção de gratidão no bem-estar psicológico e físico.[13]

Em nosso primeiro estudo, destinamos randomicamente aos participantes uma de três tarefas, cada qual criando uma condição distinta. Decidimos incentivar alguns participantes a sentir gratidão e outros a serem negativos e se queixarem. Criamos um terceiro grupo, neutro, de acordo com o qual avaliaríamos os outros. Toda semana, os participantes do estudo escreviam um curto diário. Descreviam em uma única frase cinco coisas que haviam ocorrido na semana anterior pelas quais eram gratos (*a condição de gratidão*) ou faziam o oposto, descrevendo cinco aborrecimentos diários da semana anterior (*a condição de aborrecimentos*). Pediu-se aos participantes do grupo neutro apenas que relacionassem cinco eventos ou circunstâncias que os haviam afetado na semana anterior — não lhes foi dito para acentuar os aspectos positivos ou negativos dessas circunstâncias (*a condição de acontecimentos*).

A experiência durou dez semanas. Os participantes do grupo de gratidão disseram que a sentiram devido a uma ampla gama de experiências: interações agradáveis com outras pessoas, consciência da saúde física, capacidade de superar obstáculos e o simples fato de estar vivo, para citar apenas algumas. Eis alguns exemplos das bênçãos que eles relacionaram:

- A generosidade dos amigos.
- O direito de votar.
- O dom dado por Deus da determinação.

- Tudo que aprenderam.
- O pôr-do-sol entre as nuvens.
- A chance de estar vivo.
- O fato de parentes por afinidade morarem a apenas dez minutos de distância.

Nós nos perguntamos se alguns dos outros se sentiriam mais gratos se seus parentes por afinidade morassem do outro lado do planeta, mas ninguém desse grupo escreveu "minha sogra se mudou para a Nova Zelândia" em sua lista de bênçãos.

Pediu-se ao segundo grupo para fazer o oposto: contar seus fardos em vez de suas bênçãos. Os participantes fizeram uma lista de aborrecimentos diários. Descobrimos que eles não tiveram dificuldade em fazer uma lista muito original das coisas que os haviam aborrecido. Alguns exemplos desses fardos foram:

- Dificuldade em achar vaga para estacionar.
- Cozinha suja que ninguém vai limpar.
- Dinheiro acabando rapidamente.
- Impostos.
- Falta de dinheiro para gasolina.
- Nossa casa cheira mal.
- Queimei meu macarrão e queijo.
- Um amigo não deu valor a um favor que lhe foi feito.

Antes de os participantes escreverem sobre suas bênçãos ou seus fardos, completaram um longo diário em que avaliaram seu humor, sua saúde física e seus julgamentos gerais a respeito de como estava sua vida. Mike e eu queríamos determinar o quanto essas pessoas eram felizes — em outras palavras, qual era exatamente seu limite natural de variação da felicidade — antes e depois de escreverem seus diários. As disposições de ânimo avaliadas incluíram sentimentos como interesse, aflição, excitação, prontidão, irritabilidade, tristeza, estresse, vergonha e felicidade. Nós avaliamos sintomas físicos fazendo os participantes assinalarem se tinham tido alguma destas sensações: dor de cabeça, desfalecimento/tontura, dor de estômago, falta de ar, dor no peito, acne/irritação na pele, coriza/nariz congestionado, rigidez ou inflamação muscular, perturbações estomacais/náusea, cólon irritável, ondas de calor ou frio, inapetência, tosse/garganta inflamada ou outras. Foi-lhes pedido que avaliassem como haviam se sentido em relação à sua vida durante a semana, em uma escala de –3 a +3 ("péssimo" a "ótimo"). Um segundo pedido foi que avaliassem suas expectativas para a semana seguinte, também em uma escala de –3 a +3, com as extremidades classificadas como "pessimista, espero o pior" e "otimista, espero o melhor".

Embora eu esperasse que o grupo de gratidão apresentasse alguns benefícios positivos, não imaginava que os resultados fossem preordenados ou inevitáveis. Alguns aspectos da gratidão podem reduzir o prazer que ela proporciona. Ser grato significa permitir-se ser colocado na posição de receptor — sentir-se em dívida e consciente da dependência dos outros. Essa admissão da dependência pode fazer as pessoas se sentirem fora do controle e infelizes. Além disso, a gratidão tem um aspecto obrigatório. Espera-se que a bondade seja retribuída, e às vezes nós nos rebelamos contra as expectativas e não gostamos das coisas que "devemos" fazer. Quase todos detestam o estado psicológico de estar em dívida. Portanto, conscientizar as pessoas das coisas na vida pelas quais devem ser gratas realmente pode aumentar-lhes o reconhecimento da necessidade de retribuir. Elas podem não gostar dessas obrigações e até mesmo relatar fortes sentimentos negativos, por seus benfeitores, que chegam ao extremo da raiva.

Também achamos que o ponto de ajuste natural da felicidade dos participantes da experiência poderia afetar o poder da gratidão de mudar sua disposição de ânimo. As pessoas na condição de gratidão poderiam ser, por natureza, pessimistas e mal-agradecidas. Por outro lado, as que estão na condição de aborrecimentos poderiam ser muito otimistas. Se essas disposições fossem muito fortes, sobrepujariam a intervenção. Uma mulher na condição de aborrecimentos relacionou os seguintes contratempos: "Meu resfriado não está passando; eu realmente detesto minhas condições de vida atuais; estou estressada com as provas finais; meu pai é muito teimoso e rígido; minha companheira de quarto nunca arruma suas coisas." Lendo esta lista, poderíamos presumir que essa mulher era rabugenta e negativa, a pior pessoa perto da qual se sentar em um avião. Mas, quando lhe foi perguntado como se sentia sobre sua vida em geral, ela circundou o ponto central da escala ("neutro"), e como se sentia em relação à semana seguinte, ela escolheu a alternativa "otimista, espero o melhor".

Nós achamos que essa pesquisa foi um grande teste do poder da gratidão de causar felicidade e que, se fosse possível demonstrar efeitos significativos de uma breve intervenção na felicidade, estaria aberto o caminho para um esforço mais prolongado que poderia ter um grande impacto na felicidade de longo prazo e até mesmo alterar os pontos de ajuste das pessoas.

Os resultados

O que o primeiro estudo revelou? No final das dez semanas, examinamos as diferenças entre os três grupos em todos os resultados de bem-estar que avaliamos no início do estudo. Os participantes na condição de gratidão se sentiam melhor no que dizia respeito à vida em geral e mais otimistas quanto ao futuro do que os que estavam nas outras condições de controle. Pondo isso em números, segundo a escala que usamos para calcular o bem-estar, eles eram 25 por cento mais felizes do que os outros participantes. Tinham menos sintomas de doenças físicas. Finalmente, houve um efeito essencial de horas de exercício: as pessoas do grupo de gratidão passaram muito mais tempo se exercitando (cerca de uma hora e meia a mais por semana) do que as do grupo de aborrecimentos. Essa é uma grande diferença. As pessoas na condição de acontecimentos se encaixaram em algum lugar entre as condições de gratidão e aborrecimentos. Intrigados com esses resultados, em nosso segundo estudo aumentamos a intervenção de gratidão para uma prática diária durante um período de mais de duas semanas. Como no primeiro estudo, destinamos randomicamente aos participantes uma de três condições. No segundo estudo, as condições de gratidão e aborrecimentos permaneceram idênticas às adotadas no primeiro estudo, mas mudamos a condição de acontecimentos para uma em que os participantes eram incentivados a pensar no modo como estavam em melhor situação do que os outros (*a condição de comparação*). Foi-lhes dito: "É da natureza humana comparar-se com as outras pessoas. De alguns modos, podemos estar em melhor situação do que os outros e, de outros, em pior. Pense nos modos pelos quais você está em melhor situação do que outras pessoas, nas coisas que você tem e elas não, e as escreva nos espaços abaixo." Nós incluímos essa condição para ter uma que parecesse ser positiva, mas, na verdade, pudesse levar a resultados diferentes do que o foco na gratidão. A parte de avaliação do humor diário e da saúde foi quase idêntica à do primeiro estudo. Nós também pedimos aos participantes para assinalar diariamente se haviam ajudado alguém com um problema ou dado apoio emocional.

A condição de gratidão ainda mostrou uma série impressionante de benefícios, embora a de comparação possa tê-la imitado e produzido um efeito de gratidão. Não obstante os benefícios para a saúde observados no primeiro estudo não fossem tão evidentes no segundo (talvez devido à curta duração da intervenção), os participantes na condição de gratidão se sentiram mais alegres, entusiásticos, atentos, dinâmicos, estimulados, determinados e fortes do que os que estavam na condição de aborrecimentos. Também disseram ter oferecido aos outros mais apoio emocional ou ajuda com um problema pessoal, indicando que a condição de gratidão aumentava a motivação pró-social — e, mais indiretamente, confirmando a idéia de que a gratidão motiva as pessoas a fazerem o bem. E isso não se limitou ao que elas disseram sobre si mesmas. Nós enviamos questionários às pessoas que as conheciam bem, que avaliaram os participantes do grupo de gratidão como de fato mais prestativos, comparados com os dos outros grupos (esses amigos não sabiam em qual condição experimental os participantes estavam).

Mais uma vez, a condição de gratidão demonstrou ter um efeito significativo nas emoções positivas, comparada com a condição de aborrecimentos, mas não produziu um impacto fidedigno nas emoções negativas. Além disso, descobrimos que a freqüência com que as pessoas praticam a gratidão é importante. Nosso segundo estudo produziu evidência de que a intervenção diária levava a aumentos maiores na gratidão do que a prática semanal à qual submetemos os participantes em nosso primeiro estudo.

Em um terceiro estudo, reproduzimos os benefícios do pensamento de gratidão nos adultos com doenças neuromusculares. Com a ajuda do Department of Physical Medicine and Rehabilitation da University of California-Davis, recrutamos adultos com doenças neuromusculares (DNMs) congênitas ou iniciadas na idade adulta. Estima-se que essas desordens afetem cerca de quatro milhões de pessoas nos Estados Unidos. A maioria dos participantes de nosso estudo tinha síndrome pós-pólio (SPP). Trata-se de uma condição que pode se manifestar nos sobreviventes da pólio de 10 a 40 anos após a recuperação do ataque inicial do vírus da poliomielite, e ocorre em cerca de setenta por cento das pessoas infectadas. Caracteriza-se por um enfraquecimento adicional dos músculos anteriormente lesados pela pólio. Os sintomas incluem fadiga, fraqueza muscular lenta e progressiva, dor muscular e nas articulações e atrofia muscular. Alguns pacientes experimentam apenas sintomas brandos, enquanto outros desenvolvem atrofia muscular espinhal ou o que parece ser, mas não é, uma forma de esclerose lateral amiotrófica. A SPP é uma condição de progresso muito lento marcada por longos períodos de estabilidade e um curso imprevisível, embora raramente represente risco à vida. Outras doenças neuromusculares representadas em nossa amostra foram a doença de Charcot-Marie-Tooth, distrofia muscular do cíngulo dos membros e distrofia facioescapuloumeral.

Os participantes foram destinados randomicamente a uma condição de gratidão ou a uma real condição de controle em que apenas completavam formulários de avaliação de experiências diárias. Como nos estudos anteriores, os participantes na condição de gratidão relataram mais sentimentos positivos, satisfação com a vida em geral e otimismo em relação à semana seguinte, e se sentiram mais ligados aos outros do que os participantes na condição de controle.

Comparados com aqueles que não anotavam suas bênçãos todas as noites, os participantes na condição de gratidão afirmaram ter mais horas de sono por noite, passar menos tempo acordados antes de dormir e se sentir mais bem-dispostos ao acordar. Talvez seja por isso que as pessoas gratas se sentem mais animadas e ativas durante o dia. Quando comecei meu estudo da gratidão, fiquei tão feliz em estar engajado em um novo programa de pesquisa que muitas vezes tive dificuldade de dormir à noite. Minha mente fervilhava de pensamentos sobre a importância do tema e se intrigava com o motivo pelo qual havia sido um fator tão esquecido na ciência da felicidade. Talvez eu devesse ter aceitado meu próprio conselho e passado mais tempo contando minhas bênçãos, em vez de contando descobertas da pesquisa.

Essa descoberta é extremamente importante, porque a perturbação e a má qualidade do sono foram identificadas como indicadores centrais do mal-estar geral. As pessoas cujo sono é rotineiramente perturbado têm altos níveis de hormônios do estresse e a função imunológica comprometida. Se esses padrões persistirem, a privação do sono aumentará o risco de doença física e mortalidade prematura. Por quê? O sono é um processo restaurador que serve para reparar, manter e melhorar a capacidade fisiológica do corpo. Sem essa restauração, o desgaste nos sistemas físicos representa um risco para a saúde a longo prazo e até mesmo para a sobrevivência. Isso pode parecer simplista, mas a evidência não pode ser ignorada. Se você quiser dormir mais profundamente, conte bênçãos, não carneirinhos. Uma colega minha, de departamento, nada menos que uma psicóloga do desenvolvimento, disse-me que, aos 6 anos, sua filha tinha medo de ficar sozinha à noite e, por isso, sentia dificuldade de dormir. Noite após noite, semana após semana, ela ia para a cama dos pais, uma rotina que resultou em altos níveis de perturbação do sono para todos três. Uma noite, minha colega sugeriu que sua filha fizesse uma lista mental das coisas boas que outras pessoas em sua vida haviam feito para ela naquele dia. Essa intervenção não-premeditada de gratidão teve o resultado desejado, o que, sem dúvida, deixou os próprios pais extremamente gratos.

Notavelmente, não só os relatos dos participantes na condição de gratidão, como também os de seus entes queridos, indicam mais sentimentos positivos e satisfação com a vida. Os cônjuges desses participantes revelaram que eles aparentavam mais bem-estar do que os cônjuges dos participantes na condição de controle, indicando que as mudanças emocionais positivas que ocorrem após a prática da gratidão não são visíveis apenas para os participantes.

Uma das características singulares de todos esses estudos de pesquisa é que destinamos randomicamente os participantes às condições. A pesquisa sobre a felicidade é quase totalmente baseada em observações. Poucos estudos foram capazes de criar com sucesso intervenções para aumentar a felicidade ou o bem-estar. É aconselhável ter em mente que a manipulação usada nesses três estudos representa, em nossa opinião, uma intervenção mínima. Nós pedimos aos participantes para refletir, uma vez por semana ou uma vez por dia, durante duas a três semanas, sobre pelo que deveriam ser gratos, mas esperávamos que esse pedido limitado tivesse um impacto imediato no bem-estar. Vistos a essa luz, os resultados que alcançamos foram notáveis. Afinal de contas, há inúmeras influências no bem-estar, de fatores de personalidade a genéticos e a fatos duradouros e temporários da vida. Por isso, não esperávamos que um único fator fosse particularmente forte.

Você se tornará uma pessoa grata ao manter um diário de gratidão? Isso é possível, mas pode exigir um compromisso a longo prazo de praticar a gratidão. Eu não me iludo achando que fui capaz de incutir um sentimento profundo de gratidão como orientação fundamental para a vida, ou a virtude da gratidão como um resultado desse estudo de curto prazo envolvendo diários. Como psicólogo, acredito firmemente na continuidade a longo prazo de disposições psicológicas. A tendência das pessoas a reagir aos fatos da vida e se comportar de modo característico não muda muito ao longo do tempo, até mesmo de décadas. Por isso, não se pode esperar que manter um diário de gratidão durante alguns dias ou até mesmo semanas produza uma mudança profunda e duradoura na natureza dos traços de personalidade. Sentir momentaneamente gratidão não é o mesmo que estar predisposto a ela: embora em determinado momento suas experiências emocionais possam ser idênticas, uma pessoa que parece ter um coração profundamente grato em qualquer circunstância é muito diferente de outra que é apenas grata por algo que acabou de receber. Dito isso, se você quiser aumentar muito sua qualidade de vida, ainda recomendo que mantenha um diário de gratidão. No último capítulo descreverei outros métodos para cultivar a gratidão.

Para que serve a gratidão?

Expressar gratidão — isto é, admiração e apreço — pelas bênçãos da vida tende a aumentar a felicidade, por vários motivos. Valoriza as experiências e situações positivas da vida, fazendo com que a pessoa tire o máximo de satisfação possível da situação. Contar as bênçãos pode neutralizar diretamente os efeitos da adaptação hedônica, o processo pelo qual o nível de felicidade volta repetidamente a seu ponto de ajuste, evitando que se tenha como certas as coisas boas da vida. Se nos lembrarmos conscientemente de nossas bênçãos, será mais difícil as termos como certas e nos adaptarmos a elas. E o próprio ato de ver os eventos bons como dádivas tende a melhorar o humor.[14]

O eu dotado

"A vida é a primeira dádiva, o amor, a segunda, e a compreensão, a terceira",[15] escreveu a romancista e poeta Marge Piercy. E compreender que a vida é uma dádiva pode ser um pré-requisito para a saúde emocional. A gratidão contribui para a felicidade devido às vantagens emocionais que um benefício considerado uma dádiva, isto é, um favor feito, proporciona. Sobre a alegria proporcionada pelos momentos de gratidão, Chesterton observou: "Tudo que é bom parece melhor quando parece uma dádiva."[16] Se uma pessoa considera um benefício uma dádiva, tende mais a apreciá-lo? Considerar uma experiência positiva uma dádiva pode ser uma forma de amplificação cognitiva que acentua os sentimentos positivos. Quando amplificamos, aumentamos ou tornamos mais poderoso o objeto de foco. Nossos sentimentos positivos são amplificados quando vemos sua fonte como uma dádiva que recebemos em nosso benefício. Se as coisas realmente são melhores quando vistas como dádivas, esse pode ser um dos modos pelos quais a gratidão contribui diretamente para os estados de felicidade. As pessoas gratas tendem mais a ver os eventos como simples dádivas e a dizer espontaneamente que são "dotadas" e "abençoadas" pela vida.

Para testar essa suposição, incluímos em um experimento uma condição em que tentamos fazer com que os participantes se concentrassem no que receberam, usando a linguagem das dádivas do modo mais amplo possível. Esse procedimento produziu benefícios similares aos das instruções para que as pessoas relacionassem as coisas pelas quais eram gratas. Nós pedimos aos participantes para seguir estas instruções:

> Concentre-se por um momento nos benefícios, ou nas "dádivas", que você recebeu em sua vida. Podem ter sido prazeres simples diários, pessoas em sua vida, pontos fortes pessoais ou talentos, momentos de beleza natural ou gestos de bondade dos outros. Às vezes, não pensamos nisso como presentes, mas é assim que queremos que você pense neles. Aprecie por um momento essas "dádivas", reflita sobre seu valor e depois as anote nos espaços a seguir.

Os resultados desse conjunto de instruções foram fascinantes. Quase metade de todas as dádivas relacionadas se encaixou nas categorias "interpessoal" ou "espiritual", o que representa cerca de vinte por cento a mais do que quando a condição de dádiva não é usada nas instruções experimentais. Foram exatamente essas categorias de bênçãos que descobrimos estar relacionadas com maior bem-estar. Em certa ocasião, uma participante "recebeu" as dádivas a seguir. "Tomei o café-da-manhã com meu filho, sempre um prazer, uma bela dádiva", "Fui à reunião do Corpo da Paz e trabalhei em colchas para ajudar nos esforços do Lutheran World Relief", "Vi muitas pessoas queridas (em um enterro)", "Eu me fortaleci com a beleza do serviço religioso, embora minha surdez me prive de muitas coisas". Fé, amigos e família foram freqüentemente mencionados como dádivas. Parece haver algo inerente aos relacionamentos, mundanos ou transcendentes, que incentiva as pessoas a descrevê-los na linguagem de dádivas e doadores. Desse modo, temos de nos lembrar de que não podemos exigir que as pessoas sejam gratas, como não podemos exigir que amem ou perdoem. A gratidão é um sentimento que surge de certas percepções e pensamentos. Portanto, para nos tornarmos mais gratos, precisamos ver a vida de certa maneira, e um modo real de fazermos isso é através das lentes das dádivas.

Ao avaliar as condições que produzem gratidão, a literatura sugere que três percepções por parte do receptor aumentam sua experiência de gratidão. Em primeiro lugar, o receptor deve valorizar a dádiva. As pesquisas mostraram que, quanto mais você a valoriza, mais tende a sentir gratidão. Além disso, quando consideramos algo uma dádiva, tendemos mais a protegê-lo. Passei muito tempo com meu filho mais velho durante seus dois primeiros anos da vida, quando minha mulher estudava na universidade em tempo integral. Quando meu filho tinha alguns meses, eu caminhava com ele dentro do carrinho de compras no corredor do supermercado local e um homem idoso nos parou, deu uma boa olhada para nós e, como os estranhos freqüentemente fazem, comentou algo sobre nossa grande semelhança física. Eu nunca me esquecerei de suas palavras. Ele me olhou nos olhos e disse: "A infância passa rápido. Eu não passei tempo suficiente com meus filhos — agora eles cresceram e foram embora", lamentou-se. Houve algo de profético naquela interação. É um clichê dizer que os filhos são dádivas — todos nós sabemos disso —, mas levá-lo a sério sugere investir na dádiva, preservá-la e protegê-la, e apreciar o tempo que temos com ela. Eu sempre tentei fazer isso com meus dois filhos.

Em segundo lugar, se o receptor reconhece o doador por trás da dádiva e sua bondade, tende mais a se sentir grato. As dádivas estão ligadas a doadores. Vários estudos mostraram que, se o receptor acha que o doador está lhe fazendo intencionalmente um favor, tende mais a sentir gratidão.[17] Em terceiro, o receptor tende a se mostrar mais grato se a dádiva é considerada gratuita. Quanto mais a dádiva vai além das expectativas sociais do receptor, mais este tende a sentir gratidão.

Gratidão, depressão e boas lembranças

Em vários estudos, a depressão demonstrou estar intensamente relacionada com a ingratidão. Quanto mais uma pessoa é grata, menos fica deprimida. Quanto mais se sente deprimida, menos tende a ser grata pela vida. Tipicamente, a depressão é avaliada em estudos de pesquisa por meio de uma série de perguntas feitas às pessoas sobre seus níveis atuais de humor, suas atitudes em relação a si mesmas e seus hábitos de sono e alimentares. Contudo, sabe-se que esses questionários são modos inadequados de medir a síndrome clínica de depressão, porque muitas das afirmações sobre a depressão neles contidas se sobrepõem a condições encontradas em outros estados clínicos, assim como ao funcionamento normal (por exemplo, quem entre nós nunca teve fases ocasionais de insônia?). Philip Watkins, psicólogo clínico da Eastern Washington University, avaliou o estado de gratidão de indivíduos que foram diagnosticados com o uso de uma entrevista clínica estruturada. Ele descobriu que os indivíduos clinicamente deprimidos demonstravam muito menos gratidão (quase cinqüenta por cento menos) do que os controles não-deprimidos.[18] Como a depressão é anedônica, logicamente os deprimidos não seriam gratos porque não sentem felicidade ou prazer com suas bênçãos e podem tender menos a notá-las.

Os pesquisadores revelaram que a gratidão promove a lembrança das experiências positivas, aumentando a elaboração de informações positivas. O que isso significa? Significa que, quando somos gratos, tendemos mais a notar aspectos positivos em nossa vida e que isso aumenta a formação (ou "codificação") dessas experiências na memória. Se, codificando, sentimos gratidão reagindo a um benefício, isso, por definição, deveria aumentar o grau em que pensamos sobre a dádiva, o doador e aspectos adicionais da situação (o esforço feito pela pessoa, como nos sentimos na época, como expressamos nossa gratidão e assim por diante). Elaborar o evento na codificação aumenta nossa capacidade de guardá-lo na memória. Por isso, os indivíduos gratos deveriam tender mais a se lembrar de benefícios passados e sentir mais gratidão por essas bênçãos. Em outras palavras, os indivíduos gratos deveriam tender mais a "contar suas bênçãos" espontaneamente, não apenas quando instruídos a fazê-lo em uma experiência psicológica. As pessoas gratas realmente costumam ter uma *tendência à lembrança positiva* (ter muito mais lembranças boas do que más) quando lhes é perguntado sobre acontecimentos passados em sua vida, assim como as pessoas deprimidas demonstram uma *tendência à lembrança negativa* quando lhes é pedido para lembrar acontecimentos passados (tendo muito mais lembranças más do que boas).

Uma enfermeira que compareceu a um *workshop* de gratidão conduzido por mim me contou que, um dia depois do *workshop*, seu marido foi demitido do trabalho. Disse-me que ele geralmente fica muito deprimido com eventos dessa magnitude. Todas as manhãs, eles têm momentos de devoção ou "tranquilidade" juntos, e então ela lhe falou sobre o benefício de anotar bênçãos. Cada um deles anotou três, e depois as mostraram um ao outro. Depois de fazer isso por cerca de três semanas, o marido começou a procurar um emprego e se tornou muito mais otimista. Ela mal podia acreditar naquela diferença. Até mesmo os amigos lhe perguntaram: "O que há com seu marido? Por que não está deprimido?" Logo depois ele arranjou um bom emprego.

Como a gratidão poderia evitar a depressão? Se a gratidão aumenta o foco nos benefícios e a satisfação proporcionada, isso pareceria excluir a depressão. Como a gratidão ajuda o indivíduo a voltar sua atenção para as bênçãos que tem, e não para as coisas que não tem, isso deveria reduzir a probabilidade de depressão. Talvez o indivíduo que perdeu o emprego tenha se tornado mais grato por sua mulher, sua família e o apoio dos amigos durante o período de desemprego, e essa consciência do apoio dos outros o tenha energizado o suficiente para começar a procurar um emprego. Parece que os eventos estressantes são precursores importantes dos episódios depressivos. Se a gratidão é comprovadamente uma técnica eficaz para lidar com esses acontecimentos, também deveria ajudar a prevenir a depressão. Além disso, ao aumentar o acesso às lembranças positivas, poderia ajudar a criar mais cognições positivas. Embora as abordagens do tratamento da depressão tenham historicamente enfatizado a correção dos pensamentos negativos, recentemente alguns têm dado mais ênfase à formação de pensamentos positivos. Uma prática de gratidão poderia ajudar a desenvolver um modo de pensar mais positivo em relação aos eventos da vida e, portanto, a prevenir a depressão. Vários pesquisadores da depressão sugeriram que a falta de recompensa social (e/ou maior punição social) é importante na etiologia e manutenção da depressão. Se a tendência à gratidão realmente contribui para uma vida social mais agradável, também deveria ajudar a evitar a depressão.

Os receptores gratos de benevolência se sentem melhor em relação a si mesmos. Sentem-se estimados e aprovados quando percebem que outra pessoa os ajudou. Esse aumento da auto-estima pode evitar sentimentos de depressão, ao reduzir os sentimentos de desesperança que são essenciais para mantê-la. Um elemento crucial na gratidão é o reconhecimento do receptor de que a dádiva foi concedida por compaixão, generosidade, bondade ou amor (e freqüentemente, mas não sempre, altruísmo, embora sempre tenha havido esforço ou gasto de energia por parte do doador). Um dos motivos pelos quais a gratidão nos torna mais felizes é que nos força a abandonar uma crença que pode acompanhar a depressão grave: em que no mundo não há bondade nem amor, apenas casualidade e crueldade. Padrões repetidos de benevolência percebida podem levar a pessoa deprimida a reorganizar seu auto-esquema ("Eu acho que, afinal de contas, não sou um perdedor"). Ao nos sentir gratos, reconhecemos que alguém, em algum lugar, está sendo bom conosco e que não só somos merecedores de bondade (em contraste com todas as outras pessoas), como também que realmente existe bondade no mundo e, por isso, pode valer a pena viver.

De igual modo, a gratidão poderia diminuir a depressão ao desviar a atenção do eu. Pesquisas mostraram que os indivíduos deprimidos são focados em si mesmos, o que intensifica o desânimo.[19] Ao praticar a gratidão, a atenção é desviada do eu e dirigida às pessoas e ao que elas proporcionam. Em uma experiência na University of Virginia, os participantes escreveram sobre várias situações diferentes em que sentiram emoções positivas específicas. Houve diferenças interessantes entre reações de felicidade e reações de gratidão. Quando os participantes se lembraram de algo bom que lhes acontecera (o cenário de felicidade), a pesquisadora Sarah Algoe descobriu que estavam "muito focados em si mesmos, não de um modo ruim, mas desejando celebrar e dizer às pessoas o quanto se sentiam bem". Em contraste, os participantes a quem fora feito algo de bom (o cenário de gratidão) queriam falar sobre a bondade de outra pessoa e não estavam focados em si mesmos.[20]

A pobreza da riqueza

Uma das perguntas mais freqüentes dos especialistas em bem-estar parece ser: "Se somos tão ricos, por que não estamos felizes?" Pesquisas sobre o bem-estar mostraram que a felicidade não pode ser comprada. Em nossa cultura cada vez mais rica, as pessoas não parecem estar mais felizes e tem-se dito que, de fato, o índice de infelicidade está aumentando (em termos de variáveis como a depressão e a taxa de suicídio). Um dos motivos de o aumento nas bênçãos materiais não aumentar a felicidade está relacionado com o princípio da adaptação. Pesquisas de várias áreas diferentes da psicologia mostraram que os seres humanos têm uma capacidade extraordinária de se adaptar às situações existentes. Contudo, não precisamos ser escravos da lei do hábito. Podemos evitar nos adaptar à satisfação mantendo-nos sempre conscientes do quanto nossa situação é boa. É exatamente isso que a prática da gratidão deve fazer: lembrar-nos constantemente do quanto nossa vida realmente é boa.

Como qualquer anunciante sabe, os esforços para obter bens materiais são movidos por comparações sociais com quem tem mais, que produzem sentimentos de privação e descontentamento.[21] Concentrar-se nas bênçãos pelas quais se é grato pode desviar a atenção dessas comparações. Vários estudos mostraram que as comparações sociais com quem tem mais levam a menos emoções positivas e mais sentimentos desagradáveis, como depressão e ressentimento. Quando uma pessoa é grata por como é verde o seu gramado, não tende a olhar para o gramado mais verde do outro lado da cerca. Devo observar que o oposto também se aplica: se a atenção de uma pessoa é constantemente dirigida às coisas que ela não tem, não tende a se concentrar nas bênçãos que tem. Pesquisas em nosso próprio laboratório mostraram que as pessoas gratas tendem menos a basear sua felicidade nos bens materiais, sentem menos inveja e são menos propensas a medir o sucesso em função do ganho material. Contudo, a relação não é simples como o estereótipo "as pessoas gratas não se importam com bobagens". Provavelmente, elas gostam tanto de seus bens materiais quanto qualquer um. Além disso, investem mais na proteção dessas "bobagens". E reconhecem mais prontamente as contribuições que os outros deram para seu bem-estar material. Quando o odômetro de seu carro atingiu a marca de duzentos mil quilômetros, um amigo meu comprou pequenos presentes para os mecânicos que lhe haviam prestado serviços desde que o comprou.

As pessoas gratas são materialistas atentos. O reconhecimento deliberado pode reduzir a tendência a depreciar o que se tem, tornando menos provável que a pessoa substitua o já adquirido por alternativas mais novas e reluzentes, mais rápidas e melhores. A capacidade que as pessoas gratas têm de tirar a máxima satisfação da vida se estende aos bens materiais. Em contraste, sempre há um prazer real ou imaginário que estraga a felicidade das pessoas ingratas. O consumismo alimenta a ingratidão. Os anunciantes provocam deliberadamente sentimentos de comparação e ingratidão levando-nos a achar que nossa vida é incompleta se não comprarmos o que vendem. Eis uma estatística assustadora: com a idade de 20 anos, uma pessoa adulta terá visto, em média, um milhão de comerciais de TV. Usando nossos desejos e medos, esses comerciais fabricam necessidades e cultivam a ingratidão pelo que temos e por quem somos. Os relacionamentos humanos são prejudicados. Os especialistas em psicologia do consumidor afirmam que a propaganda separa os filhos dos pais e os cônjuges um do outro. Os pais são retratados como antiquados e fora de sintonia com os filhos adolescentes, que são incentivados a rejeitar as preferências da geração mais velha e formar sua própria identidade em torno de valores materialistas. A gratidão por nossos cônjuges pode ter dificuldade em sobreviver à exibição constante de corpos perfeitamente esculpidos que remetem a um eterno desejo sexual. Em um estudo clássico conduzido na década de 1980, os pesquisadores descobriram que os homens que viam fotos de mulheres fisicamente atraentes ou pôsteres da *Playboy* passavam a achar suas parceiras menos bonitas, a demonstrar menos envolvimento com elas e a ficar menos satisfeitos com seus relacionamentos.[22] A gratidão pode servir como proteção contra alguns dos efeitos insidiosos dessas mensagens de propaganda. Quando uma pessoa deseja o que tem, é menos suscetível às mensagens que a incentivam a desejar o que não tem ou o que os outros têm. A propósito, quando em outro estudo foram mostradas a mulheres fotos de homens musculosos na *Playgirl*, elas não demonstraram essas mudanças em relação aos maridos ou namorados.

A GRATIDÃO FORTALECE OS LAÇOS SOCIAIS

A forte ligação de Esther Summerson com John Jarndyce em *Bleak House*, de Charles Dickens, nasceu da gratidão. Jarndyce havia adotado e criado Esther. "Desde a infância eu fui", diz ela, "objeto da incansável bondade do melhor dos seres humanos, a quem sou tão ligada por todos os laços de união, gratidão e amor, que nada que eu pudesse fazer no compasso de uma vida expressaria os sentimentos de um único dia".[23] Laços de união como o de Esther com John Jarndyce são formados por meio de ações benevolentes entre doadores e beneficiários, e fortalecidos pela emoção da gratidão. Esta se baseia na suposição de que a outra pessoa me desejou algo bom porque isso era bom para mim. Ela tornou *seu* o *meu* interesse. Esther conclui que as ações de Jarndyce são motivadas pela bondade, e sua gratidão resulta, inevitavelmente, dessa suposição positiva e que revela confiança. Para Esther não sentir gratidão, teria de se convencer de que ele não agira por genuína bondade, e ela não tem motivos para isso.

Um benefício inesperado dos diários de gratidão foi que quem os escreveu afirmou sentir-se mais próximo e ligado aos outros, tender mais a ajudá-los e a ser considerado mais útil em suas redes sociais. Familiares, amigos, parceiros e outras pessoas a seu redor dizem constantemente que quem pratica a gratidão parece muito mais feliz e é uma companhia melhor. Nós também dispomos de evidências de que as pessoas predispostas à gratidão e a ter consciência de suas bênçãos na vida têm relacionamentos melhores, tendem mais a proteger e preservar esses relacionamentos, têm vínculos mais fortes e são menos solitárias. O fato de as pessoas gratas serem menos solitárias é uma descoberta particularmente importante. Sigmund Freud escreveu que o maior medo na vida é o de ficar só e isolado. Observadores sociais contemporâneos têm descrito este período na história como a "era da solidão".[24] Nunca tantas pessoas viveram sozinhas e as famílias foram tão geograficamente dispersas ou pequenas. As pessoas que têm facilidade em encontrar motivos para serem gratas tendem menos a dizer que lhes falta companhia ou que ninguém realmente as conhece bem. Nosso desejo inato de nos entrosar é fortalecido quando sentimos e expressamos gratidão sincera.

Por que a gratidão é boa para nossas relações? Barbara Fredrickson, pesquisadora da University of North Carolina, pioneira no estudo das emoções positivas, afirmou que elas ampliam as atitudes mentais e criam recursos pessoais duradouros. Esses recursos funcionam como reservas às quais podemos recorrer nos momentos de necessidade.[25] Vista à luz desse modelo de ampliação e criação, a gratidão aumenta o bem-estar, criando recursos psicológicos, sociais e espirituais. Inspira a reciprocidade pró-social e é, na verdade, um dos mecanismos psicológicos primários que formam a base do *altruísmo recíproco* ("Você faz algo de bom para mim e eu farei algo de bom para você"). Além disso, incentivar as pessoas a se concentrarem nos benefícios que receberam as leva a se sentirem amadas e importantes para os outros. Portanto, a gratidão parece criar amizades e outros laços sociais. Estes são recursos sociais porque, nos momentos de necessidade, revelam-se como fontes de apoio social. Você pode até mesmo pensar na gratidão como uma forma de amor, uma conseqüência de um vínculo já formado, assim como uma condição que leva à formação de novos vínculos afetivos, como os existentes entre Esther Summerson e John Jarndyce.

CASAMENTOS CHEIOS DE GRATIDÃO

Pesquisas recentes sugerem que a saúde mental ótima está associada a altas proporções de relações positivas em relação às negativas.[26] Segundo esse modelo, o funcionamento normal é caracterizado por proporções de cerca de 2,5 (isto é, 2,5 vezes mais positividade do que negatividade), enquanto o funcionamento ótimo é caracterizado por proporções de cerca de 4,3. Resumindo duas décadas de pesquisas de observação de casamentos, John Gottman, psicólogo da University of Washington, especializado em relações conjugais, conclui que, a menos que um casal consiga manter uma alta proporção de emoções positivas em relação às negativas (5 para 1 ou mais), é provável que o casamento termine. Em um estudo muito conhecido, ele e seus colegas observaram 73 casais discutindo sobre uma área de conflito no relacionamento. A equipe de pesquisa mediu a positividade e a negatividade usando dois sistemas de codificação: um, concentrado nos atos de linguagem, e outro, nas emoções positivas e negativas observáveis. Gottman afirmou que, nos casamentos duradouros e considerados satisfatórios pelos dois cônjuges — que poderiam ser chamados de casamentos bem-sucedidos —, as proporções médias de positividade eram de 5,1 para atos de linguagem e 4,7 para emoções observadas. Em contraste, nos casamentos identificados como em espirais descendentes, rumo à dissolução, as proporções médias eram de 0,9 para atos de linguagem e 0,7 para emoções observadas. Gottman se tornou tão bom em identificar os pontos fortes e fracos de um casamento que pôde prever com noventa por cento de acerto se o casamento acabará em divórcio ou não, freqüentemente após apenas três minutos de observação em seu laboratório de casamentos.[27]

Qual é o melhor modo de criar uma proporção de positividade? Gottman sugere que é praticando a gratidão. Na verdade, o "exercício de dar graças" que ele recomenda é a base de um dos sete princípios para fazer os casamentos darem certo. Em seu livro *The Second Shift*, Arlie Hochschild escreveu sobre uma "economia de gratidão" nos casamentos: "Quando os casais discutem, raramente é por quem faz o quê. Com muito mais freqüência, é pelo dar e receber gratidão. No contexto contemporâneo, a luta pelo casamento representa a luta para cultivar a gratidão entre homens e mulheres."[28] Os casamentos turbulentos são caracterizados por maior contagem de queixas do que de bênçãos. Segundo a proporção da positividade, um objetivo desejável é o de pelo menos cinco bênçãos para uma queixa (e alguns sugerem oito a vinte bênçãos para uma queixa). A receita não é complicada. Posso apreciar e reconhecer a bondade de minha mulher, decidir conscientemente me concentrar nas bênçãos que ela oferece, em vez de me deixar levar por minha tendência a criticar ou me concentrar no que está faltando. Quando observo e expresso gratidão pela bondade demonstrada por minha mulher, isso fortalece nosso relacionamento e torna a bondade adicional mais provável. A incapacidade de admitir a gratidão leva, na melhor das hipóteses, a ter a outra pessoa como certa e, na pior, a desrespeito, ressentimento e desprezo.

A GRATIDÃO E A FELICIDADE SUSTENTÁVEL

Os resultados de nossas experiências nos mostraram que a gratidão tem o poder, pelo menos temporário, de melhorar a saúde emocional, a satisfação com o relacionamento e, sob alguns aspectos, o bem-estar físico. Mas algum desses benefícios sobrevive ao teste do tempo? Surpreendentemente, muitos de nossos participantes com doença neuromuscular continuaram a manter diários de gratidão mesmo depois do fim do estudo e, quando entramos em contato com eles, meses depois, falaram sobre os benefícios a longo prazo de sua participação no estudo. Um participante nos disse que "ser forçado a refletir, contemplar e recapitular minha vida todos os dias foi algo curiosamente terapêutico e esclarecedor. Eu fui lembrado de facetas de mim mesmo de que gosto muito e de outras que eu poderia melhorar [...] tentei me tornar mais consciente de meu nível de gratidão". Outro escreveu: "É tão fácil envolver-se no processo da vida diária que às vezes eu me esqueço de parar e me lembrar do motivo pelo qual me levanto todas as manhãs. Seu estudo me ajudou a criar um padrão no sentido de reservar tempo todos os dias para me lembrar das coisas boas da vida."

Quando o bem-estar dos participantes do grupo de gratidão foi comparado com o dos participantes do grupo de controle, surgiu um padrão forte e constante: os do grupo de gratidão continuavam a desfrutar os benefícios *seis meses depois*. Tinham mais emoções positivas, sentiam-se mais satisfeitos com a vida como um todo e mais ligados aos outros. Embora a experiência tivesse sido concluída há quase seis meses, mantinham níveis de bem-estar geral quase 25 por cento mais elevados do que os participantes do grupo de controle. Isso contradiz a idéia amplamente aceita de que todas as pessoas têm um "ponto de ajuste" da felicidade que não pode ser redefinido por nenhum meio conhecido; em alguns casos, as pessoas disseram que a gratidão levou a mudanças de vida transformadoras.

Um dos prazeres de seguir uma nova linha de pesquisa é ver como seu trabalho inspira as pessoas a reproduzirem e expandirem a pesquisa original em direções novas e criativas. Reproduções e expansões começaram a surgir em outros laboratórios. Em uma intervenção de seis semanas, os estudantes da University of Missouri foram instruídos a contemplar "as coisas pelas quais são gratos" uma ou três vezes por semana. Foi-lhes dito que se esforçassem para "pensar sobre as muitas coisas em sua vida, grandes e pequenas, pelas quais são gratos. Elas poderiam incluir relacionamentos de apoio, sacrifícios ou contribuições que outras pessoas tivessem dado a eles, fatos sobre sua vida como vantagens e oportunidades, ou até mesmo gratidão pela própria vida e o mundo em que vivemos [...] Talvez você nunca tenha pensado sobre si mesmo desse modo, mas pesquisas sugerem que isso pode ter um efeito muito positivo no humor e na satisfação com a vida. Portanto, gostaríamos de lhe pedir para continuar a pensar assim durante as próximas semanas".[29] Exemplos de "bênçãos" relacionadas pelos estudantes incluíram "um corpo saudável", "minha mãe" e "o programa de mensagens instantâneas da AOL". Os participantes do grupo de controle só completaram as avaliações da felicidade. Novamente, os resultados sugeriram que é possível haver aumentos a curto prazo na felicidade, mas também que o momento ótimo é importante. No decorrer do estudo, os estudantes que expressavam regularmente gratidão tiveram mais aumentos no bem-estar do que os controles, mas esses aumentos só foram observados nos estudantes que realizaram a atividade apenas uma vez por semana. Talvez, contar as próprias bênçãos várias vezes por semana tivesse levado os outros a ficarem entediados com essa prática, a deixarem de considerá-la estimulante com o passar do tempo. Por isso, é importante que as pessoas variem as coisas sobre as quais escrevem nos diários de gratidão.

A visita de agradecimento
Outra evidência de que a gratidão pode fazer uma diferença a longo prazo vem do laboratório de psicologia positiva de Martin Seligman, na University of Pennsylvania. Em nosso trabalho experimental e no estudo da University of Missouri,

não se fez distinção entre experiências e expressões de gratidão. Nosso interesse foi no sentindo de manipular a gratidão *sentida*. Contudo, as emoções são processos com muitos componentes: condições que as provocam, reações fisiológicas, experiências subjetivas e comportamento expressivo. As expressões comportamentais são importantes para o seguimento da tendência à ação associada à emoção. A expressão pode ser um aspecto especialmente crítico da gratidão. O conceito de "ação de graças", ou ato de dar graças, implica haver a quem agradecer. O famoso psicólogo humanista Abraham Maslow discutiu a importância de expressar gratidão por um benfeitor e a tensão psicológica resultante da questão pendente de não agradecer a quem se é grato.[30] E se fosse pedido às pessoas que declarassem claramente seu apreço por um ente querido? Quais poderiam ser os efeitos de agirem assim?

Felizmente, foi o que Seligman e seus colegas da University of Pennsylvania fizeram.[31] Foi dada aos participantes uma semana para escrever e entregar pessoalmente uma carta de agradecimento a alguém que tivesse sido especialmente bom ou feito uma grande diferença positiva para eles, uma pessoa que ainda estivesse viva mas a quem nunca agradeceram devidamente. Eles deveriam: primeiro, elaborar uma carta de trezentas palavras para essa pessoa, clara e bem redigida, dizendo o que ela havia feito, o quanto fora importante e sua posição atual na vida como um resultado disso. Depois deveria lhe telefonar e dizer: "Quero lhe fazer uma visita." Mas não diria por quê — isso deveria ser uma surpresa. Cerca de trezentos participantes fizeram a visita de agradecimento, uma experiência muito comovente para quem escreveu e recebeu a carta. Todos choraram.

Por exemplo, um rapaz alto, forte e elegante escreveu uma carta aos pais relembrando o quanto se sacrificaram para criá-lo e ao irmão mais novo, e o quanto ambos os admiravam e amavam. Mas duvidou que a leria pessoalmente porque isso o constrangeria muito.

Contudo, o destino quis que, nas férias de Natal, quando o estudante voltou para casa, seu irmãozinho ficasse gravemente ferido em um acidente de automóvel e morresse na sala de emergência do hospital. Quando voltaram para casa do hospital, naquela noite, ele e os pais estavam inconsoláveis. Então, o rapaz decidiu que esse era um bom momento para entregar a carta descrevendo o quanto ele e o irmão mais novo se preocupavam com os pais que os tinham amado e se preocupado tanto com eles ao longo dos anos. Mais tarde o rapaz confidenciou que aquilo coroou o momento mais significativo na vida emocional da família e ajudou a aliviar a dor dos pais pela morte do irmão. Pareceu ser uma epifania adequada e uma cápsula valiosa na qual a família pôde despejar sua dor e lidar com ela.

No pós-teste imediato (depois de uma semana da realização do exercício), os participantes que fizeram a visita de agradecimento estavam mais felizes e menos deprimidos. Na verdade, demonstravam as maiores mudanças positivas em todo o estudo. Esse aumento na felicidade e a redução dos sintomas depressivos foram mantidos nas avaliações de acompanhamento uma semana e um mês depois. A visita de agradecimento demonstrou ser um dos exercícios que, para surpresa de Seligman, tornaram as pessoas menos deprimidas e mais felizes a longo prazo do que o placebo.

Pode não ser prático as pessoas programarem uma visita formal de agradecimento em uma base regular, mas a maioria pode arranjar tempo todos os dias para expressar seu apreço por alguém — elaborada e sinceramente. Os benefícios disso vão além dos que podemos observar nos diários de gratidão.

A GRATIDÃO COMEÇA CEDO

Nossa pesquisa sobre gratidão acompanhou a vida de pessoas da idade escolar à velhice. Alguns grupos poderiam ser especialmente "contrários à gratidão"? Pense nas crianças. Elas são sabidamente ingratas. "Ingratidão! Demônio do coração de mármore, mais feio, quando numa criança se revela, do que o monstro marinho."[32] A inveja e os direitos individuais parecem ser realizações evolutivas muito mais fáceis do que a gratidão e o reconhecimento. Pesquisas mostraram que, devido à tomada de perspectiva que a gratidão exige, as crianças com menos de 7 anos podem não entender que, para serem gratas, precisam creditar aos outros resultados positivos que elas obtêm.

Contudo, a suposta incapacidade das crianças de sentir gratidão, assim como a capacidade da gratidão de causar felicidade, nunca havia sido submetida a um teste experimental. Um estudo recente examinou matérias em jornais em que crianças em idade escolar disseram pelo que eram gratas após 11 de setembro de 2001.[33] Os temas mais comuns mencionados foram: a família, os amigos, a polícia, os bombeiros, outras pessoas que ajudaram e a liberdade. Em geral, as meninas eram mais gratas do que os meninos pela família e pelos amigos, enquanto os meninos eram mais gratos pelos bens materiais. Uma menina de 9 anos escreveu:

> Sou grata por minha mãe e meu pai porque eles me ajudam a fazer meu dever de casa. Sou grata por mim mesma porque meu gato arranhou o olho de meu hamster e eu peguei um pano úmido e limpei o olho dele que estava sangrando. Sou grata por minha avó e meu avô, porque eles me dão dinheiro para eu comprar um pre-

sente de Natal para mim. Sou grata por minhas roupas, porque, sem elas, eu andaria pelada [sic]. Sou grata por meu gato porque ele come os ratos do campo. Sou grata por senhorita long [sic], porque ela ajuda as crianças na matemática e em outras coisas. Sou grata por meu hamster, porque ele me ajuda a saber quando eu tenho dever de casa.

O estudo não examinou o elo entre a gratidão e resultados como felicidade, bem-estar e capacidade de lidar com as situações. Resta saber se contar as bênçãos tem um impacto no bem-estar das crianças parecido com o que tem nos adultos.

Com isso em mente, o Dr. Jeffrey Froh, um psicólogo da Candlewood Middle School, em Dix Hills, Nova York, coordenou uma intervenção de gratidão em 221 alunos da sexta e sétima séries. Seguiu um modelo quase experimental, em que destinou randomicamente a 11 classes uma de três condições (por exemplo, gratidão, aborrecimentos e controle). Pediu, então, aos alunos do grupo de gratidão que fizessem uma lista de cinco coisas pelas quais eram gratos desde o dia anterior, e aos do grupo de aborrecimentos que fizessem a lista, mas se concentrassem no que era irritante. O grupo de controle apenas completou as avaliações. Fora a contagem de bênçãos ou fardos, todos os alunos completaram as mesmas avaliações. Coletaram-se dados diariamente por duas semanas durante o tempo de instrução da classe, com um acompanhamento de três semanas.

Os relacionamentos de assistência/apoio foram os temas mais comuns no grupo de gratidão. Também foi muito comum as crianças dizerem que se sentiam gratas por sua educação, saúde e atividades (principalmente esportivas). Tanto o grupo de gratidão quanto o de controle experimentaram muito menos emoções negativas comparados com o grupo de aborrecimentos depois da intervenção e durante o acompanhamento. Além disso, o grupo de gratidão mostrou-se muito mais otimista em relação à semana seguinte durante o acompanhamento do que o grupo de aborrecimentos. No domínio da experiência escolar, o grupo de gratidão obteve mais satisfação em comparação com o de aborrecimentos e o de controle depois da intervenção. No tocante à moradia e à vida em geral, os grupos de gratidão e controle estavam muito mais satisfeitos do que o grupo de aborrecimento durante o acompanhamento. Também houve uma tendência das crianças do grupo de gratidão a adoecer menos, já que afirmaram sentir-se menos incomodadas por problemas físicos. Finalmente, os grupos de gratidão e controle se sentiram mais gratos pelas pessoas de quem receberam ajuda do que o grupo de aborrecimento durante o acompanhamento. Isso sugere que a gratidão nos torna mais capazes de perceber a bondade alheia. Portanto, a gratidão pareceu ter um efeito gradual, porém significativo, tanto no otimismo quanto no reconhecimento de ter recebido ajuda. Em suma, essas descobertas sugerem que a gratidão tem efeitos imediatos e a longo prazo sobre o funcionamento psicológico positivo. Estimulando a emoção positiva da gratidão, talvez nossos filhos entrem em uma espiral ascendente de resultados, criando uma interação recíproca e tendo ainda mais motivos para contar suas bênçãos.[34]

Ainda mais encorajador é que os resultados desse estudo sugerem que pode haver modos melhores e mais duradouros de incutir gratidão nas crianças do que o bilhete de agradecimento obrigatório para parentes. Os autores de livros infantis e artigos em revistas sobre criação de filhos costumam incentivar o cultivo da gratidão e do reconhecimento nas crianças e apresentar estratégias de persuasão paterna. Na década de 1930, a psicóloga suíça Franziska Baumgartner-Tramer sugeriu que os pais enfatizassem o sentido de comunhão criado ou fortalecido pela gratidão e diminuído ou destruído pela ingratidão, em vez de apelar para sua função de cortesia ou natureza obrigatória.[35] Quase oitenta anos depois, esse conselho finalmente está sendo seguido, na medida em que pais e educadores encontram meios de orientar melhor as crianças na passagem para a idade adulta com responsabilidade e gratidão. O movimento da psicologia positiva, do qual nossa pesquisa sobre a gratidão é um exemplo, requer um reconhecimento crescente das ferramentas que aumentam o bem-estar psicológico e físico das crianças. Na psicologia, educação e paternidade, uma abordagem baseada nos pontos fortes pouco a pouco substitui o foco exclusivo na remediação para entender como as crianças se desenvolvem. A infância é uma época ótima para promover atitudes saudáveis e evitar problemas, e o aprendizado da gratidão pode desempenhar um papel importante em qualquer programa destinado a aumentar o bem-estar. Como ocorre com os adultos, a gratidão é uma ferramenta muito valiosa com a qual as crianças podem lidar com os altos e baixos da vida.

Alegre dependência: o elo entre a gratidão e a felicidade?

O grau em que as crianças se sentem espontaneamente gratas pelo que recebem na vida e em que essa gratidão as torna mais felizes e cidadãos melhores certamente é um tema importante para pesquisadores, pais e educadores. Contudo, há uma realidade mais básica sobre a gratidão que podemos aprender com as crianças. Na infância, não tínhamos qualquer ilusão de auto-suficiência. Tínhamos consciência de que dependíamos de nossos pais para sobreviver. À medida que crescíamos, éramos ensinados a contar cada vez mais com nós mesmos para suprir nossas necessidades. Finalmente, passamos a acreditar no mito de nossa própria auto-suficiência. Muitas pessoas precisam de doenças, incapacidade, perigo ou morte para perder essa ilusão de auto-suficiência. Todos nós começamos a vida dependendo dos outros, e a maioria a termina dependendo também. Nesse ínterim, temos cerca de sessenta anos de dependência não admitida. Tal é a condição humana que durante toda a vida, não só no início e no fim, somos profundamente dependentes uns dos outros. E estamos cientes dessa dependência. O filósofo moral Alasdair MacIntyre se referiu aos seres humanos como "animais racionais dependentes".[36] Estar vivo é estar em relacionamentos com os outros, que são vitais para nosso bem-estar. O eu, sozinho, é um lugar muito pobre para encontrar felicidade ou sentido na vida. A gratidão nos leva para fora de nós mesmos, onde nos vemos como parte de uma intrincada rede maior de relacionamentos de apoio mútuo.

Assim, a gratidão é essencial para realmente nos conhecermos. De certo modo, essa é uma idéia profundamente contracultural. A psicologia moderna enfatiza muito a autonomia individual e a auto-suficiência. Contudo, a gratidão exige que afirmemos nossa dependência dos outros e reconheçamos que precisamos receber o que não podemos dar a nós mesmos. Enquanto essa dependência não for admitida, a gratidão continuará a ser, na melhor das hipóteses, uma possibilidade.

A memória do coração inclui a memória daqueles de quem somos dependentes, assim como o esquecimento da dependência é falta de vontade ou incapacidade de lembrar dos benefícios proporcionados pelos outros. Tentei mostrar neste capítulo que a gratidão é a melhor abordagem da vida porque leva à felicidade duradoura. Também gostaria de dizer que é a abordagem mais verdadeira da vida. Viver tem a ver com dar, receber e retribuir. Nós somos seres receptivos, dependentes de ajuda alheia, dádivas e bondade. Como tal, somos chamados à gratidão. Ela é agradável e nós aceitamos alegremente a dependência que exige quando podemos "retribuir" a bondade. A vida se torna completa quando somos capazes de dar, a quem agora precisa, do que recebemos no passado. Uma mulher de 33 anos com atrofia muscular espinhal expressou essa dinâmica entre dependência e retribuição do seguinte modo:

> Durante toda a minha vida, as pessoas me ajudaram a me vestir, tomar banho, ir para o trabalho/escola etc. Eu esperava um dia ser capaz de fazer algo realmente importante para alguém, como sempre fizeram por mim. Conheci um homem casado e muito infeliz. Ele e a mulher tiveram um filho que morreu com 7 meses de idade. Por dez anos, tentaram ter outro. Nunca conseguiram. Então, se divorciaram, e ele se tornou meu amigo e amante. Esse homem me falou sobre o sonho de sua vida de ter outro filho. Eu engravidei dele e tive um aborto espontâneo. Engravidei de novo e tive uma gravidez ectópica. (Graças a Deus, não perdi as trompas!) Uma injeção resolveu o problema. Engravidei pela terceira vez: nosso lindo filho nasceu em 20 de dezem-

bro de 1998. Nunca me senti tão grata em toda a minha vida. Eu pude realmente dar algo a alguém. Eu, a pessoa que esperavam que morresse antes de completar 2 anos.

A gratidão nos permite receber bondade e motiva a retribuí-la. Em resumo, permite-nos ser completamente humanos.

3
COMO A GRATIDÃO
É MATERIALIZADA

EM UMA VIAGEM RECENTE a Washington, D.C., visitei o National World War II Memorial. Como outros memoriais, esse visa promover a lembrança dos 16 milhões de homens e mulheres que serviram a seu país na Segunda Guerra Mundial. Caía uma chuva fina naquela manhã fria de inverno. Perambulei pela praça central, parando na frente das várias colunas semicirculares de granito dedicadas a um Estado ou país. Uma coroa de flores fora colocada aos pés de uma delas. Eu me abaixei para vê-la mais de perto, mas, mesmo antes de poder ler a inscrição, fui subitamente dominado por um misto de diversos sentimentos — admiração, tristeza, luto e, acima de tudo, gratidão. Certamente se espera que as pessoas sintam gratidão nesse tipo de lugar, mas isso não tornou meu sentimento menos autêntico. Essa reação emocional me levou a contemplar minha própria contribuição ancestral para a "maior geração".

Três de meus tios serviram no Exército durante o conflito, mas eu nunca havia realmente parado para pensar nisso e reconhecer o sentido do que tentaram realizar e o sacrifício que fizeram, junto com milhões de companheiros. Ao sair da praça, parei para procurá-los no Registry of Remembrances, uma lista computadorizada dos americanos que contribuíram para o esforço de guerra. Lembro-me de um em especial, tio Ed (que chamávamos carinhosamente de "Titio"), de quem eu era particularmente próximo.

Meu pai tinha problemas de saúde crônicos e foi repetidamente hospitalizado durante a minha infância. Titio se tornou uma espécie de pai substituto. Com um físico imponente e, ainda assim, de fala mansa, ele usava o cabelo à escovinha, condizente com seu passado militar. Participou da libertação de Dachau, recebendo quatro medalhas diferentes e a Estrela de Bronze por seu heroísmo. Depois da guerra, serviu durante mais de trinta anos na força policial da cidade em que cresceu e finalmente se tornou capitão, a segunda posição mais elevada em seu departamento. Olhando para trás, o que mais me surpreendia em meu tio era sua humildade — ele nunca falava de suas experiências na Segunda Guerra e das várias honras que conquistara, tanto como militar quanto como civil. Pelo fato de eu ser um garoto, nunca me ocorrera de lhe perguntar sobre suas experiências de guerra, embora, conhecendo-o como o conhecia, soubesse que ele teria desviado minha atenção de suas contribuições. Quando me tornei adulto, mudei-me e as visitas ao Titio se tornaram poucas e espaçadas. Hoje, eu me lembro dele com gratidão.

O psicólogo Jonathan Haidt descreveu o sentimento de elevação, uma sensação cálida que as pessoas têm quando vêem atos inesperados de bondade humana, gentileza e compaixão.[1] Um calor no peito, lágrimas brotando, até mesmo arrepios e um nó na garganta caracterizam a elevação, e foram essas mudanças que acompanharam minha visão do retrato de tio Ed no registro, a leitura de seus feitos e a reflexão sobre sua vida quando o conheci.

Embora associemos lágrimas a tristeza, elas também podem resultar de emoções positivas. São uma reação comum à gratidão profunda. As lágrimas foram consideradas "a mais substancial, embora a mais fugaz, a mais óbvia e, ao mesmo tempo, mais enigmática prova de nossa vida emocional".[2] Sentir uma gratidão extrema, como eu senti naquela ocasião, pode fazer alguém se desmanchar em lágrimas. Um homem escreveu:

> Há momentos em que dirijo meu carro revendo mentalmente algumas das pressões financeiras que sofro — dois filhos na universidade, as contas se empilhando, nenhuma solução à vista. Quando começo a me sentir oprimido, penso em tudo a que devo ser grato — minha saúde, o amor de minha mulher, os bons amigos que se importam comigo e dois filhos maravilhosos. Sinto-me tão afortunado que quero agradecer a Deus, e tão comovido que às vezes choro.[3]

O santo católico Inácio de Loyola conhecia bem esse sentimento de extrema gratidão. Dizem que sua vida de oração era tão intensa que, durante a missa, freqüentemente tinha de parar porque seus olhos se enchiam de lágrimas e ele não conseguia ver. Depois de algum tempo, o choro constante começou a prejudicar-lhe os olhos. Para preservar a saúde, pediu ao papa uma dispensa especial de alguns de seus deveres religiosos. Em seu diário espiritual, escreveu: "A dor violenta que eu sentia em um olho quando chorava me fez pensar: se eu continuar rezando a missa, posso perder esse olho, e é melhor conservá-lo."[4]

A MATERIALIZAÇÃO DA GRATIDÃO

A maioria de nós não verte lágrimas dolorosas de gratidão, como Inácio (mas em uma situação extrema pode chorar de gratidão). Contudo, como outras emoções, a gratidão é materializada — sentida e expressa fisicamente. Quando os psicólogos começam a estudar uma emoção como a gratidão, são impelidos a apontar vários componentes. Em primeiro lugar, deve haver algo externo que produza o sentimento — uma espécie de gatilho. Um primo ou amigo da família pode nos dar um presente de que precisamos muito, ou avisar que nos fará um grande favor. Em segundo lugar, temos uma percepção particular do gatilho que determina o sentimento subjetivo e sua intensidade. Nosso cérebro processa o aviso de nosso primo e percebe que ele está se oferecendo para ajudar de um modo importante. Em terceiro, o gatilho pode provocar uma resposta fisiológica mensurável. Sentimos um nó na garganta, uma sensação fisiológica de calor e crescente de gratidão ao processarmos o oferecimento de nosso primo. Então a resposta — em outras palavras, essa sensação — causa mudanças motivacionais e de outro tipo em nosso modo de pensar. Percebemos que nosso primo é alguém em quem podemos confiar quando estamos em uma situação difícil. Finalmente, com freqüência, há um componente expressivo que nos permite comunicar nossa emoção aos outros. Esse componente consiste nos modos pelos quais mudamos deliberadamente nossas ações para refletir nossa gratidão, assim como no modo como nossas expressões faciais e corporais mudam, independentemente de nossa vontade, transmitindo a emoção que sentimos. Ao pensar no oferecimento de nosso primo, sorrimos e demonstramos que sentimos gratidão; também decidimos o que dizer em resposta ao oferecimento.

Esses elementos da reação de gratidão também se aplicam a outras emoções. Pense na raiva. Ela surge em contextos em que percebemos que fomos intencionalmente ofendidos. Consideramos o ofensor culpado e, portanto, merecedor de nossa ira. Nossa pressão arterial aumenta, nosso ritmo cardíaco se acelera e alguns hormônios do estresse, como a epinefrina e o cortisol, surgem em nosso corpo. Nossa respiração acelera e os músculos retesam. Mandíbula e punhos cerrados também são sinais comuns de raiva. À medida que nossa capacidade de pensar diminui, achamos que nossa aptidão para resolver problemas e outras habilidades mentais estão comprometidas, daí o lamento: "Eu estava tão louco da vida que não conseguia pensar direito." Podemos desejar que algum mal seja causado ao objeto de nossa raiva, por nós mesmos ou por outra pessoa. Às vezes, expressamos a raiva por meio de movimentos ou expressões faciais e agimos sob sua influência de modo que mais tarde nos arrependemos de ter agido.

O componente expressivo[5] das emoções é muito importante, especialmente no que diz respeito a como as comunicamos facialmente a outros seres humanos. Esse componente é crucial: se não parecemos felizes, zangados, gratos ou tristes, os outros acham difícil acreditar que estamos realmente sentindo essas emoções. As interações sociais se baseiam na capacidade de comunicar emoções por intermédio do rosto. Sem essa capacidade, a vida social é abalada. As pessoas que não a têm podem achar que os outros não reagem a elas do mesmo modo que reagem a quem a tem, porque suas emoções são acompanhadas por uma expressão estática e antinatural. Algumas pessoas, como as que tiveram derrame no hemisfério direito do cérebro, são incapazes de reconhecer expressões emocionais faciais nos outros, o que prejudica suas relações sociais.

Pesquisadores documentaram que as expressões faciais das emoções básicas de raiva, alegria, repulsa, felicidade e medo são universalmente reconhecíveis. Em todo o mundo, seja em países primitivos ou modernos, as pessoas conseguem perceber quando os outros estão zangados, enojados, felizes ou surpresos. Por exemplo, no caso da raiva, as sobrancelhas se abaixam e se aproximam, formando rugas na pele da testa, os lábios se apertam e estreitam e um olhar irritado é obtido pelo levantamento das pálpebras superiores. Paul Ekman, pesquisador da University of California, e seus colegas reuniram evidências da universalidade de sete expressões faciais das emoções: raiva, felicidade, medo, surpresa, repugnância, tristeza e desprezo. Em todas as culturas que ele estudou — no Japão, na Europa e nos Estados Unidos, e entre os membros da tribo Fore, de Papua Nova Guiné —, a grande maioria das pessoas podia reconhecer as expressões emocionais básicas de indivíduos de outras culturas, e outras podiam reconhecer suas próprias.[6]

Ao contrário das emoções básicas, a gratidão não parece ter uma expressão distinta e reconhecível. A exceção mais evidente pode ser a gratidão religiosa. Em igrejas, templos e santuários, os adoradores se prostram diante de seu deus rezando e agradecendo, ou ficam em posição de oração, ajoelhados ou em pé, com os olhos fechados. Mais do que qualquer outra parte do corpo, as mãos e os braços expressam gratidão a Deus. Por exemplo, os membros do movimento carismático rezam com as mãos erguidas e as palmas abertas em uma posição de receptividade. Isso significa gratidão pelas bênçãos recebidas e pelo trabalho contínuo de Deus na vida do fiel. Mas, à exceção desses contextos religiosos, pode ser difícil entender a linguagem facial ou corporal de alguém e concluir se ela está grata, feliz, aliviada, ligeiramente divertida ou sem sentir nada em particular.

Em sua obra clássica sobre a expressão das emoções, Charles Darwin deu grande importância à voz como transmissor de informações emocionais.[7] Muitas vezes inferimos emoções e atitudes não só *pelo que* é dito, como também por *como* é dito. Há dicas acústicas — como volume e tom de voz — que fornecem informações sobre o estado emocional do orador. Às vezes eu noto que, quando as pessoas dizem pelo que são gratas, seus olhos se enchem de lágrimas e sua voz muda de tom e fica trêmula. Porém, em muitas ocasiões, o sentimento de gratidão pode ser reprimido demais para atingir o limiar da expressão. Ou há um intervalo de tempo entre o evento pelo qual somos gratos e o surgimento do sentimento de gratidão. Com freqüência, nós nos sentimos gratos apenas quando olhamos para trás, muito tempo depois. Por exemplo, somente quando cheguei à meia-idade comecei a sentir uma profunda gratidão por alguns de meus professores universitários. Esse grato reconhecimento parece mais uma cognição do que uma emoção, e por isso não estaria associado a determinada expressão facial, um padrão de voz ou uma reação visceral.

Como a gratidão é uma emoção social secundária mais complexa, aprendemos a fingi-la e a escondê-la quando necessário. Eu me lembro do Natal em que a avó de minha mulher deu de presente a todos os homens da família o mesmo cardigã xadrez. Por mais que eu tentasse, não pude me imaginar usando aquele uniforme familiar em público. É claro que a coisa correta a fazer era agradecer, o que respeitosamente fiz. Pesquisas encontraram evidências de que as pessoas têm a capacidade de inferir rápida e corretamente pela voz o verdadeiro estado emocional.[8] Em vários estudos e diferentes estados emocionais, a média de acerto relatada é de cerca de sessenta por cento. Só me resta esperar que, naquela manhã de Natal, minhas dicas acústicas não me tenham denunciado.

Para entender melhor os aspectos físicos da gratidão, imagine-se neste exato momento sendo profundamente grato a alguém. Agora imagine que está sendo observado ou filmado. Expresse sua gratidão por essa pessoa. Um observador seria capaz de dizer, olhando para seu rosto e corpo, que você está grato? Sua expressão facial mudou? Você está falando mais rápido ou mais devagar? E quanto à sua postura? Mudou? Você pode ter vontade de estender a mão gentilmente para a pessoa. Se o sentimento for bastante forte, talvez você observe outras sensações físicas — os olhos cheios de lágrimas, um calor no peito ou um aperto ligeiro nos lábios. É provável que a gratidão seja sentida mais do pescoço para baixo do que no rosto.

Em um experimento engenhoso realizado alguns anos atrás, mostraram-se a grupos de observadores videoteipes de mulheres que mentiam ou falavam a verdade sobre se estavam se divertindo ao ver um documentário sobre a natureza.[9] Metade das mulheres estava assistindo a um filme violento, mas mentiu sobre o filme e como se sentia. Elas disseram que estavam gostando do documentário que afirmaram estar vendo. Os observadores viram o rosto ou o corpo das participantes quando elas foram entrevistadas sobre como se sentiam, mas não puderam ouvir o que diziam. Eles fizeram julgamentos mais acertados quando viram o corpo do que quando viram o rosto, mas apenas nos vídeos falsos. Portanto, parece que o corpo é uma fonte de informações melhor do que o rosto. Contudo, a maioria das pessoas acha o contrário. Após o experimento, indagou-se às mulheres filmadas mentindo e falando a verdade sobre o filme quais os aspectos de seu comportamento eles haviam sentido mais necessidade de controlar enquanto mentiam. Quase todas mencionaram a expressão facial: somente algumas se referiram aos movimentos do corpo. Quando recebemos um presente como um horrível cardigã xadrez, podemos tentar esconder nosso desapontamento e sentir gratidão, mas a lição a ser aprendida com essa pesquisa é que devemos ficar bem atentos às mensagens enviadas por nosso corpo. E quando se trata de descobrir o que os outros estão sentindo, podemos deixar passar informações importantes se olharmos apenas para seu rosto.

Nosso corpo pode enviar certas mensagens para indicar um sentimento interno de gratidão. Porém, não há necessariamente uma relação direta entre a resposta interna subjetiva de gratidão e a demonstração corporal externa. Embora possamos ter palpites baseados em nossas próprias experiências pessoais, as pesquisas ainda têm de examinar sistematicamente as pistas verbais e não-verbais que nos levam inequivocamente a inferir que outra pessoa está sentindo sincera gratidão. Ainda não sabemos como a gratidão aparece no rosto, por isso temos de olhar criativamente para outros lugares a fim de entender como é manifestada.

UM CORAÇÃO GRATO É UM CORAÇÃO SAUDÁVEL

Glen Affleck, psicólogo da University of Connecticut, gosta de um bom desafio. Seus estudos de pesquisa incluíram pacientes com dor crônica, pais de recém-nascidos gravemente doentes, crianças com deficiências de desenvolvimento, casais estéreis e pessoas que sofreram ataques cardíacos. Em um estudo curioso, ele e seus colegas mostraram que a explicação que uma pessoa dá para o motivo de ter tido um ataque cardíaco tem implicações na saúde cardíaca futura.[10] Quando acontece algo inesperado, as pessoas tentam descobrir por quê. Por que meu marido, que não demonstrava estar insatisfeito comigo, foi embora? Por que *eu* fui vítima de roubo de identidade? Por que passei mal depois de comer naquele bistrô elegante?

Affleck e seus colegas no Department of Community Medicine and Health Care pediram aos pacientes que avaliassem o grau em que consideravam vários fatores responsáveis por seus ataques cardíacos. Também lhes perguntaram se tinham visto possíveis benefícios, ganhos ou vantagens em sua doença. Os pacientes que atribuíram a culpa por seus ataques cardíacos a outros tenderam mais a ter outro ataque nos oito anos seguintes! Por outro lado, ver benefícios e ganhos em um ataque cardíaco inicial, inclusive o de passar a apreciar mais a vida, foi relacionado com um risco menor de ataques subseqüentes. Muitos pacientes disseram que o ataque cardíaco os havia feito reconsiderar seus valores e prioridades na vida, e aumentara sua capacidade de não ter os eventos como certos. Um homem em meu estudo escreveu:

> É difícil expressar isso em palavras, mas muitas vezes eu me senti grato por ter uma família e filhos ótimos. Agora eles são adultos. Minha filha estava no ensino médio quando reconheceu os sinais de meu primeiro ataque cardíaco e chamou a ambulância. Minha mulher sempre esteve a meu lado quando precisei dela. Quan-

do tive uma parada cardíaca, em Nova York, ela estava lá, assim como o jovem californiano que fez ressuscitação cardiopulmonar para me salvar. Quando voltei para casa do hospital, toda a minha família de 12 pessoas estava lá para me receber. Enquanto eu esperava por meu transplante, minha mulher estava lá para me levar ao hospital. Todas as vezes em que entrei em falência cardíaca, e quando tive um hematoma cerebral, três anos atrás, minha mulher e minha família ficaram comigo. Nada pode ser melhor na vida do que isso.

Segundo o conhecimento popular sobre a mente e o corpo, os pacientes cardíacos tendem a ser "reatores quentes" — suas reações às desconsiderações diárias vão da leve irritação à explosão de raiva. As pesquisas têm sustentado essa crença. Quem é propenso à raiva tende quase três vezes mais a ter um ataque cardíaco do que quem é mais calmo.[11] Há evidências de que as vítimas de ataque cardíaco freqüentemente vêem sua doença como um modo de seu corpo lhes dizer: "Cale a boca, pare de reclamar e conte suas bênçãos."

Além disso, contar as bênçãos, que é em si uma expressão de gratidão, pode ser uma estratégia para lidar com o estresse de procedimentos cardíacos como a cateterização. A cateterização cardíaca envolve passar um cateter (um tubo fino e flexível) — geralmente por um ponto de entrada na virilha — através de uma veia ou artéria até uma artéria coronariana. Na maioria dos casos, esse procedimento é recomendado quando há suspeita de bloqueio arterial parcial ou total. É usado para avaliar o funcionamento cardíaco e obter informações sobre bloqueios. Se for encontrado um bloqueio, o procedimento levará duas a três horas e será recomendado ao paciente que permaneça imóvel durante quatro a seis horas após a cateterização cardíaca. É muito estressante e antinatural ter um cateter introduzido na virilha.

Um estudo realizado no Duke University Medical Center comparou cerca de três mil pacientes com altos níveis de bloqueio arterial coronariano com pacientes que apresentavam menos bloqueio.[12] Entre outras formas de lidar com o estresse, os pesquisadores perguntaram aos pacientes o grau em que tipicamente "contavam suas bênçãos". Os pacientes com altos níveis de bloqueio *e* mais isolados socialmente tenderam bem menos a dizer que contavam suas bênçãos comparando-se com pessoas menos afortunadas. O apoio social influiu indiretamente no sofrimento, incentivando a contagem de bênçãos como uma estratégia para lidar com a situação. Portanto, a proximidade de outras pessoas pode incentivar o uso de modelos positivos ou facilitar o pensamento de gratidão em pessoas que passam por procedimentos cardíacos estressantes.

Um procedimento muito mais radical do que a cateterização é o transplante. Quando lhe foi pedido para escrever sobre um momento em que sentiu muita gratidão, um transplantado contou em um de nossos estudos:

> Eu não sei ao certo quando foi que me conscientizei de que havia feito um transplante cardíaco e começado uma vida nova. Realmente eu me lembro de que, como paciente externo, tive escolhas e o poder de tomar novamente algumas decisões. Quando fui para casa, após dois meses, senti-me grato por ter uma vida nova; voltei a dirigir para o trabalho, ouvi canções que me ligavam a meu doador e chorei de felicidade. Também me lembro de que conheci os pais de meu doador e senti gratidão

e um pouco do vazio na vida deles causado pela perda do filho. Então, naquele fim de semana, a família e os amigos de meu doador deram uma festa em celebração à sua vida. Eu me senti um pouco desconfortável, mas feliz por encontrar todos eles. Comecei uma vida nova e meu doador se foi. Mesmo antes de estar doente, eu já era grato por coisas pequenas e grandes. Mas agora sou ainda mais.

No contexto de receber um coração novo, o quanto é bom sentir-se grato? A gratidão expulsa as emoções tóxicas do ressentimento, da raiva e da inveja e pode estar associada à maior saúde emocional e física a longo prazo dos transplantados. Em um estudo realizado com 119 pacientes transplantados, coordenado pela University of Pittsburg, a gratidão e o reconhecimento como aspectos da fé religiosa foram positivamente relacionados à saúde física e mental um ano após a cirurgia. A gratidão também prenunciou maior aquiescência com o regime médico e menos dificuldades com dieta e medicações.[13]

UMA VIDA LONGA E GRATA

O aumento médio de 27 anos na expectativa de vida dos americanos no último século implicou mais esforços para se entenderem os determinantes da longevidade. Embora os genes desempenhem um papel importante (se sua tia Hilda morreu com 99 anos, são maiores suas chances de ter vida longa), os especialistas dizem que 75 por cento da longevidade está relacionada a fatores psicológicos e comportamentais. Vários estudos recentes mostraram que as atitudes e predisposições emocionais estão associadas a vários indicadores de saúde fraca, inclusive envelhecimento precoce, aumento no número de doenças e até mesmo morte prematura.[14] Por exemplo, as emoções negativas crônicas — principalmente a depressão e o pessimismo — estão ligadas a expectativas de vida mais curtas. Os pacientes com câncer que são pessimistas não sobrevivem tanto quanto os mais otimistas. Os pessimistas concordam com afirmações do tipo: "Se algo puder dar errado para mim, dará", "As coisas nunca são como eu quero que sejam" e "Raramente acho que acontecerão coisas boas comigo". O tema implícito em tudo isso é a expectativa de um futuro sombrio.

Um dos pessimistas mais famosos na história foi um economista do século XIX, William Jevons, que escreveu um livro intitulado *The Coal Question*, em 1862. Nesse livro, ele previu que o suprimento de carvão do país logo se esgotaria. Como sabemos, a era do carvão se estendeu por um século ou mais depois disso, e perdura até hoje. Jevons também ficou alarmado com a aproximação da escassez de papel devido ao desmatamento e estocou tanto papel de escrita e embrulho que, cinqüenta anos após sua morte, ainda não fora totalmente usado por sua família. Jevons morreu com 47 anos. A pouca duração de sua vida pode ser comparada com a do lendário otimista Vincent Peale, que, na casa dos 90 anos, ainda escrevia e falava sobre o poder do pensamento positivo.

A desesperança e o desespero podem ter um impacto negativo nos sistemas endócrino e imunológico, e até mesmo apressar a morte. De modo oposto, ser otimista pode ajudar a reduzir o risco de morte por doença cardíaca e outras causas. Um estudo longitudinal de 35 anos realizado com estudantes de Harvard do sexo masculino encontrou muito menos doenças na meia-idade nos otimistas, depois de levar em conta sua saúde em fases anteriores da vida.[15] Ainda mais impressionante é um estudo recente coordenado pela famosa Mayo Clinic, em Minneapolis. Nele, os pesquisadores encontraram evidências que sugerem que os pessimistas têm uma expectativa de vida menor do que as pessoas mais esperançosas.[16] Eles avaliaram os resultados de um teste de personalidade feito pelos participantes mais de trinta anos atrás, e os compararam com as taxas de mortalidade subseqüentes. Descobriram que as pessoas muito otimistas apresentaram um risco cinqüenta por cento menor de morte prematura do que as mais pessimistas. Um terceiro estudo,[17] realizado com idosos holandeses de ambos os sexos, descobriu que as pessoas que se descreveram como muito otimistas apresentaram taxas menores de morte cardiovascular e menos risco de morte por qualquer causa do que as que afirmaram ser muito pessimistas. As pessoas com níveis mais altos de otimismo apresentaram um risco 55 por cento menor de morte por qualquer causa e um risco 23 por cento menor de morte cardiovascular do que as que apresentavam altos níveis de pessimismo.

O otimismo está relacionado com a gratidão, mas não é a mesma coisa. Ainda temos de descobrir se a gratidão pode acrescentar anos de vida, mas há indícios de que sim. O Dr. David Snowdon é professor do Departamento de Neurologia do University of Kentucky Medical Center. Ele é diretor do Nun Study (Estudo das Freiras), um estudo longitudinal acerca da saúde e do envelhecimento. Esse estudo ficou notório por revelar fatores associados a um risco maior de doença de Alzheimer. Quase 700 freiras da ordem de Notre Dame participaram do projeto. Devido a seu estilo de vida homogêneo (mesma ocupação), sua história comum de ausência de vida conjugal e gravidez, consumo de álcool (provavelmente muito pouco), essa população oferece uma oportunidade única de examinar a saúde e a longevidade. Uma das descobertas mais interessantes do projeto veio das análises lingüísticas das autobiografias das freiras. Essa ordem particular tem a tradição de exigir pequenas autobiografias manuscritas das noviças. Os pesquisadores descobriram que a "densidade de idéias" — o número de idéias distintas expressas em uma amostra de escrita — prenunciava quais as freiras que teriam posteriormente Alzheimer. A baixa densidade de idéias e complexidade gramatical nas autobiografias estava associada ao funcionamento cognitivo deficiente e à doença de Alzheimer cerca de seis décadas depois. Uma página de autobiografia permitia à equipe de pesquisa prever com 85 por cento de acerto quem teria ou não Alzheimer seis décadas depois.[18]

Identificar fatores de risco cognitivos que prenunciam a demência é um grande avanço científico. Mas Snowdon e seus colegas foram além. A natureza única de seus dados lhes permitiu explorar outros fatores que contribuem para a saúde e a longevidade. Em um estudo muito conhecido sobre as emoções positivas e a saúde, Snowdon e a psicóloga Deborah Danner examinaram a associação entre o conteúdo emocional positivo nas autobiografias de 180 freiras católicas, escritas quando elas tinham 22 anos, e o risco de mortalidade mais tarde na vida. Na época em que esses dados foram analisados, as participantes do estudo tinham entre 75 e 107 anos.

Cada palavra escrita nessas autobiografias foi codificada para a experiência emocional. Várias freiras, como a irmã Genevieve Kunkel, de 90 anos, encheram suas autobiografias de emoções de gratidão:

Como a gratidão é materializada

Sou muito grata por Ele ter me escolhido para ser parte de uma grande família, porque agora percebo que não há compensação para quem não participa de suas alegrias e tristezas [...] as sementes da vocação foram plantadas quando meu irmão mais velho e melhor amigo foi embora, aos 16 anos, para se tornar jesuíta [...] nossas visitas a cada Dia de Ação de Graças e a cada verão deixaram uma impressão profunda [...] Sua maior saúde física e paz espiritual me fizeram refletir e é a seu exemplo de coragem e perseverança que gratamente atribuo meu atendimento ao chamado de Cristo.[19]

Os resultados desse novo estudo clássico, publicado em 2001, foram nada menos do que surpreendentes. Quanto mais emoções positivas havia nas histórias de vida dessas freiras (contentamento, gratidão, felicidade, esperança e amor), mais elas tendiam a ainda estar vivas seis décadas depois. Na verdade, a descoberta impressionante foi que havia quase sete anos de diferença em longevidade entre as feiras mais felizes e as menos felizes! Dito de outra forma, as freiras que usaram menos palavras que descreviam emoções positivas apresentavam o dobro de risco de morte em qualquer idade. Porém, de qualquer modo, as freiras tendem a ter uma expectativa de vida maior do que a da população em geral; até mesmo as menos felizes no estudo viveram até a casa dos 80. Os efeitos prolongadores da vida da escrita autobiográfica receberam atenção adicional da pesquisa. Em uma extensão e reprodução parcial desse estudo, Sarah Pressman e Sheldon Cohen, psicólogos da saúde da Carnegie-Mellon University, descobriram que a longevidade de psicólogos famosos podia ser prevista tanto a partir do uso de palavras sociais em suas autobiografias quanto do uso de palavras que indicam humor, interesse, determinação e elevada ativação (por exemplo, "empolgado", "entusiasmado", "alerta"). Isso é útil para as pesquisas sobre integração social e longevidade.[20]

O RITMO CARDÍACO E O RITMO DA GRATIDÃO

"Feche os olhos e relaxe. Desvie sua atenção da mente para a área ao redor do coração. Se isso o ajudar a se concentrar, ponha a mão sobre o coração. Respire lenta e profundamente e visualize o ar entrando e saindo da área de seu coração. Agora concentre-se em um sentimento genuíno de apreço e interesse por alguém ou algo positivo em sua vida. Realmente tente sentir essa emoção, não apenas pensar nela. Tente manter o máximo possível esse sentimento de apreço e amor."[21]

Você acabou de ler um excerto das instruções dos pesquisadores do Institute of HeartMath em Boulder Creek, Califórnia, para induzir a emoção positiva do "apreço", um estado similar, porém não idêntico, à gratidão. Eles chamam essa técnica de "*heart lock-in*". Consiste em se livrar conscientemente das emoções desagradáveis desviando a atenção para o coração físico, que a maioria das pessoas associa a emoções positivas, e se concentrar em sentir apreço por alguém. O apreço é um estado emocional ativo em que se vive ou se contempla a bondade alheia.

Você conseguiu fazer isso? Algumas pessoas acham que pôr a mão sobre o coração as ajuda a se concentrar. Como é agradável, desejável e focado em uma área específica da vida, o apreço é uma das emoções positivas mais fáceis de ser auto-induzida e mantida por mais tempo. Os pesquisadores do HeartMath acreditam que o coração se comunica com o cérebro e o resto do corpo por intermédio de vários sistemas de comunicação e que, assim, tem uma influência significativa na função do cérebro e de todos os sistemas físicos.

Rollin McCraty e Doc Childre, o fundador do HeartMath, foram pioneiros no desenvolvimento de tecnologias estado-da-arte para examinar as interações entre coração e cérebro, e no uso dessas tecnologias para melhorar a saúde humana e administrar o estresse e o desempenho. McCraty desenvolveu procedimentos analíticos para converter matematicamente o ritmo cardíaco (que costuma ser medido em batimentos por minuto) em um índice de fácil utilização recorrendo a algo chamado de *análise de densidade espectral de potência* (não tente fazer isso em casa). Esse procedimento produz um padrão cardíaco que reflete um teste não-invasivo ou indireto de "função neurocardíaca" — basicamente, comunicação saudável ou não-saudável entre o coração e o cérebro. Os padrões de ritmo cardíaco associados ao apreço diferem muito dos associados com relaxamento e raiva. Até mesmo quando experimentamos um estado interno desejável de relaxamento, nosso coração pode funcionar de um modo tão eficiente como quando cultivamos o apreço. Esses padrões são mostrados na Figura 3.1

Quando temos reações como raiva, frustração, ansiedade e insegurança, nosso ritmo cardíaco se torna incoerente ou irregular, interferindo na comunicação entre o coração e o cérebro. Esse padrão irregular é evidente na parte superior da Figura 3.1. As emoções negativas criam uma reação em cadeia no corpo — os vasos sanguíneos se contraem, a pressão arterial se eleva e o sistema imunológico é enfraquecido. Um desequilíbrio constante desse tipo pode exigir muito do coração e de outros órgãos e levar a graves problemas de saúde.

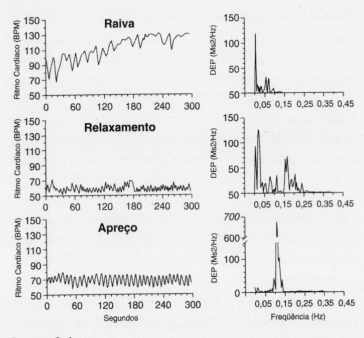

Figura 3.1

Fonte: "The Grateful Heart", de McCraty e Childre, *The Psychology of Gratitude*, ed. Emmons R., & McCullough, M. Copyright 2004 da Oxford University Press. Usado com permissão da Oxford University Press, Inc.

Por outro lado, quando temos emoções profundas como amor, estima, apreço e compaixão, nosso ritmo cardíaco é coerente ou regular, melhorando a comunicação entre o coração e o cérebro. Esse padrão regular pode ser visto na parte inferior da Figura 3.1. As qualidades positivas do coração produzem ritmos harmoniosos que são considerados indicadores de eficiência cardiovascular e equilíbrio do sistema nervoso. Também demonstram ter efeitos benéficos, entre eles maior imunidade e equilíbrio hormonal. Quando as pessoas experimentam conscientemente apreço e gratidão, podem restabelecer o ritmo de seus corações.

Essas descobertas não surpreenderiam Robert "Butch" McGuire ou Richy Feinberg. Quase todos os dias, durante 44 anos, McGuire trabalhou em seu Butch McGuire's, um pub irlandês e restaurante em North Side, Chicago. Dois fortes ataques cardíacos e um posterior transplante de coração provocaram mudanças significativas em sua vida: ele parou de fumar, perdeu mais de 40 kg e tem muito mais energia e apreço pela vida. "Eu sou um novo homem e não tenho mais como certo um coração saudável",[22] disse ele a um repórter. De igual modo, com a idade de 58 anos, Richy Feinberg, um professor de arte de Nova York, teve um forte ataque cardíaco seguido de uma cirurgia para colocar quatro pontes de safena. Dois meses depois, teve outro ataque cardíaco. Pela primeira vez em sua vida ele começou a meditar para reduzir o estresse. Depois de 12 anos, obteve um certificado de saúde e atribuiu sua guinada de 180 graus ao treinamento de habilidades emocionais que promovem apreço, gratidão e compaixão.[23]

McGuire e Feinberg, como as pessoas sistematicamente estudadas pelos pesquisadores da organização HeartMath, apresentaram mudanças físicas mensuráveis resultantes do cultivo do apreço e de outras emoções positivas. Em um experimento, a prática dessa técnica por 15 minutos focada no apreço resultou em um aumento significativo dos níveis de imunoglobulina A, o anticorpo predominante encontrado no nariz e na boca, que é a primeira linha de defesa do corpo contra as viroses. Outra pesquisa documentou mudanças favoráveis importantes no equilíbrio hormonal com o uso dessas técnicas de reestruturação emocional durante um período de trinta dias. Em um estudo com trinta sujeitos, uma redução média de 23 por cento no hormônio do estresse (cortisol) e um aumento de cem por cento no hormônio conhecido como DHEA (que reflete um estado de relaxamento fisiológico) foram encontrados após um mês de prática. Aumentos no DHEA foram acentuadamente correlacionados com aumentos do "calor no coração" (representado por bondade, apreço, tolerância e compaixão), enquanto reduções no cortisol foram acentuadamente relacionadas com reduções no estresse percebido.[24]

Decifrando as emoções

Há uma cena no filme *Amigos, Sempre Amigos* em que o caubói grisalho Curly (papel que rendeu a Jack Palance um Oscar) pára seu cavalo, balança a cabeça em tom de desaprovação para Billy Crystal e lhe diz: "Vocês, gente da cidade, passam cinqüenta semanas do ano arranjando problemas e então acham que podem vir aqui e resolvê-los em duas semanas. Isso não funciona assim." Provavelmente poucos se lembram desse *insight* de Curly sobre a administração do estresse (bem menos memorável que seu sermão com o dedo em riste). Mas pesquisas contemporâneas sobre psicologia positiva recentemente testaram a hipótese de Curly.

A psicóloga Barbara Fredrickson, da University of North Carolina, diz que as emoções positivas são fisiologicamente benéficas porque "anulam" os efeitos nocivos das emoções negativas.[25] Isso significa substituir um conjunto de emoções (normalmente estados negativos ou desagradáveis) por emoções opostas (positivas ou agradáveis). Assim, as emoções positivas corrigem os efeitos das emoções negativas, restaurando o equilíbrio fisiológico e emocional.

A idéia básica de que as emoções positivas são de algum modo incompatíveis com as emoções negativas não é nova, e tem sido demonstrada no decorrer de várias décadas. Nos anos 1950, esse princípio de *incompatibilidade emocional* forneceu a base para as terapias comportamentais destinadas a tratar fobias e outras desordens da ansiedade. É simplesmente impossível relaxar e ficar estressado ao mesmo tempo. Tente fazer isso e não conseguirá. O relaxamento elimina a ansiedade e vice-versa. Há uma sabedoria antiga aqui que foi ratificada pelas pesquisas modernas. Buda disse que "o ódio não pode coexistir com a benevolência, e se dissipa quando superado por pensamentos baseados nesta".[26] Você não pode sentir simultaneamente gratidão e ressentimento, ou vontade de perdoar e de se vingar. Quando saboreamos o momento, não lamentamos o passado. O cérebro é programado para evitar a confusão emocional que resultaria da ativação simultânea de estados emocionais opostos. As partes do cérebro que estão ativas quando as emoções positivas são experimentadas não são as que estão ativas quando a pessoa se sente deprimida ou ansiosa, e vice-versa. Em vez disso, cada tipo de emoção é controlada por hemisférios diferentes — a região pré-frontal esquerda é mais ativa na felicidade, enquanto a região pré-frontal direita é mais ativa nas emoções negativas.[27]

Fredrickson foi a primeira a usar a estratégia de induzir emoções negativas em todos os participantes, ou por meio de um videoclipe assustador (como uma cena do filme *O Cabo do Medo*) ou de uma tarefa verbal que produzia ansiedade. Esses tipos de tarefas aceleram com segurança o ritmo cardíaco e elevam a pressão arterial. A seguir, nesse contexto de produção de emoções negativas, ela induziu diversão, contentamento, neutralidade ou tristeza, novamente usando videoclipes. É relativamente fácil provocar um estado emocional com esse procedimento. Às vezes, escolhemos uma comédia porque estamos tristes e queremos nos alegrar. Em outras ocasiões, como quando rompemos um relacionamento amoroso, escolhemos um filme triste para mergulhar em nossos sentimentos feridos. Eu tenho um amigo que não conseguia deixar de ver o filme *Ghost* depois que sua mulher o deixou inesperadamente. Em três experimentos diferentes, os dois filmes de emoções positivas — de diversão e contentamento — aceleraram mais a recuperação cardiovascular do que os filmes neutros e tristes.

SEM DOR, SEM GANHO?

Estima-se que 48 milhões de americanos sofrem de dor crônica e 22 milhões tomem medicamentos para combatê-la. Essas mesmas pessoas gastam US$ 100 bilhões por ano para tratar a dor e quase quatro bilhões de dias de trabalho por ano são perdidos devido a ela. A ciência médica sabe há anos que inexiste uma correspondência direta de um para um entre o dano físico e a dor sentida, a última sendo influenciada não só pela severidade do estímulo doloroso, como também por fatores psicológicos e emocionais.

A dor é um fenômeno físico e fisiológico. Há uma crença geral de que os estados emocionais desagradáveis intensificam a experiência da dor, enquanto os estados emocionais agradáveis a diminuem. Sempre faço três coisas antes de ir ao consultório de meu dentista. O objetivo é o mesmo para as três. A primeira providência é tomar duas aspirinas. A segunda é evitar a cafeína por pelo menos quatro horas antes da consulta. A terceira é tentar ficar de bom humor (pelo menos não de mau humor), porque sei que a dor infligida não intencionalmente em mim será aumentada pelo meu humor e nível de agitação. Experimentos mostraram que o medo e a repulsa criados nas pessoas apresentando-lhes slides de cobras e corpos mutilados reduzem sua tolerância a estímulos dolorosos.[28] A tolerância à dor é experimentalmente medida pela duração do tempo em que uma pessoa consegue manter o braço submerso em água gelada, um procedimento que produz uma dor "lancinante". Os mesmos estudos descobriram que ver imagens engraçadas aumenta os níveis de tolerância à dor. A mente e o corpo que refletem gratidão e outros sentimentos edificantes são lugares inóspitos para a dor. Em uma revisão recente de mais de duas dúzias de estudos, o psicólogo Sheldon Cohen, da Carnegie Mellon University, descobriu que, por meio do estímulo da liberação de opióides endógenos, as emoções positivas produzem muito menos sensibilidade e mais tolerância à dor. As emoções positivas podem ter efeitos analgésicos, estimulando a liberação por parte do cérebro de substâncias semelhantes à morfina.

Jeffrey Friedman é um médico de San Luis Obispo, Califórnia, especializado no tratamento da dor crônica. Ele coordenou um estudo com pacientes em que examinou mudanças nos graus de dor subjetiva durante um período de quatro semanas. O tratamento consistiu em sentir gratidão pelas coisas que eles apreciavam muito em sua vida. Foram obtidos os escores de depressão e dor de cada paciente. Os escores médios de depressão não foram afetados pela meditação de gratidão. Mas os de dor diminuíram um pouco.

Quando os escores médios de dor antes da meditação foram comparados com os de depois dela, verificou-se uma queda bastante significativa nestes últimos. Os 28 dias de meditação levaram à melhora da dor? Os escores médios dos três primeiros dias de cada paciente foram comparados com os de seus três últimos dias; também foram comparados os escores médios dos 14 primeiros dias com os dos 14 últimos dias. Houve um indício de redução dos escores de dor durante os 28 dias de teste. Esse foi um estudo pequeno, mas os resultados foram promissores e indicam que as intervenções de gratidão podem ser úteis com pacientes de dor crônica.

Recentemente, uma equipe de pesquisadores no programa de prevenção e tratamento da dor da Duke University testou um programa de benevolência de oito semanas em pacientes de dor lombar crônica.[29] Há séculos a tradição budista usa a meditação do amor benevolente para desenvolver o amor e transformar a raiva em compaixão. Com freqüência, a meditação é associada ao retiro solitário, se não à preocupação com os próprios interesses. Então, como essa prática promove a compaixão pelos outros? Ensinada pelo próprio Buda, essa forma de meditação enfatiza sentimentos de amor, felicidade e compaixão. As práticas meditativas básicas para o cultivo do amor compassivo, ou *metta*, em sânscrito, têm uma longa tradição. Uma prática de benevolência amplamente usada começa com a compaixão por si mesmo, com a repetição de frases curtas durante a meditação:

Que eu possa me livrar do sofrimento.
Que eu possa encontrar alegria.
Que eu possa me encher de amor.
Que eu possa estar em paz.

Estas frases são então repetidas, mas com o foco nos outros — primeiro, em um benfeitor, depois em uma pessoa neutra, a seguir em alguém com quem temos dificuldades interpessoais ou até mesmo um inimigo e, finalmente, em todos os seres do mundo.

Nesse estudo, a intervenção consistiu em oito sessões semanais de 90 minutos. Observações clínicas e de pesquisa sugerem que a meditação do amor benevolente está relacionada com uma mudança para emoções mais positivas como a tranqüilidade e a alegria e uma diminuição da raiva, do estresse e da ansiedade. Os pacientes foram encaminhados randomicamente à intervenção ou ao tratamento padrão. Nesse estudo também houve um componente específico de gratidão na meditação. O protocolo incluiu um "exercício de exame atento do corpo" que incentivava os pacientes a aceitarem seu corpo como era e sentir gratidão pelo que lhes permitira realizar na vida. Medidas padronizadas avaliaram a dor, a raiva e o sofrimento psicológico dos pacientes. Análises posteriores e de acompanhamento mostraram melhoras significativas na dor e no sofrimento psicológico no grupo de amor benevolente, mas nenhuma mudança no grupo de tratamento padrão. Além disso, mais prática de amor benevolente em determinado dia foi relacionada com menos dor nesse dia e menos raiva no dia seguinte. Os pesquisadores sugeriram que o programa de benevolência pode ajudar a reduzir a dor, a raiva e o sofrimento psicológico em pacientes com dor lombar persistente. Esse estudo pioneiro foi a primeira demonstração publicada da eficácia clínica da meditação de amor benevolente, a despeito de seu uso por milhares de praticantes há séculos.

CONTRAFACTUAIS E DISFUNÇÕES CEREBRAIS

Freqüentemente nos dizem que devemos sempre nos lembrar de contar nossas bênçãos, ser gratos pelo que temos na vida e evitar nos concentrar no que não temos. Esse modo de pensar pode nos ser útil quando recebemos os golpes que a vida nos dá, mesmo os realmente duros. Os psicólogos o chamam de pensamento contrafactual: a capacidade de imaginar cenários alternativos — do tipo "e se" — ao mundo a nosso redor. Quando imaginamos cenários mais cor-de-rosa do que a realidade atual, nossas reações emocionais são negativas — sentimos inveja e ressentimento. Mas, quando usamos nossas habilidades contrafactuais para imaginar cenários mais sombrios do que a realidade atual, a reação emocional padrão é a gratidão. Muitas vezes, a gratidão a um benfeitor pode ser acompanhada de um pensamento sobre como as coisas poderiam ter sido diferentes: "Se ele, ou ela, não tivesse me ajudado" ou "Eu me pergunto o que teria acontecido se aquele transeunte não tivesse sido tão útil".

Muitos sobreviventes do furacão Katrina expressaram gratidão embora tivessem perdido todos os seus bens pessoais na tempestade devastadora e na enchente que se seguiu: eles ficaram gratos por ainda estarem vivos, assim como seus entes queridos. Jessica Newman era uma aluna do primeiro ano de direito da Tulane University que fugiu de New Orleans no auge da enchente. Com um telefone celular em uma das mãos, ela e uma amiga dirigiram pelas ruas inundadas, sendo guiadas pela mãe de Jessica, que olhava mapas on-line e lhes dizia onde virar. Quando uma rua estava bloqueada, ela tentava repetidamente outra rota, até conseguir sair. Em uma entrevista, Jessica contou que pensara nos modos pelos quais sua situação poderia ter sido diferente. Ela poderia ter terminado no estádio Superdome ou no centro de convenções. "Eu poderia ter estado lá", disse. "Nós tivemos muita sorte. Nem todos que eu conheci tiveram tanta." Karl Teigen, um psicólogo norueguês, pediu aos participantes de sua pesquisa que contassem uma história sobre duas ocasiões em que se sentiram gratos. Mais tarde, perguntou-lhes se eles haviam pensado no que poderia ter acontecido (usando o pensamento contrafactual). Karl descobriu que havia realmente um relacionamento estreito entre a gratidão e o pensamento contrafactual.[30]

Um estudo recém-publicado em um grande jornal de neurociência encontrou um déficit contrafactual em pacientes com disfunções no lobo frontal.[31] Portanto, pode haver uma conexão entre a capacidade de ter uma atitude de gratidão e a de criar contrafactuais. Para testar a conclusão geral de que a gratidão depende diferencialmente das redes pré-frontais/límbicas, o neuropsicólogo Patrick Namara e eu coordenamos uma investigação-piloto com indivíduos que evidenciavam clinicamente disfunção pré-frontal significativa — isto é, em estágio médio da doença de Parkinson (DP). Trazida ao conhecimento público por casos famosos como os de Muhammad Ali e Michael J. Fox, a DP é uma desordem cerebral que resulta na perda da função normal e coordenada dos músculos do corpo e dos movimentos. Caracteriza-se principalmente por tremores, movimentos lentos, rigidez e dificuldade de equilíbrio; esses sintomas são causados pela perda de produção de dopamina no cérebro, particularmente em regiões-chave no córtex pré-frontal. Déficits psicológicos e cognitivos que têm sido ligados às disfunções pré-frontais incluem mau planejamento e má resolução de problemas, redução da memória operacional e déficits de monitoramento da fala. Crises de depressão também são comuns nas pessoas com DP. Portanto, se uma intervenção como a do aprendizado da gratidão puder aliviar a depressão e evitar episódios futuros, essa será uma descoberta importante para ajudar os pacientes de DP a manter uma atitude positiva.

Acreditávamos que mensurações da gratidão deveriam estar correlacionadas com mensurações da função cerebral pré-frontal. Além disso, achávamos que as pessoas com disfunção pré-frontal não obtinham o benefício no humor que ocorre quando um indivíduo se lembra de uma experiência que o fez sentir gratidão. Normalmente, se você pede a uma pessoa comum para se lembrar de um momento em que sentiu gratidão por algo que alguém fez por ela ou que lhe aconteceu, o humor dessa pessoa melhora um pouco. Contudo, se a gratidão e seus efeitos benéficos dependem criticamente de redes pré-frontais, não esperaríamos que uma pessoa com disfunção pré-frontal melhorasse de humor quando lhe fosse pedido para se lembrar de uma experiência que envolveu gratidão. Foi isso o que realmente descobrirmos ao testar pacientes de DP. No que diz respeito ao procedimento de indução do humor, comparamos um grupo de pacientes de DP de meia-idade com controles saudáveis da mesma faixa etária. Embora nenhum grupo apresentasse mudança de humor ao ter uma lembrança positiva, houve uma ligeira melhora no humor dos controles saudáveis após a lembrança de um momento de gratidão, mas não no humor dos pacientes de DP. Também encontramos diferenças significativas nos grupos em relação ao tempo necessário para as pessoas se lembrarem de um momento de gratidão, assim como na extensão média (em número de palavras) dessas lembranças. Os pacientes de DP levaram mais tempo para se lembrar e a extensão de suas lembranças foi bem maior do que a dos controles. Eis um trecho de uma entrevista com um de nossos pacientes de DP:

> A: Mais uma vez eu vou lhe pedir que tente se lembrar de algo que aconteceu no mês passado. Quero que me

fale sobre um momento específico em que se sentiu grato a alguém. Você tem o tempo que precisar para se lembrar.

P: Deixe-me ver no meu calendário o que fiz nesse mês, talvez isso avive minha memória. Eu não consigo pensar em nada específico. Só vou ao médico e faço meus shows.

A: Então pode ser qualquer momento em que você se sentiu grato a um médico ou a alguém que...

P: Eu nunca me sinto grato a um médico porque ele sempre me receita mais remédios.

A: Houve algum momento durante um show em que você tenha se sentido grato a alguém?

P: Bem, sempre é bom quando termino o show de uma hora e alguém... o público se levanta e aplaude. E isso acontece muito.

A: Então aconteceu no mês passado?

P: Sim.

A: E você se sentiu grato por isso.

P: Eu acho que já disse que minha fala está se deteriorando. Mais lenta. Minha voz está mais baixa. Tenho de usar mais o microfone. Então é bom quando eu termino um programa em que achei que não estava falando claramente e, ainda assim, o público aplaude. Isso faz com que eu me sinta bem.

A: Certo. E você fica grato por isso.

P: Sim, eu diria que sim.

A: OK. Você acha que poderia facilmente ter acontecido outra coisa? Como, por exemplo, não o aplaudirem? Já pensou nisso?

P: Bem, é possível. Não há motivo algum pelo qual o público teria de se levantar e me aplaudir. Mas aconteceu em várias ocasiões.

A: E isso seria bastante desagradável.

P: Eu ficaria muito aborrecido se tivesse me esforçado ao máximo e alguém não tivesse gostado. Mas isso não aconteceu.

A: Ótimo, mas você já teve esse pensamento? Ao ir para um show, já pensou: "Ah, talvez não me aplaudam esta noite."?

P: É claro que sim, mas muitas vezes isso só está na minha própria cabeça.

A GRATIDÃO E O CONSULTÓRIO MÉDICO

Há uma troca ritual que ocorre todos os dias nos consultórios médicos e hospitais em toda a Hungria.[32] Os pacientes entregam disfarçadamente a seus médicos um envelope contendo pagamentos conhecidos como "dinheiro por gratidão". Após alguns protestos formais, o médico acaba aceitando o envelope e colocando-o discretamente em uma gaveta da escrivaninha. Isso é legal? Não. É comum? Sim. É ético? Depende da pessoa a quem você perguntar. Os pacientes recebem atendimento médico gratuito na Hungria, mas se sentem obrigados a dar dinheiro por baixo do pano em troca de certos favores: obter um leito hospitalar com uma vista melhor, passar à frente na fila para realizar um procedimento, ser encaminhado a um especialista ou apenas obter um pouco de atenção extra. Apesar dos óbvios obstáculos morais (os pobres teriam de pagar tanto quanto os ricos por serviços similares?), mais de oitenta por cento dos médicos pesquisados afirmam que, como o governo não lhes paga como deveria, eles têm o direito de aceitar dinheiro por gratidão. Vários procedimentos médicos parecem merecer somas diferentes, desde cirurgia cardíaca (92 por cento dizem que dão dinheiro para isso) a uma visita domiciliar de pediatra (cinqüenta por cento) e um raio X de rotina (oito por cento). Esse sistema de dinheiro por gratidão não se limita à Hungria, mas também ocorre em outros países no pós-socialismo, como Romênia, Bulgária, Polônia e Rússia. Os pagamentos nem sempre são em dinheiro: o mesmo procedimento poderia custar uma barra de chocolate, uma garrafa de vodca ou, para os pacientes de áreas rurais, produtos de suas fazendas.

Os relatos feitos por médicos e pacientes são fascinantes e fornecem uma nova perspectiva transcultural da dinâmica de dar, receber e retribuir, e do elo entre *status* e gratidão. Um paciente respondeu: "É uma tradição ser cortês com o médico [dando-lhe um presente] porque ele está cuidando da coisa mais preciosa — a saúde." Um médico comentou: "Entre meus pacientes há pessoas importantes e professores, mas eles não pensariam em [um presente] [...] Geralmente as pessoas comuns são mais agradecidas. Um motorista dará um presente muito melhor e respeitará meu trabalho, enquanto os outros só dirão 'Obrigado'." Vários outros pesquisados também assinalaram que as pessoas mais ricas eram as menos gratas.

Esse fenômeno de pagamentos por baixo do pano ilustra que o comércio de gratidão pode ser um negócio arriscado. A maioria das pessoas nos Estados Unidos ficaria horrorizada com esse sistema. Elas nunca pensariam em convidar uma equipe cirúrgica para jantar na véspera de uma grande operação ou em fornecer a um cirurgião instrumentos no valor de US$ 27 mil, como fez um paciente cardíaco russo.[33]

Felizmente, o dinheiro por gratidão é desnecessário nos Estados Unidos, onde a maioria dos médicos é devidamente recompensada por suas habilidades. Os termos de troca entre paciente e médico não são os mesmos da Hungria ou da Bulgária. A gratidão não é o preço pago pelos pacientes em troca dos serviços humanitários do médico. Mas ainda assim é importante para a prática da medicina. Há evidências de que, quando as pessoas são incentivadas a considerar a saúde uma dádiva, correm menos riscos e se envolvem em mais atividades saudáveis. Contudo, não se sabe se os pagamentos por gratidão na forma desses gestos altamente ritualísticos levam os pacientes a adotarem uma atitude de gratidão no que diz respeito à saúde.

Educando para a gratidão: o papel da gratidão no treinamento médico

Um estudo fascinante, publicado no jornal *Academic Medicine* em 2003, avaliou todo o conjunto de emoções do dia-a-dia e as experiências que as provocavam em estudantes de medicina em ambientes hospitalares. Cada emoção expressa pelos estudantes e residentes em medicina interna e pediatria foi codificada a partir de entrevistas e de um período de observação de uma semana em que eles cumpriram várias obrigações no University of Washington Medical Center, em Seattle.[34] A gratidão, a felicidade e o orgulho foram emoções positivas comuns provocadas pela alegria do aprendizado, pela oportunidade de praticar a medicina, pelo apoio emocional dos mentores e pelo reconhecimento dos pacientes. O residente "Sam" explicou: "Em última análise, realmente acho uma honra fazer esse trabalho [...] Você está seguindo os passos da tradição de servir."[35] Jane, uma residente no primeiro ano de medicina interna, confidenciou:

Era óbvio que eu estava tendo dificuldades e minha residente sênior me chamou a um canto e perguntou: "Como você está se saindo?" Nesse ponto, simplesmente desabei [...] Estávamos de plantão naquele dia e ela disse: "Não pense em nós, não se preocupe conosco, vá dormir." Eu me senti, e ainda me sinto, muito grata por isso. Porque, quando realmente precisei, ela deixou claro [...] que o que eu precisava fazer por mim mesma era apenas sair dali [...] isso não era um problema para ela.[36]

Por que esse estudo é importante? Médicos gratos são médicos melhores. Os médicos treinados para reconhecer as emoções em si mesmos e nos outros são mais capazes de curar. Estudos mostraram que médicos emocionalmente inteligentes facilitam a própria satisfação e a do paciente. Um experimento recente descobriu que a gratidão leva à melhor resolução de problemas clínicos por parte dos médicos.[37] Após receberem um pequeno presente (um procedimento comum na pesquisa de indução do humor), os médicos de doenças internas fizeram um diagnóstico mais preciso de doença do fígado em um caso hipotético do que os médicos de um grupo de controle que não receberam o presente. Emoções positivas como a gratidão levam à organização e à integração mais eficiente das informações, ferramentas cognitivas importantes na avaliação clínica e no diagnóstico. Estudos também mostraram que essas emoções melhoram a capacidade dos estudantes de medicina e médicos de tomarem decisões e resolverem problemas criativamente. Portanto, há motivos baseados em evidências para os educadores incorporarem as competências emocionais ao treinamento médico. Fora o efeito da gratidão e de outras emoções positivas nas habilidades clínicas envolvidas no atendimento ao paciente, há a esfera de desenvolvimento pessoal e bem-estar do médico. O diário de gratidão pode ser uma estratégia eficaz a ser adotada como parte do autocuidado e da administração do estresse. Os médicos também podem usar breves intervenções, como a do diário de gratidão, para ajudar seus pacientes se eles próprios se beneficiaram com essa prática.[38]

Prevenção de doenças: a cabeça agradece

Eu moro em Davis, Califórnia, a cidade que supostamente tem o maior número de bicicletas *per capita* dos Estados Unidos. Quando atravesso o campus, no intervalo entre as aulas, freqüentemente me surpreendo com o pequeno número de estudantes que usam capacete, particularmente em comparação com uma amostra residente na comunidade. Todos os dias há acidentes no campus, alguns graves. Uma pesquisa de observação informal feita por mim revelou que, em um dia normal, menos de um em cada dez ciclistas usa capacete. Isso ocorre apesar do fato de que seu uso não só reduz (em cerca de 85 por cento) as lesões na cabeça como também poupa vidas. O Bicycle Helmet Safety Institute tem um site repleto de testemunhos de usuários de capacete. O pastor de minha igreja sofreu lesões graves quando sua bicicleta passou sobre um trecho de cascalho e foi parar em um barranco de uma estrada rural, durante uma corrida. Depois desse incidente, ele se tornou um defensor ferrenho do uso de capacete. Pesquisadores da Appalachian State University, na Carolina do Norte, examinaram uma intervenção de marketing social para aumentar o uso de capacetes no campus. Grupos de foco formados por estudantes criaram para o programa um logotipo e o slogan "A Cabeça Agradece". Os autores treinaram alunos ciclistas que já usavam capacete para atuar como agentes junto aos colegas. Esses agentes davam informações sobre o uso de capacetes e pediam aos outros ciclistas que assinassem cartões se comprometendo a usá-los. Os ciclistas que os assinavam recebiam um cupom que dava direito a um capacete grátis. Os autores receberam um total de 379 cartões de compromisso e distribuíram 259 capacetes. O uso de capacetes quase que dobrou: de uma linha de base média de 27,6 por cento para 49,3 por cento na última semana de intervenção. Um grupo de comparação em uma universidade semelhante não apresentou esse aumento.[39]

A ênfase na gratidão pode nos motivar a cuidar melhor de nosso corpo. Em situações de saúde pública, a mobilização de influências de colegas, informações sobre segurança, cartões de compromisso e campanhas com slogans atraentes podem ajudar muito a estimular ações saudáveis. Um enquadramento baseado na gratidão contém a mensagem implícita de que o corpo, a saúde e até mesmo a própria vida são dádivas, e essa interpretação pode mudar a consciência, aumentando o sentimento de responsabilidade pessoal por essas dádivas. Tendemos a cuidar melhor daquilo que consideramos uma dádiva do que daquilo que julgamos que é nosso por direito.

Os médicos anseiam pela gratidão dos pacientes?

Quando faço apresentações para grupos de médicos sobre a ciência da gratidão, penso em como meu trabalho pode ser clinicamente útil. Quando me sinto particularmente seguro com o público, ouso levantar a questão de os médicos esperarem ou não gratidão dos pacientes e o grau em que esse desejo motiva sua prática. Os psicanalistas respondem que o desejo de que os pacientes lhes dêem algo em troca é perfeitamente compreensível e pode estar relacionado com motivações inconscientes para escolher a carreira de analista.[40] As intenções altruístas podem não explicar tudo. É discutível se isso se aplica a outras especialidades médicas, mas no contexto da inteligência emocional discutido anteriormente, é uma questão na qual vale a pena insistir no treinamento médico. É raro haver um médico imune aos sentimentos de gratidão dos pacientes.

Vários anos atrás, dei a meu clínico geral um exemplar de um pequeno livro inspirador de minha autoria sobre a gratidão. Foi um gesto oportuno e sincero, não uma compensação por um desconto em seus honorários ou uma renovação de receita. Mesmo sem ser dado a manifestações emocionais — e desejando manter uma relação profissional médico-paciente —, ele claramente considerou o gesto tocante, o que eu apreciei. Não gostaria que meu médico fosse indiferente à minha afirmação de sua competência. Estabelecer e fortalecer o laço entre paciente e médico é boa medicina. Apesar dos avanços tecnológicos, esse laço continua a ser essencial para a assistência médica de boa qualidade. As manifestações de gratidão são um elemento importante em todo relacionamento de cura, e essa importância aumenta à medida que a medicina se torna cada vez mais fragmentada e centrada na tecnologia.

NA PONTA RECEPTORA

"Sabe de uma coisa? Essa é uma sensação incrível. Às vezes só conseguimos ver as pessoas que estão sendo içadas quando entram pela porta. Você olha por cima do ombro e vê o alívio e a gratidão no rosto delas. Só querem se aproximar, dar um aperto em seu ombro — algumas fazem isso — e dizer: 'Obrigado.' Provavelmente, não há uma sensação melhor no mundo."[41]

Como a gratidão é materializada 117

Estas palavras foram ditas pelo tenente da guarda costeira Jason Smith, cuja equipe salvou quase duzentas vítimas do furacão Katrina de telhados e da enchente nos dias que se seguiram à devastação da tempestade. O testemunho de Smith revela que estar na ponta receptora da gratidão — ser um daqueles a quem o agradecimento é dirigido — é uma experiência intensa. É bom quando nossos esforços são reconhecidos e ruim quando deparam com indiferença, agradecimentos feitos de má vontade ou ingratidão. Contudo, o efeito da gratidão vai além da satisfação emocional ou cognitiva de você saber que fez algo útil. Pesquisas modernas no campo emergente da neurocardiologia sugerem uma intrigante razão fisiológica para a gratidão ser benéfica para *o receptor*.

Lembre-se de que os pesquisadores mostraram que a gratidão e as emoções positivas de amor e apreço dela decorrentes estão associadas a um padrão regular, ordenado e coerente com a atividade rítmica do coração (veja a Figura 3.1). O que não se disse antes foi que o próprio coração gera um campo eletromagnético. Na verdade, o coração é o mais poderoso gerador de energia eletromagnética no corpo humano, produzindo o maior campo eletromagnético rítmico de todos os órgãos do corpo. Além disso, esse campo é mais de cinco mil vezes mais forte do que o campo gerado pelo cérebro e pode ser detectado a vários centímetros de distância do corpo, em todas as direções, com o uso de um aparelho chamado magnetômetro. Estimulados pelas descobertas de que o campo cardíaco é modulado pelos diferentes estados emocionais, vários estudos agora documentaram que o campo eletromagnético gerado pelo coração pode realmente transmitir informações que serão recebidas pelas outras pessoas.[42]

Por exemplo, quando duas pessoas estão a uma distância uma da outra que lhes permitiria conversar, o sinal eletromagnético gerado pelo coração de uma pode influenciar os ritmos cerebrais da outra. Quando um indivíduo gera um ritmo cardíaco coerente, tende a haver maior sincronização entre suas ondas cerebrais e o ritmo cardíaco de outra pessoa. Em outras palavras, as ondas cerebrais de uma pessoa se harmonizam com as ondas cardíacas da outra, um efeito que tem sido medido em indivíduos com até 1,50m de distância entre si. Por isso, quando uma pessoa expressa gratidão sincera por nós, há a possibilidade de experimentarmos todos os tipos de benefícios, motivados por essa troca de energia eletromagnética. O que aciona esse sistema de troca de energia é o ritmo cardíaco coerente produzido pelos sentimentos de gratidão. Mas uma força assim tão grande também pode repelir, o que possivelmente explica por que sentimos aversão imediata por alguém que mal conhecemos, além de fornecer uma explicação fisiológica do motivo pelo qual a ingratidão é tão desagradável. Esse trabalho é preliminar e ainda precisa vir à luz em jornais científicos rigorosamente revistos por colegas, mas é fascinante e ligado à experiência comum.

Durante milênios, o coração foi visto como a principal fonte do espírito, o centro das emoções e a janela para a alma. Praticamente todas as culturas do mundo usam a palavra *coração* para descrever tudo que é essencial, central ou fundamental. O escritor francês que nos legou o provérbio "A gratidão é a memória do coração" talvez soubesse de algo que a pesquisa experimental agora pode comprovar: que a gratidão é o modo de se lembrar do coração.

4
GRAÇAS A DEUS: A GRATIDÃO E O ESPÍRITO HUMANO

> A graça e a gratidão andam de mãos dadas, como o Céu e a Terra.
> — KARL BARTH
>
> Se a única oração que você fizer em sua vida for "Obrigado", isso já será o bastante.
> — MEISTER ECKHART
>
> Falar em gratidão é cortês e agradável, agir com gratidão é generoso e nobre, mas viver em gratidão é estar no sétimo céu.[1]
> — JOHANNES A. GAERTNER

EM 19 DE NOVEMBRO DE 1997, os Estados Unidos e o mundo ficaram atentos a um drama que se desenrolava no Methodist Medical Center, em Des Moines, Iowa. Bobbi McCaughey, de Carlisle, Iowa, completara trinta semanas de uma gravidez de alto risco. Seus médicos ficaram surpresos com o fato de a gravidez ter ido tão longe. Desafiando as probabilidades científicas, estavam prestes a ocorrer os nascimentos mais improváveis na história do mundo. O parto dos séptuplos de McCaughey foi bem-sucedido. Nunca antes séptuplos conseguiram sobreviver ao parto.

Às 12h48 nasceu Kenneth Robert, o primeiro bebê. Seguiu-se uma menina, Alexis, um minuto depois. Às 12h54 nasceu Joel, o sétimo bebê, em apenas seis minutos. O novo pai, Kenny McCaughey, vendedor de uma agência de automóveis em Carlisle, saiu da sala de parto minutos depois. Após contar as boas notícias a todos que estavam reunidos na sala de espera, ele cantou com os olhos marejados, junto com familiares e amigos, *Doxologia*, um hino cristão tradicional de louvor e graças a Deus.

Celebridades instantâneas, os McCaughey deram entrevistas a um veículo de comunicação após outro. Todos queriam ouvir sua história. Essas entrevistas foram repletas de palavras como bênçãos, dádivas, reconhecimento e gratidão. Tentando cuidar de meu *único* filho recém-nascido, eu ouvia, pasmado, eles descreverem essas novas vidas e suas novas responsabilidades paternas. Fiquei surpreso com o quanto pareciam felizes em depender de tantas pessoas e se empenhavam em expressar gratidão para com todos que os haviam ajudado durante os primeiros dias e semanas após os nascimentos. Centenas de voluntários trocaram fraldas, trouxeram refeições e levaram os McCaughey de carro de casa para a unidade de tratamento intensivo neonatal e de volta para casa. Como eles encontram tempo para agradecer por esses esforços? Formou-se um comitê em sua igreja para ajudá-los a enviar mais de *quatro mil* bilhetes de agradecimento por presentes e ajuda que receberam.[2]

As expressões de gratidão a Deus dos McCaughey não passaram despercebidas. Logo houve controvérsias. Alguns pareceram ofendidos pelos pais se mostrarem gratos por uma influência divina, dizendo que as crianças eram um ato da ciência devido ao uso de drogas fertilizantes. Outros afirmaram que, dadas as chances contra eles, os bebês eram realmente uma dádiva milagrosa de Deus. Notavelmente, os McCaughey não excluíram nenhuma dessas abordagens. Apesar de sua forte sensação da presença da mão de Deus durante toda a gravidez, também reconheceram o mérito da equipe do Methodist Medical Center, que realizara nada menos do que um milagre da medicina. Seus agradecimentos se estenderam em muitas direções — a Deus, à equipe do hospital, aos membros de sua igreja e a estranhos que nunca conheceram. Kenny e Bobbi McCaughey não consideravam essas várias fontes mutuamente exclusivas, e sua perspectiva reflete a daqueles que afirmam que as perspectivas científicas e religiosas são totalmente compatíveis. O fato de darem glória a Deus não excluiu o reconhecimento dos esforços de todo o pessoal do hospital, das enfermeiras da unidade de tratamento intensivo neonatal à equipe da sala de parto e ao especialista em fertilidade, com quem tudo começou. A mãe, Bobbi, mais tarde escreveu sobre o que aquela difícil experiência lhe ensinou sobre a dependência — dos outros e de Deus — e como acabou com sua ilusão de auto-suficiência.

A gratidão dos McCaughey não foi apenas uma emoção privada. Teve outra função importante, remontando a livros sagrados escritos mais de três mil anos atrás. Por exemplo, no judaísmo, a resposta adequada às dádivas divinas é uma proclamação pública de louvor e ação de graças pelo amor constante de Deus.[3] Há um forte aspecto comunal nas expressões de gratidão a Deus em que o testemunho público chama a atenção para a graça divina na vida do fiel. Os McCaughey acreditavam que Deus ouvira e atendera às suas preces pelo nascimento seguro de seus filhos. Sua expressão de gratidão foi um reflexo da própria gratidão interior e um testemunho da bondade e do amor constante de Deus. Essa declaração é a função testemunhal da gratidão, que serve para reunir mais pessoas na alegre celebração do ocorrido na própria vida e experiência. Em um jornal local, um repórter escreveu: "Os líderes religiosos não poderiam ter tido uma campanha de relações públicas melhor do poder da fé. Médicos, familiares, a comunidade e até mesmo o governo falaram freqüentemente de Deus no desenrolar da história."[4] O presidente Clinton telefonou para oferecer suas congratulações, dizendo aos McCaugheys: "Fiquei muito feliz com isso. Todos nós somos gratos por ter dado tudo certo."

O ESPÍRITO DA GRATIDÃO

Eis a história de uma criança da quinta série que, quando lhe pediram para dizer qual era a origem do Dia de Ação de Graças na América, deu esta resposta politicamente correta: "Os peregrinos vieram para cá em busca de liberdade de você sabe o quê. Por isso, quando chegaram, agradeceram a você sabe quem. Por causa deles, agora podemos adorar sem medo todos os domingos a você sabe quem."[5] Embora certamente os peregrinos fossem pessoas gratas, a tradição do Dia de Ação de Graças não começou com eles. Dar graças é uma tradição amplamente partilhada com raízes históricas profundas. Onde há religião, há gratidão. Desde que as pessoas acreditam em Deus, procuram modos de dar graças a Ele, o doador supremo. As grandes tradições religiosas ensinam que a gratidão é um sinal de maturidade espiritual e uma qualidade a ser cultivada por meio de disciplinas espirituais. Portanto, a gratidão é um sentimento religioso universal, evidente nas oferendas em agradecimento descritas nos livros religiosos antigos e nos hinos de louvor e adoração tradicionais e contemporâneos. O teólogo alemão Karl Barth certa vez disse que a reação básica do homem a Deus não é de medo ou culpa, mas de agradecimento. "O que mais podemos fazer diante do que Deus nos dá além de balbuciar palavras de louvor?",[6] perguntou Barth. E existe modo melhor de louvá-lo do que com hinos como cantados em cerimônias religiosas como missas, casamentos, batismos etc.?[7]

O que as pesquisas modernas nos dizem sobre o elo entre gratidão e religião/espiritualidade? As pessoas que se descrevem como religiosas ou espiritualizadas tendem mais a ser gratas. Uma pesquisa da Gallup revelou que 54 por cento dos adultos e 37 por cento dos adolescentes afirmaram agradecer a um Deus ou Criador "o tempo todo". Dois terços dos entrevistados disseram que expressam gratidão a Deus dando graças antes das refeições, e três em cada quatro disseram que agradeciam a Deus por meio de adoração ou preces.[8] Um dos participantes de nossa pesquisa, um homem de 48 anos com distrofia muscular espinhal, escreveu:

> Agradeço todos os dias a Deus! Na maior parte do tempo, é muito difícil estar fraco. Mas isso me mantém com a perspectiva correta e mais próximo de Deus. Eu sei que Deus tem um plano para mim. Parte desse plano é eu estar fraco para que os outros possam estar fortes. Outro aspecto é minha fé poder falar mais alto para os outros porque eles conseguem ver minha luta. Tenho medo do futuro e ao mesmo tempo sei que, não importa o quanto o tema, de algum modo Deus me ajudará a enfrentá-lo. Não tenho medo de morrer. A luta do dia-

a-dia é mais assustadora para mim do que a idéia de ir para o céu. Eu me mantenho firme tentando fazer o que Deus quer que eu faça. Sou grato a cada dia.

Em um estudo clássico realizado há mais de meio século, a gratidão foi uma das principais motivações para a conversão religiosa de alunos universitários.[9] Em nossa pesquisa, descobrimos que quem participa regularmente de celebrações e atividades religiosas — como rezar ou ler material religioso — tende mais a ser grato.[10]

Independentemente de uma pessoa ser ou não religiosa, há uma qualidade espiritual básica na gratidão que transcende as tradições religiosas. Essa qualidade é devidamente explicada pelo falecido Fredrick Streng, um estudioso das religiões do mundo: "Nessa atitude, as pessoas reconhecem que estão ligadas umas às outras de um modo misterioso e miraculoso que não é totalmente determinado por forças físicas, mas parte de um contexto mais amplo ou transcendente."[11] A gratidão é uma experiência humana universal que pode ser considerada uma ocorrência aleatória da graça ou uma atitude escolhida para criar uma experiência de vida melhor; de muitos modos, contém elementos de ambos.

Para uma pessoa que tem crenças religiosas ou espirituais, a gratidão cria um relacionamento com o Divino, fonte de todo o Bem. Esse relacionamento reconhece a dádiva da vida oferecida pelo Criador. Escolher viver nesse espaço de reconhecimento reposiciona a pessoa em uma esfera celestial de humildade, reverência e admissão do quanto é abençoada com a oportunidade de aprender, crescer, amar, criar, partilhar e ajudar os outros. A reação a essas dádivas pode ser um sentimento profundo de humildade e admiração e um desejo de dar graças e passar adiante o amor que é ativado interiormente. Há um olhar para cima e depois para fora. As pessoas gratas percebem que não são separadas umas das outras ou de Deus. Esse próprio reconhecimento traz uma sensação profunda de gratidão.

BENDITO SEJA VOSSO NOME

Para uma pessoa de fé, a gratidão é um alegre reconhecimento da bondade de Deus. Trata-se de uma ética profundamente enraizada na doutrina e na devoção judaico-cristã. As palavras *grato* e suas variadas derivações (*agradecido, gratidão, agradecimento*) figuram mais de 150 vezes no Antigo e no Novo Testamento. O imperativo de "agradecer" aparece 33 vezes. As Bíblias hebraica e cristã insistem em que o povo de Deus, não importa onde esteja e o que enfrente, tem de ser grato e louvar a Deus. A idéia de que se deve refletir sobre a generosidade das dádivas divinas e responder com ação de graças e louvor permeia textos, orações e ensinamentos da fé bíblica. Algumas tradições espirituais afirmam que as preces de agradecimento são as formas mais poderosas de oração porque, por meio delas, as pessoas reconhecem a fonte suprema de tudo que são e têm na vida. O reformador Martinho Lutero se referiu à gratidão como "a atitude cristã básica", e o teólogo Karl Barth observou que "a graça e a gratidão andam de mãos dadas, como o Céu e a Terra; a graça produz gratidão, assim como a voz produz eco".[12]

A gratidão na Bíblia hebraica

Os judeus religiosos são um povo da Bíblia. Sabem sobre o antigo festival da colheita de Israel: como Israel, ao final de uma boa colheita, agradecia a Deus por sua generosidade — e também por libertá-la do cativeiro. No judaísmo, a gratidão é um componente vital da adoração, permeando todos os aspectos da vida diária do devoto. Na Bíblia hebraica, a poesia dos Salmos é cheia de louvor a Deus: "Senhor, Deus meu, eu Te louvarei para sempre" (Salmos 30,12) e "Eu Te louvarei, Senhor, com todo o meu coração" (Salmos 9,1).* As orações litúrgicas privadas ou congregacionais lembram o judeu praticante da beneficência de Deus como criador, sustentador e redentor. Na prática religiosa da antiga Israel, davam-se instruções especiais sobre a oferta de agradecimento a Deus (Levítico 7, 28-29). Muitos dos sacrifícios oferecidos em altares e, mais tarde, no Templo em Jerusalém, eram inspirados pelo sentimento de gratidão, como a cerimônia elaborada de levar os "primeiros frutos" — *bikkurim* — aos sacerdotes, os representantes de Deus no Templo.[13] As orações bíblicas de ação de graças assumem uma forma particular em que Deus livra das dificuldades aqueles que, em sua angústia, clamam a ele. "Louvai ao Senhor, porque Ele é bom, porque Sua benignidade dura para sempre" (2 Crônicas 20, Jeremias 33, 11, Salmos 107).

As orações judaicas começam com o *Shema*, em que o devoto recita da Bíblia: "Amarás, pois, o Senhor Teu Deus com todo o Teu coração, com toda a Tua alma e com todas as Suas forças" (Deuteronômio 6, 5), e terminam com o *Alenu*, que agradece a Deus pelo destino particular do povo judeu. Além dessas orações diárias, o judeu praticante recita mais de cem *berakhot* (bênçãos) durante o dia. O agradecimento por tudo é apropriado no judaísmo porque, na visão hebraica, tudo vem de Deus, e a vida judaica é cheia de gratidão. Esse sentimento é dominante

---

* Bíblia disponível em http://bibliaonline.com.br. Acessada em 30 de abril de 2007. (*N. da T.*)

no próprio relacionamento entre Jeová e o povo de Israel. Deus é reconhecido como a fonte de toda bondade. Os rabinos ensinaram que "é proibido ao homem desfrutar de qualquer coisa deste mundo sem agradecer a Deus e quem não agradece comete sacrilégio".[14] Assim, por exemplo, pode-se dizer uma oração ao ouvir uma boa ou má notícia, e Deus é louvado por tudo. Desse modo, é mantida uma perspectiva de vida divina.

Esse espírito de gratidão constante é bem ilustrado na vida do reverenciado rabino e autor Abraham Joshua Heschel, depois que ele sofreu um ataque cardíaco do qual nunca se recuperou totalmente. Um amigo que o visitou no hospital o achou fraco e mal podendo falar. "Sam", sussurrou Heschel, "quando eu recuperei a consciência, meu primeiro sentimento não foi desespero e raiva. Só me senti grato a Deus por minha vida, por cada momento que vivi [...] eu vi muitos milagres."[15]

A gratidão na teologia e na Bíblia cristã

"O verdadeiro cristão é aquele que nunca se esquece, nem por um momento, do que Deus fez por ele em Cristo, e cujos comportamentos e atos se originam do sentimento de gratidão.",[16] escreveu o pastor escocês John Baillie em seus *Gifford Lectures* de 1961. A idéia de que a gratidão não é apenas uma das principais virtudes cristãs, como também parte essencial da fé, remonta aos escritos clássicos e é tema dos escritos religiosos modernos. Cientes de que Deus é o provedor de todas as dádivas e a razão suprema da gratidão, os cristãos reconhecem sua dependência em relação a Ele e se regozijam com as dádivas que somente Ele oferece. Considerando-se isso, a gratidão não é apenas uma reação a uma dádiva, mas uma virtude que envolve uma obrigação ou sensação de estar em dívida para com o benfeitor. Estar em dívida com os outros permite aos seguidores de Cristo se unir em um dever comum que determina não só emoções e pensamentos, como também atos.

Além disso, teologias inteiras foram criadas em torno do conceito de gratidão. O fundador do metodismo, John Wesley, afirmou: "A verdadeira religião é a disposição de espírito certa em relação a Deus e ao homem. É, em duas palavras, gratidão e benevolência — gratidão a nosso Criador e Benfeitor supremo, e benevolência para com nossos semelhantes."[17] Wesley e seu contemporâneo Jonathan Edwards lideraram reavivamentos espirituais que foram amplificados por emoções intensas e um "aquecimento do coração" em que o amor e o poder de Deus estimulava sentimentos fortes de devoção e gratidão em santos e pecadores. Jonathan Edwards, o renomado pastor da Nova Inglaterra do século XVIII, escreveu sobre as "manifestações religiosas de afeição e gratidão a Deus" em seu clássico teológico *A Treatise Concerning Religious Affections*. Edwards ficou tão impressionado com a força evidencial da emoção que a tornou um fundamento de sua teologia, como exemplifica esta citação: "Em toda parte, as Sagradas Escrituras concentram muito a religião nos sentimentos, como medo, esperança, amor, ódio, desejo, alegria, tristeza, gratidão e zelo."[18] Para Edwards e todos aqueles iniciados no evangelismo norte-americano, o que se acreditava *sobre* Deus era muito menos importante do que os sentimentos *em relação a* Deus. A gratidão e outras emoções eram o sinal da verdadeira espiritualidade e o parâmetro segundo o qual avaliar a fé autêntica.

A gratidão e a ação de graças são temas centrais nos escritos do Novo Testamento do apóstolo Paulo. Ele começa quase todas as cartas com expressões de agradecimento a quem quer que esteja escrevendo. Também há um forte componente de gratidão nas cartas de Paulo em que as palavras *graças* ou *ação de graças* aparecem diversas vezes em vários contextos. Os cristãos são convidados a levar vidas de gratidão como um alegre reconhecimento da generosidade de Deus, o que então fornece um modelo de como lidar uns com os outros. Os cristãos são conclamados a "em tudo dar graças" (1 Tessalonicenses 5, 18); "dar sempre graças por tudo a nosso Deus e Pai, em nome de nosso Senhor Jesus Cristo" (Efésios 5, 20); fazer orações e súplicas "com ação de graças" (Filipenses 4, 6); e se separar daqueles que foram ingratos, "porquanto, tendo conhecido a Deus, não o glorificaram como Deus, nem lhe deram graças, antes em seus discursos se desvaneceram e o seu coração insensato se obscureceu" (Romanos 1, 21).

Para os cristãos, de todas as dádivas de Deus, nenhuma se compara à dádiva da vida eterna possibilitada pelo sacrifício de Cristo na cruz. A mensagem central do Evangelho — e, portanto, a base da fé cristã — é que Deus Pai oferece a dádiva da salvação através de seu filho, Jesus. "Graças a Deus pelo seu dom inefável" (2 Coríntios 9, 15), escreve Paulo em sua carta para a igreja em Corinto. Tal é a condição humana que as pessoas desejam estar perto de seu Criador e viver para sempre com ele. Por outro lado, sabemos que nossas imperfeições atuais não nos permitirão estar na presença de Deus. Esse paradoxo é resolvido por meio da dádiva do Salvador, Jesus Cristo, o único sem pecado, que pagou pelos pecados da humanidade com sua morte na cruz. Essa é a "maravilhosa graça" decantada na Igreja cristã há mais de dois séculos. Como a salvação é uma dádiva livremente oferecida, não há nada que uma pessoa possa fazer para merecê-la. Ela é totalmente voluntária. Isso nos faz lembrar de que a verdadeira gratidão surge da disposição de reconhecer o que é imerecido. Graça é amor oferecido gratuitamente a pecadores que não a merecem.

Nos escritos de Paulo, há um forte elo entre a consciência da graça e a gratidão resultante dela, já que uma teologia da graça que enfatiza um favor imerecido de Deus não pode deixar de levar a uma ética cujo motivo básico é a gratidão. Alguns dizem que o que distingue o cristianismo de outras religiões do mundo é a ênfase na graça de Deus. É comum chamar o cristianismo de religião da graça. O próprio Paulo usa o termo *graça* mais de cem vezes. A palavra do Novo Testamento grego para graça, *charis*, significa dádiva. Não qualquer uma, mas a dádiva cuja fonte é Deus, o Supremo Doador.

A dinâmica entre a graça divina e a gratidão humana tem sido a base de sistemas inteiros de ética teológica, como a teologia eucarística do reformador presbiteriano João Calvino. A palavra grega *eucharistia* significa "dar graças a Deus". Uma metáfora importante que Calvino usa para Deus é a da fonte, em uma referência Àquele que está perto, dá a vida e é a origem de todo o bem. O maior bem humano é conhecer o Deus pródigo em benefícios para seus filhos, e glorificá-Lo para todo o sempre.

A gratidão no islamismo

O sagrado Alcorão, dividido em capítulos chamados suratas, afirma reiteradamente a necessidade de reconhecimento e gratidão a Deus. Por exemplo, na surata 14 está escrito: "Se Me agradecerdes, multiplicar-vos-ei" (14: 7).* Um provérbio tradicional islâmico afirma: "Os primeiros a serem chamados para o paraíso serão aqueles que louvaram a Deus em todas as circunstâncias." O profeta Maomé também disse: "A gratidão pela abundância

---

* Alcorão disponível em http://www.islam.com.br, tradução de Samir El-Hayek. Acessado em 30 de abril de 2007. (*N. da T.*)

recebida é a melhor garantia de que a abundância continuará."[19]
As orações islâmicas diárias são consideradas um dos pilares da religião. A essência da oração não é pedir ou suplicar a Deus, mas demonstrar louvor e adoração sem-fim a Deus pela vida e por sua misericórdia. Isso é evidente nas primeiras linhas da surata Al-Fátiha (o capítulo de abertura) do Alcorão, que começa com cada uma das cinco orações diárias (1: 1-5):

> Em nome de Deus, o Clemente, o Misericordioso.
> Louvado seja Deus, Senhor do Universo,
> Clemente, o Misericordioso,
> Soberano do Dia do Juízo
> Só a Ti adoramos e só de Ti imploramos ajuda!

Outro princípio do islamismo é o jejum durante o mês de Ramadã. Esse período é recomendado por levar a um estado de gratidão. "Deus vos deseja a comunidade e não a dificuldade, mas cumpri o número (de dias), e glorificai a Deus por ter-vos orientado, a fim de que (Lhe) agradeçais" (Alcorão, 2: 185).

Nos tratados do sufismo, a tradição mística do islamismo, capítulos inteiros foram dedicados a explorar o significado e a importância da gratidão, freqüentemente dividida em categorias ou estados diferentes. A primeira é a gratidão pelas dádivas de Deus, porque devemos ser gratos por todas as dádivas que recebemos. Mas um estado ainda mais elevado é atingido quando somos gratos pelo que não recebemos ou pela demora em ver uma esperança realizada. Nesse estado de gratidão, vemos as bênçãos ocultas na aflição, o que é considerado um *insight* da sabedoria e do trabalho de Deus. Há gratidão pela capacidade de se sentir grato, literalmente um agradecimento pela gratidão.[20]

Gratidão a um doador desconhecido

Somente as religiões monoteístas recomendam a gratidão? Em outras palavras, é preciso acreditar em um Deus pessoal para ser grato? Nas religiões orientais, como o hinduísmo, o budismo e o xintoísmo, a gratidão não representa um problema, porque tenderia a pressupor a existência de Outro Supremo a quem se deve dar graças? Essas religiões não são de "Deus". Contudo, há noções de gratidão budistas, hinduístas e xintoístas. Em todos os casos, salienta-se a importância de uma boa vida moral. Portanto, a ética da gratidão incute virtudes morais e domésticas, como a lealdade, o agradecimento por todos os favores recebidos, a filantropia, a justiça, a verdade e a honestidade. Por exemplo, dizem que Buda exortou seus seguidores deste modo: "Vamos nos erguer e ser gratos, porque, se não aprendermos muito hoje, pelo menos aprenderemos um pouco, e se não aprendermos um pouco, pelo menos não ficaremos doentes, e se ficarmos doentes, pelo menos não morreremos: por isso, sejamos todos gratos."[21]

Uma variação do budismo, o de Nitiren, ensina que há quatro dívidas de gratidão. A primeira é para com todos os seres vivos, a segunda é para com a mãe e o pai, a terceira para com o governante do país e a quarta para com os "três tesouros": Buda, a Lei, ou Darma, e o Sacerdócio, ou Sangha. Em cada caso, é imperativo que se pague a dívida a todas as fontes. Dessas, a gratidão aos pais (às vezes chamada de "piedade filial") é o dever supremo e a base da ética que aqui é partilhada com outras filosofias orientais, mais notadamente o confucionismo. Em *Regarding the Debt of Gratitude to One's Parents*, o mestre budista Nitiren Daishonin escreveu:

A mãe fica grávida durante 270 dias, ou nove meses. Durante esse período, sofre terrivelmente, o suficiente para fazer uma pessoa morrer 37 vezes. No momento de dar à luz, a dor é insuportável, mas depois tem a sensação de estar no paraíso. Após nascer, o bebê tomará mais de 180 *koku** do leite da mãe. A criança brincará sobre os joelhos dos pais durante três anos. Se nós nascemos como seres humanos e acreditamos no budismo, devemos reconhecer nossa dívida de gratidão para com nossos pais. A dívida de gratidão ao pai é ainda maior do que o monte Sumeru. A dívida de gratidão à mãe é mais profunda do que qualquer grande oceano. Você deve pagar a dívida de gratidão a seus pais.[22]

Há alguns argumentos filosóficos complexos sobre se a gratidão por Buda é corretamente entendida como uma expressão de gratidão por uma realidade suprema, o equivalente à gratidão a Deus nas tradições teístas. Contudo, há termos que aproximam o significado de gratidão e agradecimento em várias tradições budistas. Um é o *anumodanā*, traduzido como "uma grata alegria sentida ao receber benefícios dos outros". Nesse sentido, adquire um contexto bem específico e não é usado no sentido de "desenvolvimento da virtude da gratidão", com que estamos familiarizados. Outro termo usado em algumas tradições budistas é *krtaveda*, freqüentemente ligado a *pratikara*, que carrega um sentido de reciprocidade e retribuição. De igual modo, a experiência chinesa de gratidão é expressa em dois caracteres, *pao-en*. *Pao* inclui mensagens

---

* *Koku* é uma medida japonesa de volume e equivale a aproximadamente 278 litros. (*N. do E.*)

sobre retorno, retribuição e reação, e constitui uma base essencial para as relações sociais. Incapacidade de retribuir significa uma experiência de gratidão incompleta.

Nessas perspectivas orientais, a afirmação positiva da vida provém de um sentimento profundo de gratidão a todas as formas de existência, uma gratidão enraizada na essência do próprio ser e que permeia todos os pensamentos, discursos e atos. Nesse sentido profundo, a gratidão não é mera atitude, um sentimento forte ou mesmo uma virtude desejável. É tão elementar quanto a própria vida. Em muitos sistemas éticos do mundo, a gratidão é *a* força irresistível por trás dos atos de compaixão, porque a vida é vista como uma vasta rede de interdependência, interpenetração e reciprocidade que constitui o ser.

O POVO MAIS FELIZ DA TERRA

Em seu convincente papel no filme *O Apóstolo*, Robert Duvall é Sonny E. F. Dewey, um ardoroso pregador pentecostal do Sul dos Estados Unidos. Em um ataque de raiva após a descoberta de que sua mulher, interpretada por Farrah Fawcett, teve um caso com um jovem pastor da Igreja, Sonny o agride, deixando-o em coma. Então foge para outro estado, onde assume uma nova identidade e começa seu caminho para a redenção. O personagem de Duvall é cativante — um pregador intenso e carismático que tem conversas contínuas com Deus. Durante toda a sua penosa experiência, ele se sente conduzido por Deus, tenta entender a vontade divina para sua vida e sente e expressa constantemente gratidão pelo Senhor. Apesar de ter fugido e perdido sua igreja, mulher e filhos, "obrigado, Senhor" e "obrigado, Jesus" são palavras que diz constantemente. No filme, as cenas de adoração feitas com habitantes locais e pregadores reais, não atores, oferecem um vislumbre do poder da gratidão na religião do Sul pobre e rural. Em cenas inspiradoras e comoventes, essas pessoas muito pobres reunidas na igreja que Sonny construiu em sua cidade agradecem constantemente a Deus por preces atendidas, curas físicas e o reatamento de relações rompidas.

É íntima a conexão entre religião e emoção vista nesse filme. A religião sempre foi uma fonte de experiências emocionais profundas e não há melhor exemplo disso do que o movimento pentecostal descrito em *O Apóstolo*. Há cerca de trinta anos, um líder pentecostal chamou os que dele participavam de "o povo mais feliz da Terra".[23] Hoje, o pentecostalismo é o movimento religioso que cresce mais rápido no mundo, contando com mais de quatrocentos milhões de adeptos. Embora na última década a freqüência às igrejas convencionais tenha diminuído, as congregações pentecostais registraram um aumento de trinta por cento.[24] Estima-se que, em 2040, o número de pentecostais no mundo chegue a um milhão, superando o de budistas e aproximando-se da proporção de hinduístas. A marca registrada do pentecostalismo é o relacionamento pessoal do crente com Deus, uma reciprocidade que cria uma dinâmica de grata dependência no crente. Narrativas históricas de mulheres pentecostais desde o início do século XX indicaram que a gratidão foi uma das emoções centrais que o movimento pentecostal tentou evocar e manter nos fiéis.[25]

Nos círculos de santidade pentecostais, a história de Carrie Judd é bem conhecida. Em 1877, uma jovem presa à cama escreveu uma carta para a Sra. Edward Mix, uma mulher afro-americana que vivia em Wolcottville, Connecticut. A Sra. Mix respondeu em sua carta que Carrie deveria suspender sua medicação e, em uma quarta-feira em que a Sra. Mix e amigos orariam a distância por ela, levantar-se da cama, algo que não fazia há dois anos. Seguindo essas instruções, Carrie se levantou, caminhou e começou a se recuperar. Não sabia que, devido ao mau tempo, ninguém, além da Sra. Mix e de seu marido, compareceria ao encontro daquela quarta-feira, mas, apesar disso, suas orações foram eficazes. Mais tarde ela escreveu que a maior alegria "foi de natureza espiritual, porque minha alma, que tanto ansiara por Deus, agora estava cheia de uma satisfação até então desconhecida, e uma amor indescritível surgia constantemente em meu coração [...] meus pais sentiam uma alegria e gratidão ilimitada a Deus".[26] A socióloga da religião Marie Griffith afirmou que uma função importante desses testemunhos de gratidão, louvor e alegria exuberante foi consolidar a participação no grupo e separar os pentecostais dos outros.

Hoje em dia, ainda há gratidão a Deus por curas. Eis uma narrativa escrita por uma mulher de 66 anos que eu entrevistei, que contraiu poliomielite aos 7:

> Nossa família passava férias em Miami, Flórida. Meu irmão e eu brincávamos nas ondas da praia quando eu fiquei com muito frio e tremendo. Meus pais me levaram de volta ao hotel. Eu fiquei muito doente, com uma febre de quase 42°C. Mal consigo me lembrar de meu pai me carregando nos braços — enrolada em um cobertor — pelo saguão do hotel até um carro. Quando chegamos ao hospital, eu estava inconsciente.
>
> Os médicos disseram a meus pais que eu não viveria e que eles deveriam se preparar para minha morte. Durante vários dias e noites, todos esperaram que eu morresse. Subitamente, a febre diminuiu. Minha mãe

disse que eu suei tanto que os grampos em meu cabelo enferrujaram.

Lembro-me claramente de minha mãe dizendo isso e também da gratidão no rosto e na voz dela por eu ter sobrevivido. A experiência de ouvi-la me causou uma impressão profunda. Eu acho que é por isso que sempre achei que a vida é uma dádiva — e que minha vida vem de Deus.

A maioria das pessoas só percebe que a vida é uma dádiva muito mais tarde na vida. Eu sinto que tive muita sorte em saber disso desde criança. E ter consciência desse fato é outra dádiva.

Saber que eu quase morri — e que esperavam que eu morresse — me tornou extremamente grata por estar viva. Eu agradeço a Deus pela dádiva de minha vida! E gosto de partilhar minha experiência com os outros, na esperança de que também se tornem conscientes do quanto a dádiva da vida é preciosa.

Gratidão, agentes e sinalização custosa

Pare e reflita sobre algumas das coisas em que as pessoas religiosas (inclusive talvez você) acreditam. Isso pode incluir crenças bem estranhas e peculiares — em seres espirituais invisíveis, ruas celestiais pavimentadas com ouro, virgens dando à luz, lagos de fogo, mortos ressuscitando e assim por diante. Os antropólogos dizem que nunca houve uma cultura conhecida sem uma ou outra forma de religião. Cientistas que estudam religião têm dado várias explicações para a onipresença de crenças e rituais religiosos. Sigmund Freud, entre outros, adotou a posição mais conhecida ao apoiar a hipótese de "religião como consolo". Segundo essa noção, as crenças e os rituais religiosos trazem conforto para o fiel, sendo um modo de buscar segurança, certeza e controle. Freud achava que os seres humanos temiam as forças hostis da natureza e de seus desejos secretos, por isso inventaram um "Grande Pai" no Céu, um super-homem sobrenatural que os protegia e mantinha na linha. Como outros estereótipos, a teoria de Freud contém um grão de verdade. Muitas crenças religiosas são confortadoras. Mas também, como outros estereótipos, é simplista demais. As doutrinas religiosas podem ser tão desconcertantes quanto confortadoras. Pense, por exemplo, nas imagens no livro do Apocalipse ou na doutrina fundamentalista de que os infiéis serão privados para todo o sempre da presença de Deus: "E lançá-los-ão na fornalha de fogo; ali haverá pranto e ranger de dentes" (Mateus 13, 42). Eu imagino que foram passagens bíblicas desse tipo que levaram o famoso antropólogo da religião Clifford Geertz a concluir que, "no decurso de sua existência, a religião provavelmente perturbou tanto os homens quanto os animou; forçou-os a um confronto decisivo e direto com o fato de que nasceram para sofrer, assim como lhes permitiu evitar esse confronto".[27]

Contudo, outra abordagem que busca explicar as origens das crenças e dos rituais religiosos é a das ciências cognitivas, que tentam vê-los como desdobramentos normais do modo como a mente e o corpo funcionam. A crença em Deus (ou deuses) não exige partes especiais do cérebro, experiências místicas peculiares, coerção, lavagem cerebral ou técnicas persuasivas especiais. Em vez disso, provém da operação das mesmas ferramentas mentais que produziram a grande maioria de nossas crenças. Afinal de contas, essa crença em Deus (deuses) não importa em algo estranho ou peculiar; pelo contrário, é quase inevitável.[28]

Justin Barret, em seu livro *Why Would Anyone Believe in God?*, afirma que é nosso design mental que nos faz crer.[29] Uma ferramenta mental importante que todos nós usamos é o que Barrett chama de "dispositivo de detecção de agência hiperativa" (HADD, de *hyperactive agency detection device*). As pessoas têm uma forte tendência a interpretar as evidências ambíguas como causadas por um agente. Nós examinamos constantemente nosso ambiente em busca da presença de outras pessoas e agentes não-humanos. É o HADD que nos faz supor que nossos computadores estão tentando deliberadamente nos frustrar, e/ou que círculos em plantações são feitos por seres extraterrestres. No entanto, mais importantes para a religião são as situações em que um lençol em um varal ou um fio de névoa é identificado como um fantasma ou espírito. Essa função do HADD de identificar objetos como agentes começou a receber uma justa atenção dos cientistas cognitivos.

Um exemplo de um evento que pode acionar a detecção é a história verdadeira a seguir: Doug estava em um silo de grãos quando houve uma explosão de propano. Ao sobreviver ao primeiro deslocamento de ar que entortou as portas e estilhaçou as janelas, ele se resignou a morrer no deslocamento subseqüente. Em vez disso, ouviu uma voz dizer "Ainda não" e se sentiu carregado por uma janela do segundo andar e posto no chão do lado de fora. Momentos depois, o silo e o celeiro foram destruídos. Devido ao fato de que seu corpo se moveu de um modo que não foi prontamente explicado pelas crenças não-reflexivas de seu sistema físico simples e de que o movimento para fora da janela que lhe salvou a vida pareceu ter um objetivo, o HAAD de Doug detectou agência e registrou a crença automática de que o acontecimento teria sido causado por um agente invisível. Passar dessa crença automática para uma reflexiva envolvendo agentes sobrenaturais foi algo perfeitamente natural, dadas as circunstâncias.

Círculos em plantações e padrões geométricos complexos misteriosamente deixados em campos de todo o mundo seriam um exemplo de um "sinal" que o HADD poderia identificar como deixado por agentes. As pessoas não olham para círculos em plantações e dizem "Humm, parece que surgiram por acaso". Não, elas tendem a acreditar que foram causados por agentes — humanos ou sobrenaturais. Quanto mais um acontecimento é incomum de uma perspectiva natural, mais as pessoas tendem a atribuí-lo à mão de Deus, especialmente se o acontecimento foi positivo e elas tendem a ver Deus como o provedor de todas as dádivas. Lembre-se dos pais de McCaughey.

A partir dessa estrutura teórica, é fácil entender por que as pessoas acreditam que as coisas boas que têm na vida — as bênçãos pelas quais são gratas — foram-lhes intencionalmente dadas em seu benefício. Nossas ferramentas mentais nos auxiliam nesse processo inferencial. Seria muito mais antinatural considerar as bênçãos aleatórias ou atribuí-las à sorte ou ao destino. Sendo esse o caso, a gratidão é um resultado quase inevitável de como a mente funciona. Quando nossas bênçãos não podem ser atribuídas à benevolência humana, o mais provável é que as atribuamos à bondade de Deus. Por isso, as pessoas tendem mais a sentir a mão divina em experiências agradáveis que não podem ser facilmente atribuídas ao esforço humano — o nascimento de um filho, a recuperação milagrosa de uma doença, o reatamento de uma relação rompida — e pelas quais a gratidão a Deus é a reação adequada.

Uma teoria contemporânea relacionada que pode nos ajudar muito a compreender a função da gratidão religiosa é a *teoria da sinalização custosa*.[30] Segundo ela, tanto os comportamentos religiosos públicos quanto os privados (por exemplo, rituais como jejum, oração, adoração e dízimo) podem ser considerados "custosos" porque exigem um esforço significativo sem a perspectiva de retorno imediato. Em seus papéis de dispositivos de sinalização, esses comportamentos e rituais religiosos podem se tornar indicadores confiáveis de compromisso (da pessoa que os realiza) com a comunidade religiosa. Engajando-se nessas práticas, o fiel, na verdade, está dizendo: "Eu não dedicaria tanto tempo a essas atividades irracionais e inúteis se não estivesse totalmente comprometido com o grupo." Nenhuma pessoa que dá menos do que recebe estaria disposta a se engajar em atividades rituais aparentemente inúteis; portanto, você pode distinguir os verdadeiramente comprometidos dos indiferentes, observando sua disposição de cumprir todas as obrigações rituais da comunidade. Por exemplo, os pais podem se beneficiar mandando seus filhos realizarem atividades escolares dominicais, mas, se for pedido a esses pais que abdiquem de beber, fumar e alugar filmes "para adultos", seu compromisso pode diminuir. Aqueles que estão dispostos a aceitar essas "sinalizações custosas" se tornarão mais comprometidos e menos propensos a dar menos do que recebem. Identificar quem obedece às regras facilita a coesão e a cooperação do grupo, porque você pode ter certeza de que não está sendo explorado por "parasitas".

Teólogos e líderes religiosos têm reconhecido a eficácia das formas rituais de expressão pública de obediência. Um testemunho de ação de graças por uma prece atendida pode atestar o compromisso com Deus e com a comunidade de fé.

Esse testemunho, se repetido e sincero, fornece uma prova concreta do compromisso, que não só reforça a fé da pessoa, como também assinala para outros fiéis o nível de seu compromisso com o grupo e a ideologia partilhada. Um ritual familiar de dar graças antes das refeições é um exemplo simples de como as práticas de gratidão podem ser incutidas em grupos e levar a maior coesão. Em seu livro *They Cried to the Lord*, Patrick Miller, teólogo da Princeton University, documentou o caráter comunal do louvor e da ação de graças na teologia bíblica.[31] Quando um indivíduo testemunha coletivamente a benevolência de Deus, a comunidade de fé se torna um "círculo de gratidão a Deus" e o efeito resultante é o estreitamento e o fortalecimento dos laços comunais e um forte lembrete ao indivíduo de que ele não é autônomo nem auto-suficiente. Lembre-se do testemunho dos McCaughey após o nascimento de seus séptuplos ou de Carrie Judd depois de sua cura. Não é fácil fingir essas expressões de gratidão, e elas servem como sinais para a comunidade do compromisso da pessoa em relação ao grupo.

A GRATIDÃO E A BUSCA DE SENTIDO

Uma mulher com síndrome pós-pólio entrevistada por mim escreveu:

> Uma de minhas experiências mais profundas de gratidão foi o nascimento de minha primeira filha. Durante todos os meus anos de crescimento, eu me perguntei se Deus me concederia a bênção de ter filhos e cuidar deles com apenas um braço. Quando minha filha nas-

ceu, toda a equipe de enfermagem duvidou de minha capacidade de cuidar dela. Mas eu percebi que, se Deus me abençoara com uma criança, também me abençoaria com essa capacidade. Como Ele não me poupou da pólio, eu sabia que ter um bebê não era algo certo. Por isso, quando minha filha nasceu, louvei a Deus por permitir que meu marido e eu tivéssemos a alegria de dar a um novo ser humano a forma de uma bênção divina. Nós ficamos entusiasmados com a magnitude de nossa tarefa e eu me senti esperançosa. Que objetivo maior eu poderia ter do que o de que criar outro ser humano? Nenhum, e esse foi meu motivo de alegria e gratidão. A alegria de ter um sentido e um objetivo na vida.

Para a maioria das pessoas, a religião é uma lente através da qual a realidade é vista. Nasce da necessidade de entender ou encontrar algo compreensível nos problemas existenciais dos seres humanos. A religião garante que tudo que venha a acontecer de bom ou ruim a um indivíduo fará sentido. Essa estrutura de sentido é particularmente importante para interpretarmos e reagirmos aos aspectos mais desafiadores da vida, como o nascimento de filhos, o sofrimento, a morte, a tragédia e a injustiça, mas a religião oferece um modo de entender ocorrências comuns e extraordinárias, agradáveis e desagradáveis.

O psicólogo Kenneth Pargament descreveu assim o poder da religião de mudar o sentido dos acontecimentos: "Quando a vontade sagrada é observada nos acontecimentos da vida, o que a princípio parece casual, ilógico e trágico se transforma em outra coisa — uma oportunidade de apreciar mais a vida, uma chance de estar com Deus, um desafio de ajudar os outros a crescer ou um ato amoroso que visa evitar que aconteça algo pior."[32] É nesses momentos de maior estresse e busca de sentido que a religião parece exercer sua maior influência. Muitas tradições religiosas enfatizam a necessidade e os possíveis bons resultados de suportar as dificuldades da vida. A maioria das religiões apresenta modos de compreender, reinterpretar e valorizar as dificuldades e o sofrimento, assim como de ver a obra de um Deus amoroso. Para as pessoas que experimentam injustiça, sofrimento ou trama, um sistema de crenças religiosas pode ser o modo mais infalível de suas experiências fazerem sentido.

O mesmo evento pode ser visto de modo bem diferente, dependendo dos pontos de vista específicos do indivíduo, inclusive de suas crenças religiosas. As crenças religiosas fornecem muitas opções para compreender o sentido de um evento, inclusive a noção de que há um plano maior, de que os acontecimentos não são casuais, ou de que o crescimento pessoal pode surgir do esforço.[33] Algumas pessoas acreditam que Deus não as prejudicaria ou lhes impingiria mais do que poderiam suportar, enquanto outras acreditam que Deus está tentando transmitir algo importante por meio do acontecimento, ou que o acontecimento é uma punição divina. Por exemplo, um estudo de profissionais de saúde que trabalham em asilos descobriu que alguns deles consideravam sua situação parte de um plano divino ou um modo de se fortalecerem e entenderem a Deus, enquanto outros a consideravam uma "punição" divina. Algumas crenças religiosas podem levar diretamente à compreensão de determinados acontecimentos. Por exemplo, a morte e o luto podem ser avaliados de um modo distinto dependendo das crenças sobre a vida após a morte. Muitas pessoas acreditam que os mortos continuam a existir, que se encontrarão com eles após a própria morte e até mesmo que podem atualmente continuar a interagir com eles, embora de maneira diferente. Um estudo de idosos enlutados no Japão descobriu que aqueles com crenças positivas em relação à vida após a morte tinham a pressão arterial mais baixa. Algumas seitas têm visões específicas acerca da morte que influenciam o modo como seus seguidores a interpretam. Em outro estudo do luto, uma amostra de cientistas espíritas e cristãos negou totalmente a importância da morte; portanto, para eles, a morte não exigia luto, e eles não o experimentavam.[34]

A reflexão do sacerdote episcopal John Claypool sobre a morte de sua filha de 10 anos por leucemia mostra o poder da gratidão em meio ao pesar:

> Quando eu me lembro de que Laura Lue foi uma dádiva, algo que não mereci e ao qual não tinha direito, as coisas se tornam mais suportáveis. E quando me lembro de que a resposta apropriada a uma dádiva, mesmo quando nos é tirada, é a gratidão, sou mais capaz de agradecer a Deus por ter me dado minha filha.[35]

Além de crenças explicitamente religiosas, como na existência de Deus e na possibilidade de vida após a morte, a religião pode transmitir e influenciar outras crenças menos religiosas, como na justiça, no controle, na coerência, na benevolência do mundo e dos outros e na vulnerabilidade. Os psicólogos têm discutido a noção de um mundo justo: no qual as pessoas tendem a acreditar que recebem o que merecem e vice-versa. Embora alguns conceitos religiosos sejam compatíveis com a noção de mundo justo (a idéia hinduísta do carma), outras interpretações teológicas viram essa suposição de cabeça para baixo. Certa vez, depois que eu dei uma palestra sobre minha pesquisa a um grupo da igreja local, um homem no auditório comentou que era bom que nós, seres humanos, não recebêssemos o que merecíamos. Caso contrário, na opinião dele, teríamos dificuldade em explicar por que tantas coisas boas acontecem em nossa vida, ao que parece independentemente de nossos atos e méritos. Embora haja o problema do mal — por que coisas ruins acontecem com pessoas boas —, há o problema inverso do bem — por que coisas boas acontecem com pessoas "más". A idéia cristã da graça é que Deus, em sua bondade, faz muito favores gratuitamente — favores imerecidos.

Embora a religião comumente facilite a criação de sentidos mais positivos, as reinterpretações religiosas nem sempre são positivas. Por exemplo, às vezes as pessoas passam a acreditar que Deus as prejudicou, deliberadamente ou por meio de passividade e abandono. Essas conclusões negativas na busca por sentido podem levar a desconfiança, raiva, mágoa e desapontamento com Deus, ou até mesmo dúvida sobre a existência Dele. Pense na narrativa a seguir de uma das participantes de minha pesquisa, uma mulher de 64 anos com doença neuromuscular:

> Meus sentimentos de gratidão são poucos, transitórios e muito espaçados. Eu sofro de síndrome pós-pólio e odeio essa doença. Ela me roubou a capacidade de continuar minha carreira, que realmente adoro, e andar de patins (outra coisa que adoro), e exerce um efeito nocivo em minha vida diária. Sinto muita dor física, sem falar em estresse emocional. Quase todas as atividades que quero realizar (como, por exemplo, fazer compras e viajar) não ocorrem mais espontaneamente. Uso uma bengala em casa e uma cadeira de rodas na rua. Meus sentimentos de gratidão são por ainda andar e ter mais mobilidade do que muitas outras vítimas de pós-pólio.

Nesse ponto de minha vida, tenho um relacionamento distante com Deus. Não me conforta ir à igreja ou rezar. Em algum momento, isso pode mudar — contudo, é a realidade agora. Não tenho intenção de tirar minha própria vida, mas há dias em que preferiria não estar aqui.

Viktor Frankl, o psiquiatra vienense que sobreviveu aos campos de concentração nazistas, descreveu o "desejo de sentido" como a principal motivação humana, afirmando que o principal objetivo na vida não é obter prazer ou poder, mas encontrar sentido e valor. Após a perda de sua mulher no Holocausto, ele se casou novamente, escreveu mais 25 livros, fundou uma escola de psicoterapia e um instituto que leva seu nome em Viena, deu palestras ao redor do mundo e viveu para ver seu livro *Em busca de sentido* ser reeditado em 23 idiomas e mais de nove milhões de cópias.

Frankl nos lembra que a gratidão é uma qualidade que pode ser parte permanente de nossa vida. Nenhuma pessoa ou circunstância pode tirar isso de nós. Ele escreveu:

> Quem viveu em campos de concentração lembra-se de homens que caminhavam pelos alojamentos confortando os outros, oferecendo seu último pedaço de pão. Podem ter sido poucos, mas deram provas suficientes de que tudo pode ser tirado de um homem, menos uma coisa: a última das liberdades humanas — a de escolher uma atitude em qualquer circunstância.[36]

Uma perspectiva espiritual da gratidão torna concreta a tese central deste livro: aqueles que vivem sob uma aura de gratidão generalizada — os G. K. Chesterton, Viktor Frankl e Kenny e Bobbi McCaughey deste mundo — colhem os frutos da vida grata. De modo inverso, aqueles que não sentem gratidão pelas bênçãos da vida se privam de sua melhor experiência.

Rituais de lembrança

Embora o sentimento de gratidão quase sempre seja experimentado como um estado afetivo agradável, às vezes exige muito esforço. É exatamente nessas ocasiões que uma estrutura religiosa tem muito valor. Assumir o compromisso pessoal de investir energia psíquica no desenvolvimento de um projeto, uma perspectiva ou visão da vida como uma "dádiva", ou do próprio eu como "dotado", é um intuito promovido e incentivado pelas tradições religiosas. De fato, vários grupos assimilaram esse *insight*. Por exemplo, muitos eventos religiosos, como dias de reflexão ou retiros semanais, têm como tema recorrente a idéia de "dádiva" (como os influenciados pela espiritualidade jesuíta). Esse tema também está presente em muitos grupos de auto-ajuda e organizações (como os Alcoólicos Anônimos). De modo geral, reservar tempo diariamente para lembrar-se de momentos de gratidão associados até mesmo a eventos mundanos ou comuns, atributos pessoais ou pessoas queridas, tem o potencial de tecer um tema de vida sustentável com um sentido pessoal altamente apreciado, além de criar uma postura de vida cujo objetivo é, decididamente, positivo. Nesse ponto, uma visão de mundo grata não exige uma vida cheia de conforto material, mas uma atitude interior de gratidão, independentemente das circunstâncias da vida.

Como enfatizo em todo este livro, um aspecto importante da gratidão é a lembrança. As ladainhas de lembrança incentivam a gratidão e as religiões as fazem muito bem.[37] As cerimônias de lembrança incluem orações diárias e outras menos freqüentes, como as da Comunhão e dos dias santos. Todas as tradições religiosas as têm. Para os cristãos, a Eucaristia ou Comunhão se concentra em lembrar a Última Ceia, em que Jesus disse a seus seguidores: "Fazei isso em memória de mim." Quando os cristãos comem o pão e bebem o vinho (ou suco), são lembrados de partilhar e participar da morte de Cristo. Os dias santos do judaísmo são momentos para lembrar. Um dos mais santos para os judeus é o Pessach, um memorial a Deus por ter passado pelas casas dos filhos de Israel, poupando a vida de seus primogênitos. O livro bíblico do Deuteronômio incentiva o povo de Israel a se lembrar de seu exílio no Egito, e os israelitas devem lembrar-se de Deus dando os primeiros frutos de suas colheitas. O dia mais santo para a fé judaica é o Yom Kippur, reservado à lembrança dos pecados cometidos contra Deus e outros. Os escritos rabínicos também salientam que o Yom Kippur pode ser um momento de maior gratidão por ser perdoado.

Os dias de lembrança não são necessariamente religiosos. O dia mais notável nos Estados Unidos é o de Ação de Graças, em que é reencenada outra festa, em que os colonos peregrinos celebraram sua primeira colheita no Novo Mundo. Até mesmo os ateus e agnósticos tendem a usar seu jantar anual de Ação de Graças como uma breve oportunidade para parar e se lembrar de ser grato pela família, pelos amigos e pelo alimento. Contudo, as pessoas religiosas tendem mais a observar os rituais tradicionais do Dia de Ação de Graças. Segundo uma pesquisa que abrangeu mais de mil adultos, um em cada oito planejou um Dia de Ação de Graças não-tradicional ou não observou o feriado em 2004.[38] Quem são as pessoas menos propensas a atravessar rios e florestas para se reunir nessa festa familiar anual? As não-religiosas. O estudo descobriu que as pessoas sem uma preferência religiosa tendem duas vezes mais a não participar de celebrações tradicionais do que as que mantêm laços mais fortes com a religião. Vários outros feriados — especialmente o Veteran's Day (Dia do Veterano), Memorial Day (Dia da Lembrança), o Dia das Mães e o Dia dos Pais — também visam nos fazer parar e lembrar gratamente.

Gratidão em todas as circunstâncias?

Um último elemento da gratidão religiosa deve ser mencionado. A gratidão a Deus freqüentemente ocorre não só à sombra do sofrimento, como também, paradoxalmente, por meio dele. O teólogo Harvey Cox, de Harvard, inclui o "reconhecimento da tragédia"[39] como uma das características que definem as celebrações religiosas. A alegria festiva e a celebração evidente nos costumes e rituais de ação de graças são justapostos, em muitos casos, à perda e à adversidade. A celebração da colheita é alegre por conta do esforço que exige; a tristeza da perda de um ente querido é superada pela gratidão por sua memória.

Não precisamos procurar mais longe por exemplos de gratidão em meio às provações do que na vida dos peregrinos. Mais da metade daquelas almas corajosas que atravessaram o Atlântico morreu um ano depois, em seu novo lar.

Todas as famílias, exceto três, cavaram túmulos no solo rochoso da Nova Inglaterra para enterrar marido, mulher ou filhos. Mas elas sabiam sobre o antigo festival da colheita de Israel: que Israel, ao final de uma bem-sucedida colheita, agradecia a Deus por sua generosidade e também por libertar seu povo do cativeiro. E então fizeram o mesmo. Entenderam que deveriam agradecer e louvar a seu Deus nos bons e maus momentos. Sua gratidão não foi uma fachada para um pensamento positivo seletivo, mas uma fé profunda e inabalável em que, no final das contas, existe bondade mesmo diante da incerteza. Baseou-se no fato de que a verdadeira gratidão é uma força que surge da realidade do mundo, que muitas vezes inclui grande sofrimento.

Um pano de fundo espiritual dá um significado complementar à gratidão, ao fornecer uma estrutura mais ampla para a visão dos altos e baixos da vida. As adversidades são delimitadas quando vistas dentro de um contexto cósmico maior. Os peregrinos se lembraram de sua passagem da perseguição religiosa na Velha Inglaterra para a liberdade religiosa na Nova Inglaterra e foram capazes de se regozijar, embora cercados, de um lado, por florestas e, do outro, pelo oceano que haviam acabado de atravessar. Eles foram sustentados por sua firme convicção de que seu Deus onipotente os amava e não os abandonaria, não importava o quanto sua situação imediata parecesse triste e horrível. A vida deles oferece uma lição prática que nos lembra que a gratidão é um modo de ver e viver a vida que independe da abundância de coisas palpáveis. A superação das adversidades como base para a ação de graças é um legado espiritual deixado para nós ao longo dos tempos tanto por teologias abstratas quanto por pessoas fiéis de carne e osso.

Gratidão com "G" maiúsculo

Em março de 1999, tive o privilégio de ir à Thanksgiving World Assembly, uma reunião de líderes religiosos e espirituais de mais de 30 nações. Esse evento de três dias ocorreu no Center for World Thanksgiving, em Thanks-Giving Square, Dallas, Texas. Sim, esse lugar existe. Foi o fruto da imaginação de um empresário de Dallas, Peter Stewart, que, na década de 1960, viu a necessidade de um lugar em que pessoas de todos os credos pudessem se reunir e expressar seu senso de humanidade comum. A praça se localiza em um terreno triangular inclinado de três acres, no centro da cidade de Dallas, e tem a capela em seu ponto mais alto. A forma da capela é freqüentemente descrita como simbólica, até mesmo mística, com o conceito de gratidão sendo expresso em um círculo ascendente.

Em 1997, por meio dos esforços de Thanks-Giving Square, a Assembléia Geral das Nações Unidas aprovou uma resolução proclamando o ano de 2000 como o Ano Internacional de Ação de Graças. Em uma cerimônia realizada em 1999 em comemoração ao selo da ONU emitido para esse ano, as Nações Unidas enfatizaram que "a ação de graças é essencial na natureza humana e observada em todo o mundo. Une comunidades e incentiva a irmandade e a colaboração".

O banquete comemorativo da World Assembly foi realizado no grande e reluzente salão de baile do Fairmont Anatole Hotel. Eu cheguei cedo, na esperança de encontrar um conhecido perto de quem sentar. Para meu horror, descobri que os lugares eram marcados, o que, pensando bem, fazia sentido. Você simplesmente não podia ter dignitários religiosos disputando lugares como em um jogo das cadeiras. Após localizar minha mesa, encontrei meus companheiros de jantar daquela noite. Uma das pessoas a meu lado era o irmão David Steindl-Rast, monge beneditino e um dos maiores mestres mundiais da gratidão. O irmão David escreveu vários livros sobre a vida contemplativa e ministrou palestras e *workshops* nos Estados Unidos, na Europa e na Ásia. Nascido em Viena, ele estudou arte, antropologia e psicologia, e agora vive em um mosteiro no norte do estado de Nova York. À minha esquerda, estava o Dr. Jaswant Singh Neki, sique e professor de psiquiatria no India Instititute of Medical Sciences, em Nova Délhi. Mike Rediker, estudante graduado no Dallas Theological Seminary, filiado à Southern Baptist, também estava sentado à mesa. Seria difícil imaginar um grupo mais teologicamente diverso.

Como um pesquisador que reconhecidamente aproveita as oportunidades, eu vi nisso uma chance única na vida de ter algumas idéias para a proposta de pesquisa sobre gratidão que estava preparando a fim de apresentar para conseguir algum patrocínio. Durante a maior parte da noite, conversei com Steindl-Rast, que estava sentado a meu lado. No minuto em que você o conhece, entende por que, mesmo que não fosse monge, o título "irmão" ainda lhe conviria. Tem-se imediatamente a impressão de que ele é um membro querido da família. Eu busquei na mente do irmão David idéias sobre o sentido da gratidão e sua associação com a humildade, o que ele me lembrou que vem da raiz latina que significa *hummus*, ou terra. Mais tarde, eu soube que Emanuel Swedenborg, um cientista e teólogo sueco do século XVIII, escreveu que aqueles que sentem amor pelo próximo e bendizem a Deus estão em uma esfera de gratidão ou em um estado celestial e, portanto, no paraíso. Por conseguinte, é por meio da gratidão que temos a capacidade de viver em um estado de alegria e paz; a seu modo paradoxal e indefinível, a gratidão é a porta para muitas dádivas celestiais. Mas a porta é baixa e Swedenborg nos lembra que devemos ser humildes para entrar.

Se eu tivesse de escolher uma pessoa para pedir um conselho sobre como viver, seria o irmão David. Seu conselho é simples, porém profundo. Desperte, fique alerta e aberto às surpresas. Agradeça e louve — então descobrirá a plenitude da vida, ou melhor, a *grande plenitude* da vida. Ele vivencia essa mensagem. Agora, com 80 anos, seus olhos brilham com a plenitude da vida.

No decorrer da noite, pouco a pouco baixei minha guarda científica. Assim, pude experimentar aquele momento como uma rara oportunidade de apreciar a diversidade e a humanidade alheia. Não consigo me lembrar do ponto exato em que isso aconteceu, mas o que experimentei foi como um estado de fluxo em que fui capaz de perder minha autoconsciência e a consciência do ambiente, mesmo naquele salão de baile com quinhentas pessoas. Foi nesse ponto que acho que senti a diferença entre o que alguns chamaram de "gratidão com 'g' minúsculo" e "gratidão com 'G' maiúsculo". O poeta Edward Arlington Robinson, ganhador do prêmio Pulitzer, escreveu que "há dois tipos de gratidão: a súbita, que sentimos pelo que recebemos; e a maior, que sentimos pelo que damos". A gratidão com "g" minúsculo é a que sentimos pelos benefícios que recebemos — pelo que os outros nos dão. Por outro lado, a gratidão com "G" maiúsculo é a que sentimos pela contribuição que fazemos. É o "dar" de dar graças. Isso ilustra uma verdade profunda sobre a gratidão. Quando oferecemos a dádiva da gratidão com o espírito certo, do fundo do coração, obtemos o mesmo ou mais em troca por agradecer que o receptor obtém ao receber. Quando sentimos gratidão verdadeira, somos levados a experimentar as situações de vida de modos que exigem que estejamos dispostos a nos engajar no mundo para partilhar e aumentar a própria bondade que recebemos. Esse é o sentimento de conexão com a humanidade que surge do sentimento de admiração e alegria proporcionado pela participação em uma rede intrincada de existência.

Foi essa forma maior de gratidão que eu senti no decorrer da noite. Ela tem menos a ver com uma troca de benefícios e mais com um relacionamento emocional associado ao amor, à união e à empatia. Descobrimos esse sentimento maior de gratidão em um momento muito importante em que abrimos nossos corações e vemos claramente as grandes bênçãos da vida. Nossa consciência se manifesta e vemos a gratidão como uma força espiritual em todo mundo. Quando voltei a meu quarto de hotel, tive a clara sensação de que algo especial ocorrera naquela noite. Tão cedo eu não me esqueceria dela.

Esse elo entre a gratidão e o amor não pode ser mais elegantemente descrito do que por meio deste poema de autoria de um homem de 54 anos, submetido a um transplante de pulmão, que participou de nosso projeto sobre a qualidade de vida de transplantados. Ele o leu como uma prece na refeição do Dia de Ação de Graças, após sua cirurgia:

> Meu melhor amigo
> Quando eu lutava pela vida
> Chegando ao fim de meus dias
> Você estendeu a mão para me ajudar
> Meu melhor amigo, que nunca conheci.
>
> Cada dia se tornara um fardo
> Enquanto eu me agarrava à minha única esperança

Minha família sofria comigo
Em situação crítica.

Deus tinha um plano para mim
Um plano para você, meu amigo.
Nossos caminhos se cruzariam
Quando nossas vidas se aproximassem do final.

O Pai precisou de você no Céu
Os anjos precisaram de ajuda
Por isso você foi escolhido.
Somente você, de todos na Terra.

Meu Deus, meu Deus, sua família chorou
Quando você foi levado deste mundo.
Houve um preço a pagar
Mas, ah, que valor angelical.

Você demonstrou seu amor pelos outros
Antes que eles ao menos soubessem.
Seu amor é um testemunho vivo
De que existo por sua causa.

Seu amor por mim, meu amor por você
Eu gostaria que pudesse ser conhecido.
Muito poucos neste globo terrestre
Saberão do amor que você demonstrou.

Alguém dar a vida a outro
Não há amor maior.
Como poderei algum dia pagar essa dívida
Enquanto você voa a grande altura com os anjos?

Por isso, quando eu acordo a cada manhã,
Agradeço ao Senhor por você.
Fui abençoado por você e sua amorosa família.
Meu melhor amigo, que eu nunca conheci.

5
Um crime antinatural: ingratidão e outros obstáculos à vida grata

O FURACÃO KATRINA ATINGIU a costa do golfo do México no final de agosto de 2005. A tempestade foi o segundo desastre natural mais mortal e financeiramente caro na história dos Estados Unidos. Ao todo, 223 mil km² dos Estados Unidos foram declarados áreas de desastre federal, o que equivale a quase o tamanho do Reino Unido. Mais de 80 por cento da cidade de New Orleans ficaram inundados. Mais de 1,5 milhão de pessoas foram desalojadas. Ao contrário dos habitantes da cidade, a maioria de nós se deu ao luxo de ver o furacão Katrina pela televisão, em vez de lutar pela sobrevivência em meio à destruição causada pela tempestade. Contudo, ficamos aflitos com as imagens de desespero transmitidas da costa do golfo. A resposta dos norte-americanos à devastação foi rápida e forte, fazendo o Katrina quebrar outro recorde, dessa vez de contribuições de caridade. Fossem de tempo, provisões, trabalho ou dinheiro (uma menina de 11 anos doou US$ 6 mil que ganhou com sua barraca de limonada), as doações totalizaram US$ 5 bilhões cinco meses após o desastre.[1] Isso representou mais do que o dobro da soma doada após os trágicos acontecimentos de 11 de setembro.

Como muitos norte-americanos, Tanya e Tracey Thornbury, de Montevideo, Minnesota, acharam que era seu dever fazer algo após a destruição causada pelo Katrina. Pela internet, ofereceram-se para abrigar em sua casa refugiados do furacão. Após enviarem um e-mail a um abrigo em Baton Rouge, foram contatados por Nicole Singleton, uma mulher de 33 anos que era mãe solteira de seis filhos e viu o e-mail afixado em um quadro de avisos. Tanya e Tracey acolheram a Srta. Singleton, os seis filhos de 3 a 16 anos e a mãe dela, Dot, em sua casa vitoriana na região rural de Minnesota, a 2.090km de New Orleans.

A princípio, a situação pareceu correr tranqüilamente. Os três filhos dos Thornbury receberam os seis filhos de Singleton de braços abertos, dividindo com eles seus quartos e suas vidas. A caminho do aeroporto para dar as boas-vindas a seus hóspedes, Tanya parou no Wal-Mart e comprou para Nicole um roupão de banho, pijamas e sandálias. Ela ajudou Nicole a arranjar um emprego e se ofereceu para ajudá-la a tomar decisões financeiras sobre o dinheiro do fundo de ajuda federal que estava recebendo. Amou os seis filhos de Nicole como se fossem seus. Aceitou os custos de uma família maior, que incluíram o dobro do valor da conta de eletricidade e o triplo do valor da conta de gás natural. Tanya, que era pintora, abriu mão do atelier iluminado pelo sol, onde guardava o cavalete e as telas, para que Dot e a filha mais nova de Nicole, Juju, tivessem um espaço para ficar juntas. Embora eles fossem ajudados por doações, os Thornbury pagaram as despesas da família de seu próprio bolso.

Essa junção de famílias logo se revelou mais difícil do que o previsto. Freqüentemente é difícil juntar famílias, ainda mais quando são de culturas muito distintas. Logo depois de chegar, a Srta. Singleton mencionou que tinha um namorado que estava preso em Louisiana. Ela se recusou a dizer o motivo da prisão, admitindo apenas que ele fora um "menino mau". Compreensivelmente, os Thornbury ficaram apreensivos com a perspectiva de ter um criminoso sentenciado em casa, mas, de qualquer maneira, Nicole começou a se corresponder com ele e o informou onde estavam vivendo. A mãe de Nicole, Dot, se recusava a viver segundo as regras da casa e deixava seus netos verem filmes violentos e impróprios na presença dos filhos dos Thornbury. Ao descobrir que não havia estações de rádios locais que tocassem rap e hip-hop, Nicole e sua filha mais velha, Helen, quiseram fazer *download* dessas músicas na internet. Tanya disse que não, em parte para proteger o computador de vírus e em parte para preservar uma pequenina área de espaço privado. As tensões aumentaram. Disputas e brigas se tornaram cada vez mais freqüentes. Várias vezes, a polícia e serviços de apoio à família tiveram de intervir. Finalmente, o drama diário se tornou grande demais para as duas famílias suportarem. Seis semanas após ter começado, a junção terminou quando a família Singleton se mudou para uma casa que lhe foi doada, em Minneapolis. Ao abrir sua casa e seus corações, os Thornbury fizeram muitos sacrifícios, embora seus bons atos tenham sido em grande parte recompensados com ingratidão por parte dos Singleton. Os Thornbury se sentiram explorados. Tracey jurou: "Nunca mais em minha vida vou ajudar alguém."[2]

Às vezes, como mostra esse exemplo, as pessoas recebem dádivas e, por razões complexas, reagem com ingratidão. O ato de dar e receber pode ser repleto de percepções e estados psicológicos divergentes, além de emoções conflitantes. A dinâmica de dar e receber, o relacionamento entre doador e receptor, as motivações percebidas de ambos e suas histórias anteriores em situações parecidas influem no grau em que a gratidão é sentida, assim como no modo como é expressa. Às vezes, as dádivas trazem alegria, em outras ocasiões orgulho e, em determinadas circunstâncias ainda, inveja, raiva, ganância e ciúme.[3]

Um dos motivos disso é que a promessa de dádivas, ou a ameaça de que sejam negadas, pode ser uma poderosa ferramenta de controle social. Às vezes, essa ferramenta é útil: duvido muito que minha mulher e eu sejamos os únicos pais no mundo que tentam manter os filhos na linha por meio da exploração anual do poder de Papai Noel de dar ou negar. Talvez os Singleton considerassem a caridade dos Thornbury opressiva e sabotassem a boa vontade deles para afirmar sua autonomia pessoal e liberdade. Sua saga nos lembra que receber uma dádiva pode pôr uma pessoa em posição de inferioridade. A princípio, os Singleton aceitaram a dádiva da moradia, mas depois ofenderam seus benfeitores quando passaram a detestá-los, descumprir as regras da casa e, aparentemente, questionar o motivo de sua generosidade. Sem sentir aceitação incondicional, foi impossível para Nicole Singleton acreditar que os Thornbury se importavam realmente com seu problema. Talvez ela se sentisse oprimida por um senso de dever e a ingratidão acabasse com qualquer necessidade futura de retribuir. Se um receptor acredita que o motivo para uma dádiva foi o fato de o doador se sentir generoso ou que a dádiva visava colocá-lo em seu lugar, torná-lo incapaz de desafiar a sociedade que lhe permitiu ser necessitado porque essa dádiva "generosa" surgiu em seu caminho, certa ou errada, essa percepção destrói a gratidão. Independentemente de qual tenha sido a dinâmica nesse caso, o ressentimento crescente dos Singleton em relação a seus benfeitores acabou com qualquer oportunidade de verdadeira gratidão.

A gratidão exige que o doador não só conceda a dádiva, como também que esta lhe seja cara — como uma "pérola de grande valor". Em um sentido emocional, para o receptor ser grato, precisa saber que o doador perdeu algo, deixou passar alguma oportunidade, separou-se de alguma coisa de valor ou, no mínimo, realmente se esforçou.

É por isso que a quantidade de gratidão que sentimos quando recebemos uma dádiva não tem quase nada a ver com o custo dessa dádiva. O rico empresário que pede a seus assistentes ou ajudantes pessoais para comprar presentes caros e depois os envia a várias pessoas de uma lista não obtém muita gratidão delas. Essas pessoas sabem que o presente não custou nada em termos de esforço e que a perda de dinheiro envolvida não significou nada para o doador. Elas podem se sentir mais gratas ao assistente mal pago que escolheu o presente do que ao verdadeiro doador, achando que o esforço do assistente lhe custou mais do que o dinheiro e o custo de supervisão do "generoso" doador.

O grau em que sentimos gratidão sempre depende dessa avaliação interna secreta do custo. É intrínseco à emoção e perfeitamente lógico não sentirmos muita gratidão por dádivas que custam pouco ou nada para o doador. Mas há outro fator importante: o grau da gratidão é influenciado pela percepção dos motivos por trás da dádiva. Dado o prazer que acompanha a gratidão, pode parecer que a ingratidão é uma negação de prazer, um ato anedônico presumivelmente motivado pelo desejo de punir ou prejudicar a si próprio e ao doador. Esse desejo é um grande obstáculo ao sentimento e à expressão de gratidão. Mas há outros obstáculos à gratidão menos complexos psicologicamente.

Obstáculos à gratidão

Nunca achei fácil a prática disciplinada da gratidão. Quando examino minha vida, fico tristemente consciente dos fortes elementos que trabalham contra a gratidão. Vários fardos pessoais e obstáculos externos podem bloquear emoções, pensamentos e atos de gratidão. Para se obter os benefícios do pensamento de gratidão, esses obstáculos devem ser reconhecidos, enfrentados e superados.

A tendência à negatividade

De certo modo, é natural ignorar as próprias bênçãos, ou até mesmo se queixar delas. Isso poderia surpreender muitas pessoas, porque a maioria de nós acredita que deve ser grato pelos benefícios que recebe. Mas isso deveria ser algo esperado, dado o que os psicólogos identificaram como uma tendência natural da mente *considerar um input negativo*.[4] Essa "tendência à negatividade" significa que as emoções e os sentimentos que surgem tendem mais a ser desagradáveis do que agradáveis. Além disso, a tendência à negatividade parece ser um fenômeno muito real, com sólida base neurofisiológica, o que significa, em termos leigos, que para alguns de nós o mau humor vem naturalmente.

Correndo o risco de complicar a situação, devo salientar que, na verdade, há duas tendências opostas em ação. Os cientistas que estudam os processos emocionais concluíram que, em geral, tendemos a avaliar acontecimentos, objetos e indivíduos neutros como ligeiramente positivos. Uma "compensação de positividade" é uma leve tendência positiva no estado de humor que caracteriza a maioria das pessoas durante a maior parte do tempo.[5] Em outras palavras, quando nenhum evento significativo as afeta, a maioria das pessoas fica com um humor um pouco positivo. Mas nossos sistemas emocionais são preparados para reagir negativamente quando algo importante ocorre em nosso ambiente. A tendência à negatividade leva a uma avaliação cuidadosa e, se necessário, a uma retirada rápida que, sem dúvida, tem algum valor para a sobrevivência. Nessas tendências, também há diferenças entre as pessoas. Quem tende muito à negatividade tem mais dificuldade em sentir gratidão. Alguns de nós simplesmente não conseguiriam administrar a própria vida sem queixas ou ressentimentos. Acostumados a um padrão de negatividade, nós nos perguntamos se podemos nos dar ao luxo de sentir gratidão.

Em nossos experimentos com a gratidão descritos no Capítulo 2, comparei a condição de *escrever sobre aborrecimentos* com a de *contar bênçãos*. Pedimos aos participantes na condição de aborrecimentos para anotar suas queixas — o que estava dando errado na vida deles —, em vez de se concentrar naquilo pelo que eram gratos. Nunca encontramos um participante da pesquisa que tivesse dificuldade em entender o que pedimos ou em apresentar uma lista de problemas. Quando defino aborrecimentos em minhas palestras, invariavelmente há risos e sinais afirmativos com a cabeça por parte do público. A verdade é que, na ausência de esforços conscientes para criar e manter uma visão de mundo grata, seguimos padrões emocionais negativos, inclusive o de ter a bondade como certa. A conclusão é que essa tendência natural a seguir padrões deve ser anulada por meio de processos conscientes. Sem uma intervenção consciente, nós nos tornamos reféns de um sistema de processamento de informações que parece propenso a maximizar o sofrimento emocional e minimizar a experiência positiva.

Embora "o mal pese mais do que o bem", a ajuda surge na forma de envelhecimento. Pesquisas recentes da neurociência revelam que as áreas do cérebro responsáveis por processar informações negativas se tornam menos ativas com o envelhecimento, ao mesmo tempo mantendo uma reatividade ainda maior às informações positivas.[6] Embora possa ser uma bênção haver algo pelo que ansiar na velhice, creio que preferiríamos ter controle sobre as emoções e os pensamentos negativos mais cedo na vida.

A incapacidade de admitir a dependência

Grandes esperanças, de Charles Dickens, é uma história atemporal em que a gratidão e a ingratidão são apresentadas como elementos centrais da condição humana.[7] Na maior parte do romance, Pip, o protagonista, tem como certa a benevolência de Joe Gargery, seu cunhado, amigo e protetor constante durante toda a sua vida. O mínimo de gratidão que Pip poderia ter é eliminado por sua ambição egoísta. Por Magwitch, seu benfeitor secreto, Pip só sente desprezo. Mesmo na cena de revelação profunda em que ele conhece a verdade sobre Magwitch, sua reação inicial não é de gratidão, mas de repulsa e desapontamento:

> Eu não conseguiria dizer uma só palavra, ainda que fosse para salvar minha vida. Fiquei de pé com uma das mãos nas costas da cadeira e a outra no peito, parecendo sufocar — permaneci assim, olhando furiosamente para

ele até me segurar na cadeira, quando a sala começou a girar. Ele me pegou, me levou para o sofá, me recostou nas almofadas e dobrou um dos joelhos na minha frente, trazendo para bem perto de mim o rosto do qual agora lembro bem e que me fez estremecer [...] A aversão e o pavor que eu sentia em relação àquele homem, a repugnância com que me esquivei dele, não poderia ser maior se ele fosse uma fera terrível [...] ele pegou minhas mãos e as levou aos lábios, enquanto meu sangue gelava.[8]*

Como Pip, muitos de nós vivem na ilusão da auto-suficiência, tendendo a não admitir o quanto precisamos dos outros. Essa tendência impossibilita a gratidão. Por que hesitaríamos em admitir que nos sentimos, como devemos nos sentir, em dívida com quem nos beneficiou de alguma maneira? Não gostamos de nos sentir em dívida (especialmente nesta sociedade). Preferimos achar que nossa boa sorte é mérito nosso (enquanto nossas perdas e aflições não são culpa nossa). Como ocorre com a emoção da confiança, isso envolve admitir nossa vulnerabilidade e dependência dos outros. Contudo, assim como Pip, às vezes temos a oportunidade de saber quem são nossos verdadeiros benfeitores antes que seja tarde demais.

Em seu famoso ensaio intitulado *Gifts*, Ralph Waldo Emerson escreveu:

A lei dos benefícios é um canal difícil que exige navegação cuidadosa [...] Não é o ofício de um homem receber dádivas. Como você ousa oferecê-las? Nós desejamos ser auto-sustentados. A mão que nos alimenta corre o

---

* Tradução livre. (*N. da T.*)

risco de ser mordida [...] Às vezes, odiamos a carne que comemos, porque parece haver algo de degradante em depender dela para viver.[9]

Na década de 1980, a falecida psicóloga social Shula Sommers estudou o comportamento em relação à gratidão (e outras emoções) nas sociedades americana, alemã e israelita. Ela fez uma série de perguntas às pessoas sobre sua vida emocional, tentando descobrir quais eram as emoções que elas mais apreciavam, as que mais temiam sentir, as que prefeririam "esconder" e as que consideravam construtivas e destrutivas. Descobriu que os norte-americanos, em geral, não consideravam a gratidão muito desejável e construtiva quando comparados com pessoas de outras nacionalidades, e que os homens norte-americanos, em particular, tendiam a considerar a experiência da gratidão desagradável. Na verdade, alguns consideravam a gratidão uma emoção humilhante. Os homens mais velhos julgavam difícil expressar abertamente essa emoção, e mais de um terço dos homens americanos afirmou preferir esconder sentimentos de gratidão. Em contraste, nenhuma mulher no estudo disse que era difícil para ela expressar abertamente gratidão. Mas, por mais que isso possa ser desconfortável para os homens, precisamos reconhecer que nenhum de nós é totalmente auto-suficiente e não precisa da ajuda dos outros. Negar essa verdade óbvia não é apenas se iludir. Também é mostrar-se pobre de caráter, independentemente de ter outras virtudes, porque expressar gratidão é dar a uma pessoa o que ela merece por ter prestado um benefício.

Como se pode lidar com as questões de dependência de um modo que aumente em vez de diminuir a gratidão? Um exemplo é fornecido por uma mulher de meia-idade que se mudou para um novo apartamento. Como participante de meu grupo de pesquisa, ela contou:

> Em pé lá olhando ao redor, percebi que quase tudo naquele apartamento me fora dado pelos outros. Grande parte das coisas, pela minha família; outras, por amigos e colaboradores e pelas famílias de ex-alunos meus. O que eu vi (olhando ao redor de meu apartamento) foram coisas materiais, mas que me fizeram lembrar de todas as dádivas imateriais que eu havia recebido daquelas mesmas pessoas maravilhosas. Pensei em minha infância e em como o único modo de eu ter podido crescer foi com a ajuda dos outros. Senti-me realmente grata a Deus por todas essas pessoas e por tudo que me deram e fizeram por mim. Também me vi de um novo modo. Percebi minha interdependência em relação aos outros e que eu não poderia viver, como não vivi, sem ajuda. Acho que isso me tornou menos egocêntrica. Tornou mais fácil eu me conscientizar de que não precisava fazer tudo para mim mesma, embora às vezes eu ainda lute contra isso.

Essa mulher nos ensina que interdependência não é o mesmo que dependência, mas uma alegre sensação de confiança nos outros que produz gratidão sincera. Para ela, a dependência está relacionada com a lealdade, enquanto a confiança expande, em vez de limitar, o eu.

Conflitos psicológicos internos

Nossos conflitos em relação a expressar emoções íntimas e positivas estão bastante relacionados com a incapacidade de admitir que não somos auto-suficientes. Como sugere a pesquisa de Sommers, isso é mais problemático para os homens do que para as mulheres, pelo menos na cultura norte-americana. Dada a ênfase geral dessa cultura em conter a expressão emocional, combinada com uma tendência natural a buscar expressão, não admira que os indivíduos se tornem ambivalentes quanto à expressão emocional. Alguns anos atrás, Laura King e eu notamos a prevalência dos conflitos internos na vida emocional das pessoas.[10] Deduzimos que, embora o curso natural de uma emoção exija expressão, freqüentemente a percepção de conseqüências negativas impede as pessoas de expressarem seus sentimentos. Desenvolvemos um questionário para medir a ambivalência em relação a expressar emoções, que incluiu itens como "Tento demonstrar às pessoas meu amor por elas, embora às vezes tenha medo de que isso me faça parecer fraco ou sensível demais", "Eu me lembro de um tempo em que desejei ter dito a uma pessoa o quanto gostava dela" e "É difícil encontrar as palavras certas para indicar aos outros o que realmente estou sentindo". Em nossa pesquisa, descobrimos que as pessoas muito ambivalentes apresentavam níveis mais altos de sofrimento psicológico e emocional do que as pessoas que se sentiam mais à vontade com seus níveis de expressividade.

Contudo, há ocasiões em que esses sentimentos muito contidos podem subitamente aflorar. Um homem de 59 anos que se submetera a um transplante cardíaco, outro participante de meu grupo de pesquisa, relembrou sua infância e a morte do pai, quando o participante tinha 26 anos. Apresentarei essa narrativa em sua totalidade porque é muito comovente:

> Cresci achando que "os homens de verdade não choram". Quando era jovem, orgulhava-me de controlar minhas

emoções, nunca deixar que me vissem chorar. Nem mesmo me apaixonar, casar e ter uma família mudaram esse estoicismo. Era o modo de agir do homem forte.

Quando meu pai morreu de falência cardíaca, em 1969, passei a ser o homem mais velho da família e ajudei minha mãe com os preparativos para o funeral. Mesmo nessa nova experiência, continuei a me orgulhar de não demonstrar meus sentimentos. Não chorei, apesar da perda. Meu pai morreu com 50 anos. Fiquei a seu lado na cama do hospital por horas antes de ele morrer, alimentando-o e barbeando-o, vendo pela primeira vez sua vulnerabilidade. Ele sempre havia sido muito auto-suficiente, exibindo a todos nós seu estilo de vida saudável e ativo de "Eu posso fazer tudo". Meu pai apreciava as emoções de ser realmente humano e não temia mostrar esse lado dele, embora eu não consiga me lembrar de ter sido abraçado ou de que ele tivesse me dito: "Eu te amo." A geração dele não se expressava assim, mas de muitos outros modos.

Na manhã do funeral, fiquei igualmente impassível, sentindo-me homem por estar ali com minha mãe em um momento tão difícil sem chorar ou demonstrar emoções. Quando a cerimônia religiosa terminou, liderei a procissão de braço dado com minha mãe, caminhando lentamente pela nave da velha igreja, à frente do caixão de meu pai.

Foi nesse momento que meu pai me concedeu sua maior dádiva (e meus olhos se enchem de lágrimas ao escrever estas palavras, 33 anos depois...) quando, do fundo de mim, afloraram emoções de tristeza não antes admitidas. Meus olhos se encheram de lágrimas pela primeira vez em minha vida e eu as aceitei sem restrições, deixando-as rolar por meu rosto e cair no chão da igreja. Um sentimento de orgulho muito forte surgiu com essas lágrimas e eu me vi erguendo mais a cabeça do que jamais havia erguido, de braço dado com minha mãe, sem tentar enxugar ou esconder as lágrimas.

Esse foi claramente um legado de meu pai para mim. Desse dia em diante, tenho encontrado grande alegria em sentir e partilhar minhas emoções humanas. Sim, até mesmo as lágrimas — de tristeza, alegria ou riso incontrolado. Passei a considerar as lágrimas compartilhadas uma das maiores dádivas que dois seres humanos podem se conceder. Sempre que essas emoções são agora aceitas em minha vida, faço orações silenciosas de gratidão para meu pai, que me concedeu essa dádiva em sua própria morte.

Outro tipo de conflito envolvendo a gratidão ocorre em casos em que o doador tanto ajudou quanto prejudicou o receptor. Alternar sentimentos de cordial aceitação e profundo ressentimento provavelmente é comum em qualquer relacionamento duradouro psicologicamente importante. Qual é a reação apropriada quando nos sentimos ao mesmo tempo irritados e em dívida para com a mesma pessoa? Se, digamos, um pai ou uma pessoa de confiança agiu de modo terrível que nos fez muito mal, mas também nos ofereceu dádivas valiosas, nossos sentimentos são conflitantes e confusos.

Às vezes, sentimos conflito em relação a expressar gratidão devido à mensagem que isso pode transmitir (por exemplo: "Tolero o mal que você me fez se continuar a me fazer coisas boas"). O psiquiatra infantil John Bowlby observou que "o amor, a ansiedade, a raiva e às vezes até mesmo o ódio são despertados pela mesma pessoa. Como resultado disso, conflitos dolorosos são inevitáveis".[11] Uma mulher de 60 anos, em meu grupo de pesquisa, ilustrou esse ponto. Sobrevivente da pólio, ela escreveu sobre como, aos 32 anos, criou coragem para procurar seu pai biológico, que nunca conhecera.

> Eu me perguntava como ele seria. Ficaria feliz em conhecê-lo ou o odiaria? Poderia amá-lo? Nós fomos ao restaurante de meu pai em Kentucky sem avisar e vimos minha meia-irmã trabalhando com a mãe dela. Sharon nos levou de carro ao trailer de meu pai. Ele estava cortando grama — era um homem baixo como um duende, e usava botas e chapéu de caubói. Minha tia parou o carro e disse: "Oi, Fred, há quanto tempo não nos vemos! Gostaria de conhecer seus netos e sua filha do meio? Ele se aproximou do carro e olhou para todos nós, sorrindo e com lágrimas nos olhos. Convidou-nos a entrar para tomar chá e refrigerantes. Disse que só soube que estava divorciado quando tudo terminou. Eu lhe perguntei por que, em 18 anos, nunca nos procurou. Meu pai respondeu que estávamos melhor com nossa avó e que ele gostava demais de vinho, mulheres e música. Quando fomos embora, ele chorou e disse: "Não deixe passar tanto tempo da próxima vez." Meu pensamento na época foi: "Seu idiota, esta foi a última vez que eu tomei a iniciativa. Adeus." Eu nunca tive tantas emoções como nessa aventura: amor, ódio, tristeza, excitação, orgulho, alegria e mágoa. Mas, principalmente, gratidão. Finalmente, meu pai tinha um rosto, depois de 32 anos. Eu me senti muito grata por preencher meu espaço vazio. Minha mãe quase me renegou por ter ido procurá-lo, mas eu me sinto grata.

Em relacionamentos duradouros em que os parceiros inevitavelmente se magoam, uma das maiores dádivas que eles podem se conceder é a do perdão. Um participante escreveu: "Pouco tempo atrás, fiz algo que sei que deu muita dor de cabeça à minha mulher. Levei algum tempo para admitir isso e lhe pedir perdão. Fiquei muito surpreso por ela estar disposta a me perdoar e dizer: 'Vamos deixar isso para trás.' A dádiva do perdão é realmente uma das maiores que se pode receber."

Dádiva inadequada

Outro obstáculo não está na mente do receptor, mas na do doador. O relacionamento dadivoso tem sido considerado um dos relacionamentos humanos com mais carga moral. A troca de dádivas é governada pela lei da reciprocidade e a gratidão calibra o desejo de retribuir de modo adequado. As dádivas têm muitos significados e o risco de resultados indesejados é alto. Elas podem ser fardos indesejados. Uma dádiva desproporcional ao que é adequado ao relacionamento entre o doador e o receptor produzirá ressentimento, culpa, raiva, senso de dever ou até mesmo humilhação.[12] Os limites podem ser violados quando ocorre uma troca de dádivas entre pessoas de níveis sociais muito diferentes. A secretária de um médico que salvou a vida de um homem recebeu um tímido telefonema da mulher do paciente perguntando qual presente poderia ser adequado para expressar sua gratidão.[13] O médico sugeriu uma garrafa de uísque escocês: o presente nunca chegou. Seu relacionamento com o casal jamais foi o mesmo. Devido às complexidades éticas envolvidas, psiquiatras e outros médicos costumam se recusar a aceitar presentes de seus pacientes.[14]

Em *The New Yorker*, Caitlin Flanagan descreve o que se tornou o arriscado ritual de presentear professores no Natal.[15]

Enquanto, antes, um prato de biscoitos feitos em casa ou um belo enfeite natalino eram mais do que suficientes, agora o preço do presente é consideravelmente maior. Uma professora de uma escola em Malibu, Califórnia, ganhou US$ 800 de sua classe (ela deu gentilmente US$ 200 para sua assistente e ficou com o resto). Mas aquilo não bastou para os pais: ela também ganhou um suéter de marca, um relógio e uma bolsa de cosméticos Gucci. Muitos motivos inconscientes estão envolvidos na escolha de um presente (embora, provavelmente, alguns sejam bem conscientes e estratégicos). Há um modo melhor de garantir que o pequeno Caleb ou Kaitlyn recebam o benefício da dúvida no próximo teste de avaliação de proficiência do que com um vale-presente do revendedor Lexus local?

Pensamento de comparação

Em um experimento sobre a gratidão conduzido em meu laboratório, criamos uma *condição de comparação* para a gratidão, pedindo aos participantes que anotassem diariamente cinco coisas que eles não tinham e desejavam ter. Com o correr do tempo, esse grupo passou a sentir bem menos gratidão e alegria do que as pessoas em outras condições. Em outro estudo de pesquisa, os participantes foram divididos randomicamente em dois subgrupos. Pediu-se a ambos os grupos que escrevessem vários finais para uma frase incompleta. Um grupo deveria completar a frase: "Eu gostaria de _____." O outro, a frase seguinte: "Eu estou feliz por não _____." Quando as pessoas avaliaram sua satisfação com a própria vida antes e depois dessa tarefa, as que completaram a frase "Eu estou feliz por não _____" estavam bem mais satisfeitas do que antes.[16] É parte da natureza humana fazer julgamentos. Constantemente avaliamos situações, acontecimentos, outras pessoas e nós mesmos segundo um ou outro tipo de padrão. Certos tipos de comparação impedem a gratidão. Quando olhamos ao redor e vemos alunos com corpos mais fortes, colaboradores com aposentadorias maiores, parentes com filhos mais gratos e vizinhos com utilitários esportivos maiores, sentimos ressentimento e inveja, não gratidão. Nós nos vemos empregando a linguagem da escassez, concentrados no que não temos, em vez da linguagem da abundância, apreciando o que temos. A lição aqui é que precisamos escolher sabiamente nossas comparações. Epicuro escreveu: "Não estrague o que você tem, desejando o que não tem; lembre-se de que o que você tem agora já foi uma das coisas que queria ter."[17] A gratidão é a compreensão de que nós temos tudo de que precisamos neste momento.

O sentimento de vítima

Em uma crítica mordaz à área da psicologia profissional, Tara Dineen (ela própria uma psicóloga licenciada), escreveu que um segmento da indústria da psicologia "fabricava vítimas",[18] incentivando os clientes a se considerarem vitimados pelos outros, fossem pais, cônjuges, colaboradores ou a sociedade em geral. Sua tese é a de que a cultura terapêutica na qual vivemos estimula a ênfase nos próprios problemas e minimiza a responsabilidade pessoal. Sem menosprezar os casos realmente horríveis de muitas pessoas, acho que o sentimento de vítima se tornou uma identidade freqüentemente adotada na cultura contemporânea. A tendência a culpar os outros pode ser uma forte resistência à gratidão. O sentimento de vítima deixa as pessoas magoadas e cheias de ressentimento e desejos de retaliação. Quem se considera vítima é incapaz de apreciar o que a vida tem a oferecer. Quando a identidade é envolvida pelo sentimento de vítima, a capacidade de ter gratidão diminui.

Contudo, muitos agora percebem que a indústria da psicologia foi longe demais, e começam a corrigir isso. O movimento da psicologia positiva tem-se oposto à mentalidade de vítima predominante e se concentrado em conceitos como resiliência, autodeterminação e responsabilidade pessoal. Está se tornando cada vez menos aceitável culpar os pais ou os genes, e a idéia de que todos nós somos prisioneiros do passado se revelou uma ficção psicológica. Ainda assim, o sentimento de vítima é uma lente através da qual segmentos significativos da população continuam a ver a vida. Com ele, vem a incapacidade de perceber que a vida é uma dádiva.

Uma história de sofrimento

É claro que há vítimas reais. Inocentes que sofreram barbaridades nas mãos dos outros ou reviravoltas cruéis do destino. Nesses casos, o sofrimento pode tornar difícil encontrar um motivo para sentir gratidão. Em minha pesquisa sobre a qualidade de vida de pessoas com doença neuromuscular, um dos participantes era um jovem branco de 25 anos que sofrera uma lesão na medula espinhal quando tinha 18. Seu escore foi o mais baixo de todos em nosso questionário para avaliar a tendência à gratidão. Quando lhe foi pedido para escrever sobre a época em sua vida em que sentiu gratidão, ele escreveu apenas uma frase: "Sinto muito, mas, para falar a verdade, não consigo me lembrar de uma época em que senti gratidão por algo ou alguém." Fiquei chocado ao ler isso, porque ele foi o único entrevistado de duzentos indivíduos que não descreveu detalhadamente uma experiência de gratidão. Seus objetivos pessoais incluíam "tentar ser feliz", "tentar não ser um perdedor", "tentar ser bom em algo" e "tentar não ser como meu irmão". Ali estava um indivíduo em profundo sofrimento psicológico. Em seu desânimo, ele era incapaz de reconhecer e afirmar qualquer bondade em sua vida. Contudo, sabemos que também há exemplos inspiradores de indivíduos que são capazes de enxergar bênçãos em seu sofrimento pessoal. O fato de que a maioria das pessoas se recupera emocionalmente de eventos catastróficos em um período de tempo relativamente curto é uma prova da resiliência da psique humana. Como já foi mencionado, um estudo clássico mostrou que até mesmo indivíduos com lesões incapacitantes na medula espinhal haviam voltado a seus níveis anteriores de emoções positivas seis meses depois de seus acidentes.[19]

Testemunhar como os outros lidam com o sofrimento pode ter o efeito inesperado de aumentar a gratidão pela vida. Uma mulher em meu grupo de pesquisa expressou sua gratidão por um conhecido que sofria de "artrite incapacitante". Em vez de afundar na autopiedade e em queixas constantes, esse homem tinha um "espírito alegre" e "humildade". A nobreza que demonstrava diante da adversidade teve o que descreveu como "um efeito transbordante sobre ela". A reação dele à enfermidade lhe ofereceu um "ponto de partida", permitindo-lhe abrir os olhos e ver o que ela chamou de "generosidade sem limites" dos outros, pelo que era profundamente grata.

O negócio da vida

Pense nestas estatísticas impressionantes: em 2005, estimava-se que 779 milhões de celulares seriam vendidos, nos quais 1,7 bilhão de pessoas falariam por cerca de 5,6 trilhões de minutos. Até o ano de 2010, esse número mais do que duplicaria para 12,6 trilhões de minutos. Mais de cinco milhões de iPods foram vendidos apenas no primeiro trimestre de 2005 e a expectativa era de que mais de 15 milhões de assistentes digitais pessoais fossem expedidos em todo o mundo durante esse ano.[20] Tudo isso tende a resultar em pessoas irritadas e distraídas, com pouco tempo para investir em delicadezas diárias como agradecer umas às outras, sem falar em questões mais urgentes. Um artigo de jornal mencionou transeuntes que passaram por uma vítima de arma de fogo banhada em sangue que jazia em uma calçada de Nova York. Uma testemunha observou: "As pessoas simplesmente continuavam a caminhar com seus fones de iPod na cabeça. Fiquei chocado com isso."[21]

A gratidão exige tempo para refletir sobre as próprias bênçãos. Como a vida diária está cada vez mais frenética, desgastante e fragmentada, a gratidão pode ser excluída. Ocorrências, pessoas ou situações capazes de produzir gratidão podem facilmente ser tidas como certas ou deixadas de lado na luta contra as dificuldades diárias ou para conter sentimentos negativos como raiva, vergonha e ressentimento.

UM CRIME ANTINATURAL

A terra não pode produzir nada mais detestável do que um homem ingrato.

— DECIMUS MAGNUS AUSONIUS

Detesto mais a ingratidão em um homem do que a mentira, a futilidade, a tagarelice, a embriaguez ou qualquer mancha de vício cuja forte sedução resida em nosso sangue frágil.*

— SHAKESPEARE

Ingratidão é traição à humanidade.

— JAMES THOMSON

---

* Tradução livre. (*N. da T.*)

> De todos os crimes que as criaturas humanas são capazes de cometer, o mais horrível e antinatural é a ingratidão, especialmente quando cometido contra os pais, e aparece nos exemplos mais flagrantes de ferimentos e morte.
>
> — DAVID HUME
>
> A ingratidão é a essência da vilania.[22]
>
> — IMMANUEL KANT

Enquanto a gratidão é uma emoção, a ingratidão é uma acusação. A ingratidão não é sentida, mas demonstrada por meio de palavras e atos. É um vício que, como ilustram as citações anteriores, representa uma falha moral profunda. As pessoas ingratas são universalmente criticadas. Em seus textos, Shakespeare usa os termos *ingrato* e *ingratidão* cerca de quarenta vezes, freqüentemente modificados pelos adjetivos *monstruoso*, *hediondo* ou *grotesco*.[23] As citações anteriores são fortes denúncias que de modo algum podem ser abrandadas. Ao longo de toda a história das idéias, só consegui encontrar uma pessoa que tentou. O rabugento escritor H. L. Mencken, bem à frente de seu tempo no que diz respeito à incorreção política, via na ingratidão um sinal de "saudável independência e força".[24]

TABELA 5.1. A gratidão comparada com a não-gratidão e a ingratidão

GRATIDÃO	NÃO-GRATIDÃO	INGRATIDÃO
Reconhecer o benefício	Não reconhecer o benefício	Encontrar falha no benefício
Admitir tê-lo recebido	Não admitir tê-lo recebido	Pôr em dúvida o motivo do benfeitor
Retribuir o favor	Não retribuir o favor	Pagar o bem com o mal

Ingratidão não é o mesmo que esquecimento, ou o que chamo de "não-gratidão". A tabela anterior ilustra as diferenças entre gratidão, não-gratidão e ingratidão. A principal diferença entre as duas últimas é que, nos casos de não-gratidão, a pessoa deixa de fazer alguma coisa — de reagir à dádiva com um sentimento adequado e de demonstrar gratidão. Não-gratidão é basicamente esquecimento. Na proclamação do Dia de Ação de Graças, em 1863, o presidente Lincoln preveniu contra o esquecimento:

> Recebemos as mais abundantes bênçãos do céu. Fomos preservados por todos esses anos em paz e prosperidade. Crescemos em número, riqueza e poder como nenhuma outra nação jamais cresceu. Mas nos esquecemos de Deus. Esquecemo-nos da mão generosa que nos preservou em paz, nos multiplicou, nos enriqueceu e nos fortaleceu. Temos presunçosamente enganado nosso próprio coração imaginando que essas bênçãos foram produzidas por nossa sabedoria superior ou por nosso próprio mérito. Embriagados com nosso constante sucesso, tornamo-nos por demais auto-suficientes para sentir a necessidade da graça protetora e redentora, e demasiadamente orgulhosos para orar ao Deus que nos criou.[25]

Enquanto a não-gratidão é uma omissão, uma ausência, um tipo de esquecimento, a ingratidão é a presença de algo negativo. Uma forma de punição. Quando uma pessoa é ingrata, reage com hostilidade ou ressentimento, ou tenta deliberadamente de algum outro modo depreciar a dádiva e o doador. Quando eu me esqueço de escrever um bilhete de agradecimento, demonstro não-gratidão. Se, após abrir um presente que minha mãe me deu, digo a ela: "Nossa, que suéter horrível!", estou sendo ingrato. Minha intenção é ofender (tenha em mente que este é um exemplo puramente hipotético). É claro que eu poderia expressar minha ingratidão mais indiretamente, digamos, colocando o suéter junto com outros itens a serem vendidos em um bazar de garagem. Não se mostrar grato não é moralmente equivalente a reagir à benevolência com hostilidade ou ressentimento. Sabe-se que, na prática, a linha entre esquecimento e ingratidão pode ser tênue. Se envio o manuscrito de um livro meu ainda não-publicado a um colega que está preparando uma palestra sobre gratidão e ele usa minhas idéias sem creditá-las a mim, isso é ingratidão ou esquecimento? Ele não foi cruel ou mesquinho. Se atribuo seu comportamento a ingratidão ou esquecimento, isso depende de muitos fatores, particularmente de nossa história juntos, das circunstâncias atuais da vida e de minhas percepções acerca de suas intenções. Se ele tem um déficit neurológico que causa lapsos de memória, sou indulgente. Se, por outro lado, ele tem um defeito de caráter, o mais provável é que eu o considere ingrato (o que levantaria a questão de por que eu o ajudei!?).

Pense em um exemplo recente de clara ingratidão. O time de futebol do Iraque foi a surpresa das Olimpíadas de 2004. Ao ficar em quarto lugar na competição, deixou de ganhar uma medalha de bronze. Levá-la para casa teria sido um grande feito. O Iraque nunca foi um competidor de peso nas Olimpíadas. Só ganhou uma medalha na história olímpica: de bronze, de levantamento de peso, em 1960. Em meio à reconstrução de seu país e contra todas as chances, qualificou-se para os jogos de Atenas. Em 2004, o time do Iraque competia sem a perspectiva de enfrentar Odai Hussein, ex-diretor do Comitê Olímpico, morto quatro meses após a coalizão liderada pelos Estados Unidos invadir o Iraque, em março de 2003. Segundo grupos de direitos humanos, o brutal Odai foi responsável pela tortura de centenas de atletas e pelo menos cinqüenta mortes.

Agora competindo sem medo de tortura — ou algo pior —, a equipe do Iraque chocou os comentaristas com sua aparente ingratidão. Não só eles não foram gratos pela libertação do antigo regime iraquiano, como expressaram claramente sua desaprovação. Um membro do time, Ahmed Manajid, foi citado como tendo dito sobre o presidente George W. Bush: "Como Bush encontrará Deus depois de ter matado tantos homens e mulheres? Ele cometeu muitos crimes."[26] Ahmed também disse que, se não estivesse jogando futebol, estaria lutando contra as forças de coalizão.

Independentemente da posição política que se possa ter sobre a Guerra do Iraque, é difícil digerir a ingratidão do jogador de futebol. Pareceu claro para os comentaristas estrangeiros que, quaisquer que fossem seus sentimentos sobre a invasão, o time do Iraque deveria pelo menos expressar gratidão pela remoção de um diretor que havia torturado e matado seus membros, ou ameaçado fazer isso com eles. Por que os americanos ficaram tão indignados com essa expressão profunda de ingratidão? De certo modo, todas as expressões de ingratidão são consideradas desprezíveis. Eu acho que foi porque a essência do ideal olímpico é o espírito esportivo, que inclui ser humilde na vitória e elegante na derrota, sem hostilidade, ressentimento ou retaliação contra o rival. Por isso, nesse caso, a ingratidão foi especialmente difícil de engolir.

Em contrapartida, há a história de Noor Abd Al-Hady, que precisava corrigir cirurgicamente um defeito congênito que a obrigava a ter um furo no coração, entre os dois ventrículos.

Esse defeito é facilmente corrigido nos Estados Unidos, mas os médicos no Iraque não eram capazes de fazer a cirurgia. Por meio de conexões com a Utah Army National Guard, foram feitos arranjos para levar Noor ao Maine, onde o único cirurgião cardíaco pediátrico faria a cirurgia. O pai de Noor, Abdul Al-Hady Hassan Hesab, se descreve como um homem afortunado que, devido à bondade dos soldados norte-americanos no Iraque e à generosidade dos cirurgiões do Maine Medical Center, viu o defeito de sua filha ser corrigido. "Se Noor ficasse no Iraque, a perspectiva de uma cirurgia teria sido muito difícil",[27] disse ele. Abdul afirmou que os médicos e a equipe do hospital se tornaram sua família e, embora ele e sua filha tivessem voltado para o Iraque após a bem-sucedida cirurgia, o Maine se tornara seu lar. "Em algum lugar nos recônditos de minha mente", disse ele comovidamente, "esse lugar me pertence."

Estejamos pessoalmente envolvidos ou não, esperamos que as pessoas admitam o bem que lhes foi feito, e a ingratidão é a recusa em admiti-lo. Por que a ingratidão é uma falha moral tão profunda? O princípio da reciprocidade, em que as sociedades humanas se baseiam, afirma que temos o dever de ajudar e não prejudicar quem nos ajudou. Ser ingrato com o benfeitor é um modo de prejudicá-lo. A regra moral da reciprocidade é violada quando não se é grato pelo benefício recebido. Embora ocasionalmente possamos reagir a um benefício de um modo que pode ser considerado ingrato por nosso benfeitor, há claramente um distúrbio psicológico na personalidade que tem o hábito de reagir aos benefícios com indiferença, ressentimento ou ingratidão. Essa é uma clara violação da lei natural.

Quando acusamos alguém de ingratidão, estamos fazendo uma reivindicação moral. Violações desse tipo produzem o que o psicólogo social Jonathan Haidt chamou de "repulsa moral".[28] A repulsa moral é causada por ações que revelam ausência de decência humana normal, como a ingratidão, que mostra o lado mais baixo, sombrio e "monstruoso" da natureza humana. Haidt argumenta que a repulsa moral faz as pessoas evitarem o que a provoca. Deve ser por isso que evitamos as pessoas ingratas, o que contribui para seu sofrimento egocêntrico.

Os escritos religiosos fornecem alguns bons exemplos de ingratidão. Em algumas tradições espirituais, a ingratidão a Deus é considerada o pior pecado e a fonte de todo sofrimento humano. Inácio de Loyola escreveu:

> À luz da Bondade Divina, parece-me que a ingratidão é o mais abominável dos pecados e que deveria ser detestado diante de nosso Criador e Senhor por todas as Suas criaturas capazes de apreciar Sua divina e eterna glória. Trata-se de um esquecimento das graças, dos benefícios e das bênçãos recebidas e, como tal, a causa, o início e a origem de todos os pecados e infortúnios.[29]

Exemplos históricos de ingratidão são encontrados em toda a Bíblia. Na Bíblia hebraica, os israelitas, em vez de agradecer a Deus por tê-los libertado do cativeiro e pelo maná que os sustentou no deserto, reclamaram: "E o povo falou contra Deus e contra Moisés: 'Por que nos fizestes subir do Egito para que morrêssemos neste deserto? Pois aqui nem pão nem água há; e nossa alma tem fastio deste pão tão vil'" (Números 21, 5). Talvez o exemplo mais famoso de ingratidão na literatura religiosa seja encontrado no Novo Testamento, no Evangelho de Lucas. Jesus curou dez leprosos, mas só um voltou para agradecer. "E, respondendo, Jesus disse: 'Não foram dez os limpos? E onde estão os nove? Não houve quem voltasse para dar glória a Deus senão este estrangeiro?' E disse-lhe: 'Levanta-te, e vai; tua fé te salvou'" (Lucas 17, 17-19). Comentários sobre essa passagem indicam que, ao falar em "fé", Jesus se referia não à fé em um sentido genérico, mas à *gratidão*, como em "a tua *gratidão* te salvou".

Mas talvez a história tenha sido muito intolerante em relação a esse grupo de nove. As normas ditam que deve passar um tempo razoável antes de uma oferta ser retribuída. Se eu convidasse você para jantar, seria uma demonstração de ingratidão de sua parte se, no final da noite, você pegasse seu talão de cheques para pagar a conta. Talvez os leprosos planejassem comprar um presente para Jesus, levá-lo para jantar ou, no mínimo, enviar-lhe um bilhete de agradecimento. Mas nós sabemos que até mesmo uma expressão posterior de gratidão teria entristecido Jesus. Uma dádiva tão importante quanto a total cura física exige uma resposta imediata. Essa parábola nos faz lembrar do quanto a ingratidão é comum e de como é fácil ter as bênçãos como certas.

A dinâmica da ingratidão

Há várias formas ou graus de ingratidão que variam do tapa na cara que os jogadores de futebol do Iraque deram no governo americano, ao não-envio de um bilhete de agradecimento a um anfitrião após um jantar oferecido. Embora possamos fazer vista grossa ao último caso, ou não nos surpreender com ele, o caso de ingratidão precedente é muito mais difícil de aceitar. Por que as pessoas são ingratas? Como podemos entender esse "crime horrível e antinatural"? Ser "ingrato" é claramente a marca de um vício, seja em um único caso ou como um defeito de caráter a longo prazo. Enquanto a gratidão é adequada, até mesmo obrigatória, a ingratidão é um sinal ou sintoma de falta de socialização, de incapacidade de apreciar o que os outros fizeram ou, pior ainda, de rancoroso reconhecimento da própria vulnerabilidade e da recusa em admitir a dívida para com os outros.

Há motivos conscientes e inconscientes para as pessoas não darem valor aos benefícios recebidos. Por exemplo, elas podem pôr em dúvida os motivos generosos de seu benfeitor para se sentir melhor em relação a si mesmas e evitar uma futura retribuição; ou, para preservar uma auto-estima frágil, não reconhecer que os outros lhes fariam deliberadamente um benefício. Se nos considerarmos indignos de receber benefícios, não reconhecermos a benevolência para conosco e não sentirmos gratidão, porque a gratidão só pode ser sentida quando há reconhecimento da bondade.

Quando algo de bom acontece, o receptor pode refletir, pelo menos brevemente, sobre por que aconteceu. Se o próprio receptor é a causa, a emoção que sente é orgulho. Os psicólogos documentaram que uma tendência a agir em causa própria permeia a maioria das explicações de por que as coisas boas acontecem. Tentamos obter mais crédito por nossos sucessos do que nos é devido. De modo oposto, quando fracassamos, optamos por culpar os outros. Quando um grupo de trabalhadores completa um projeto e cada pessoa estima a porcentagem de sucesso pela qual foi pessoalmente responsável, as porcentagens ultrapassam os cem por cento. Esse padrão estimula facilmente a ingratidão. Se nos vemos como as causas de nosso próprio sucesso, não há "outro" a quem atribuí-lo e ser grato.

Em alguns casos de ingratidão, pode haver motivos ocultos mais profundos envolvidos. Uma perspectiva psicodinâmica, enfatizando os processos intrapsíquicos inconscientes, sugere pelo menos quatro motivos para a ingratidão.[30] Em primeiro lugar, essa visão sugere que as atitudes de ingratidão são tentativas agressivas de encobrir sentimentos básicos de inferioridade e inadequação. Receber um benefício nos coloca em uma posição de dependência em relação ao doador. A família Singleton, com quem eu comecei este capítulo, não queria se sentir inadequada aceitando a hospitalidade dos Thornbury, ou devedora de um favor a eles. Seja qual for a explicação, sua ingratidão foi uma defesa contra sentimentos de inferioridade. Em segundo lugar, a dádiva pode ser vista como uma parcela "infinitesimal" de uma dívida antiga, real ou imaginária. "Você me deve tanto que isso é apenas uma gota no oceano", queixa-se o ingrato. Nesse caso, o ingrato nunca fica satisfeito com o que recebe, porque a dívida é tão grande que nunca pode ser paga. Em terceiro lugar, ao fazer uma boa ação, o benfeitor pode ser visto como um fraco pela mente neurótica distorcida do beneficiário. Por sua vez, essa percepção justifica, na mente ingrata, um comportamento hostil e agressivo contra a pessoa considerada mais fraca, porque o ingrato odeia fraqueza. Por último, os beneficiários podem julgar mal os motivos de seus benfeitores. Se eu sou um beneficiário ingrato, posso presumir que meu benfeitor foi bondoso para se sentir melhor em relação a si mesmo, ganhar publicidade ou me humilhar. Os céticos freqüentemente tentaram explicar o comportamento abnegado de Madre Teresa acusando-a de "tentar cair nas graças de Deus".

Sejam quais forem seus motivos, a ingratidão tem sérias conseqüências negativas. Como proporcionar benefícios e criar laços de gratidão une as pessoas em uma sociedade, a ingratidão enfraquece nossos laços com os outros. O filósofo Sêneca disse que "nenhum vício prejudica tanto a harmonia da raça humana quanto a ingratidão".[31] As pessoas ingratas são incapazes de (ou não querem) participar do ciclo de dar e receber, e por isso se arriscam a ficar alienadas da sociedade. De um ponto de vista pessoal, elas são incapazes de experimentar a alegria e a satisfação que a vida grata proporciona e, em vez disso, afundam em queixas e negatividade. Penso que certos traços de personalidade podem predispor algumas pessoas à ingratidão e que, infelizmente, é difícil mudar esses traços.

EU FIZ SOZINHO, POR ISSO OBRIGADO POR NADA

> Todas as mulheres em *O aprendiz* flertaram comigo — consciente ou inconscientemente. Isso era de se esperar.[32]
> — DONALD TRUMP

No final de sua vida, o proeminente empresário Armand Hammer, CEO da Occidental Petroleum, se afastara de quase todos os seus amigos e familiares, levara sua corporação à ruína financeira e manchara sua reputação pública. Contudo, parecia bastante satisfeito consigo mesmo: "Nunca houve ninguém como eu, e meus gostos nunca serão vistos novamente [...] o brilho de minha mente só pode ser descrito como ofuscante. Impressiona até mesmo a mim."[33]

Desde pelo menos a época de Sêneca, um ponto de vista predominante é o de que uma opinião excessivamente favorável sobre si mesmo é a principal causa da ingratidão. Meu trabalho mostrou que a pessoa ingrata parece ter uma personalidade como a de Armand Hammer: manifesta tendências narcisistas, presunção, arrogância, vaidade e uma necessidade insaciável de admiração e aprovação. Os narcisistas são muito voltados para si próprios: não têm a empatia necessária para entrar em relacionamentos interpessoais profundos, satisfatórios e que levam ao aperfeiçoamento mútuo. Como Hammer, eles têm forte necessidade de anunciar suas qualidades e seus sucessos para si mesmos e para os outros. Dado esse grande número de características, ser grato de algum modo significativo está além da capacidade da maioria dos narcisistas. Sem empatia, eles não podem apreciar uma dádiva altruísta porque não podem se identificar com o estado mental do doador. O narcisismo é uma cegueira espiritual, uma recusa da pessoa em admitir que recebeu benefícios espontaneamente dos outros. A preocupação com nosso próprio eu pode nos fazer esquecer de nossos benefícios e benfeitores, ou achar que os outros nos devem coisas e por isso não temos motivos para sermos gratos.

Pense nos pares de afirmações a seguir:

A. Espero muito dos outros.
B. Gosto de fazer coisas para os outros.

A. Nunca ficarei satisfeito enquanto não tiver tudo que mereço.
B. Eu me satisfaço com o que tenho.

Esses itens são do Narcissistic Personality Inventory, desenvolvido no final da década de 1970 por Robert Raskin e Calvin Hall, ambos da University of California, Santa Cruz.[34] Com qual das afirmações em cada par você se identifica mais? Se escolheu as "As", as chances são de que considere difícil ser grato. Expectativas altas e uma sensação de merecimento podem reduzir a capacidade de sentir gratidão pelas bênçãos da vida.

A característica predominante do narcisismo é a sensação de ter direito. As pessoas com tendências narcisistas acreditam, equivocadamente, que são merecedoras de direitos e privilégios especiais. Quando recebem uma dádiva, acham que lhes é devida. Empenham-se em afirmar os próprios direitos e receber o que lhes é devido. Sua sensação exagerada de merecimento as leva a esperar favores especiais sem assumir responsabilidades recíprocas. A sensação de que têm direito às coisas, combinada com sua insensibilidade às necessidades alheias, produz exploração interpessoal consciente ou inconsciente. Em resumo, se alguém tem direito a algo, não tem o que agradecer.

Talvez ainda pior que a falta de gratidão seja a incapacidade de expressá-la. As expressões de gratidão são reconhecimentos de que você depende dos outros para seu bem-estar e, portanto, não é auto-suficiente. Dada essa realidade, esses indivíduos consideram as expressões de gratidão extremamente desagradáveis e as evitam. O narcisista diz: "Eu não devo nada a ninguém." Por isso, esperar gratidão de um narcisista para se sentir aceito tende a ser uma experiência frustrante. Além disso, como os narcisistas têm uma idéia distorcida da própria superioridade, podem relutar em expressar gratidão a seus benfeitores, cuja generosidade ou bondade consideram pouco mais do que tentativas de bajulá-los.[35]

Nos narcisistas, as expressões de gratidão, quando existem, são apenas tentativas de ganhar as boas graças de seus benfeitores. Em vez de sentir ou expressar gratidão nas situações em que isso seria esperado, os narcisistas escolhem outros meios de reagir a quem os ajudou, como (a) expressando aprovação; (b) fingindo indiferença ou até mesmo sugerindo que, ao receber o benefício, o narcisista permitiu ao benfeitor satisfazer suas próprias necessidades; (c) negando que mereça o benefício ou

(d) com uma gratidão tão excessiva que não poderia ser sincera. Finalmente, os narcisistas podem ser capazes de uma forma distorcida de gratidão — distorcida porque não se concentra no benfeitor, mas neles próprios. Foi o caso do orgulhoso fariseu que orou desta maneira: "Ó Deus, graças Te dou porque não sou como os demais homens, roubadores, injustos e adúlteros; nem ainda como este publicano" (Lucas 18, 11).

Parece que há bons motivos para se acreditar que, tipicamente, os narcisistas são menos gratos. Mas é difícil sustentar essa proposição com dados científicos. Uma forte relação entre gratidão e narcisismo não foi estabelecida. Além disso, não há a história de Donald Trump, que expressou gratidão ao mecânico desempregado que o ajudou a consertar sua limusine enviando um buquê de flores para a mulher do mecânico e depois pagando a hipoteca deles? É evidente que as pessoas narcisistas, às vezes, podem sentir gratidão e expressá-la de modos apropriados. Talvez elas sejam gratas de modos diferentes ou por coisas diferentes em relação às não-narcisistas.

Com isso em mente, voltei aos diários de gratidão e examinei a natureza das "bênçãos" registradas pelos participantes mais e menos narcisistas. Descobri duas coisas: a primeira é que, nos diários de gratidão, o narcisismo está relacionado ao *alcance da gratidão*. O alcance da gratidão se refere ao número de circunstâncias na vida pelas quais uma pessoa se sente grata em determinado momento. Pode-se esperar que uma pessoa muito predisposta à gratidão se sinta grata por sua família, seu trabalho, sua saúde, sua própria vida e por vários outros benefícios. Contudo, alguém não tão predisposto à gratidão pode se sentir grato por menos aspectos de sua vida. Tipicamente, os narcisistas relacionam menos bênçãos diárias do que os não-narcisistas.

A segunda é que os narcisistas também diferem dos não-narcisistas em relação à natureza das coisas pelas quais são gratos. Nesses diários, os narcisistas tendem menos a citar a benevolência alheia e mais a mencionar bens materiais e atributos pessoais. Uma das pessoas mais narcisistas no estudo incluiu entre as bênçãos pelas quais era grata: "Minha saúde, força", "Minha mente e meu modo de pensar racional", "Minha grande força de vontade", "Meu time de futebol", "Receber dinheiro de minha avó" e "Uma pessoa ter me achado atraente". Em contrapartida, eis uma amostra das bênçãos de uma pessoa em uma das posições inferiores na escala do narcisismo: "Minha família, especialmente meu filho que irá nascer", "O apoio que recebo daqueles que me cercam", "A ajuda de Deus em momentos difíceis", "Ter um marido atencioso", "Ter comida na mesa" e "Conseguir pagar os impostos".

Em um estudo de questionário, também descobrimos que as pessoas narcisistas têm uma *densidade de gratidão* menor. A densidade de gratidão se refere ao número de pessoas pelas quais alguém se sente grato por um único resultado positivo ou uma circunstância da vida. Quando uma pessoa muito predisposta à gratidão é indagada sobre a quem se sente grata por certo resultado, digamos, conseguir um bom emprego, ela pode mencionar muitas pessoas, inclusive pais, professores do ensino fundamental, professores particulares, mentores, colegas estudantes e Deus ou um poder superior. Alguém menos predisposto à gratidão pode se sentir grato a menos pessoas por esse benefício. Os narcisistas creditam mais a si mesmos os resultados positivos, tendendo a atribuí-los à sua capacidade inata ou a seu esforço.

Se o narcisismo atingisse apenas uma pequena porcentagem da humanidade, haveria poucos motivos para preocupação. Na verdade, os psiquiatras estimam que apenas um por cento da população geral preencha os critérios clínicos para as desordens narcisistas.[36] Contudo, encontram-se características narcisistas em todos os indivíduos, em graus variados. Os psicanalistas observaram que o narcisismo é um estágio normal do desenvolvimento humano. Como tal, é parte integrante da condição humana. Nós nascemos narcisistas. Por isso, devemos estar constantemente atentos a pensamentos e atitudes narcisistas que se opõem à genuína gratidão. A incapacidade de superar o narcisismo resulta em uma vida espiritualmente empobrecida, cuja principal conseqüência é a incapacidade de sentir gratidão pelo que a vida oferece.

EXPECTATIVAS DE GRATIDÃO

> Aja com bondade, mas não espere gratidão.[37]
> — CONFÚCIO

Um último obstáculo à gratidão é esperá-la. Quando fazemos um favor a alguém, é bom vê-lo reconhecido. Mas todos os obstáculos que identifiquei neste capítulo contribuem para impedir as emoções e expressões de gratidão.

Nossos atos de bondade tendem a ser esquecidos ou não percebidos. Por isso, se esperarmos gratidão, seja de filhos, alunos ou cônjuges, certamente ficaremos desapontados. A gratidão é um dever que teria de ser cumprido, mas isso ninguém tem o direito de esperar, segundo disse Rousseau. O coração verdadeiramente generoso não espera recompensas. Uma dádiva de verdade não impõe condições.

Hans Selye era um endocrinologista da McGill University. Nascido em Viena, em 1907, ele se tornou a maior autoridade mundial em estresse, reações emocionais e físicas ao estresse e doenças físicas. Suas contribuições foram tão pioneiras que algumas autoridades se referiram a ele como "o Einstein da medicina". Acreditando que a gratidão desempenhava um papel central na reação humana ao estresse, ele escreveu: "Entre todas as emoções, há uma que, mais do que qualquer outra, é responsável pela presença ou ausência de estresse nas relações humanas: o sentimento de gratidão."[38] Selye não hesitou em usar seu prestígio como cientista como um púlpito para expor suas crenças sobre como os seres humanos vivem e *deveriam* viver. Em seu livro clássico, *The Stress of Life*, e o que se seguiu, *Stress Without Distress*, ele passou partes significativas de vários capítulos identificando quais eram, a seu ver, os elementos básicos de uma vida satisfatória. Foi nesse contexto que escreveu sobre a gratidão. Para Selye, a gratidão era "o despertar em outra pessoa do desejo de que eu prosperasse, devido ao que eu fiz para ela [...] ao inspirar o sentimento de gratidão, induzi outra pessoa a partilhar comigo meu desejo natural de bem-estar".[39] Foi o esforço consciente de despertar gratidão nas pessoas que se tornou a filosofia de vida de Selye e que ele acreditava ser o objetivo máximo da existência. Pense nisso por um momento. Por que as pessoas fazem o que fazem? O que as motiva? Segundo Selye, a maioria das pessoas se comporta para obter a gratidão alheia. E a gratidão está ligada à aprovação. Conquistando-a, temos uma indicação do quanto as pessoas nos são gratas, porque elas percebem que nós as beneficiamos de algum modo.

Como cientista, Selye não foi o único a desejar a aprovação e até mesmo a admiração de seus colegas, de seus alunos e do público. Meu objetivo aqui não é apresentar uma extensa psicobiografia de Selye. Mas, como ocorre com outros narcisistas, sua necessidade de aprovação parecia consumi-lo, especialmente em seus últimos anos. Que experiências de desenvolvimento poderiam ter produzido esse desejo forte e insaciável de legitimação? Em sua autobiografia, ele observou: "Eu não me lembro de ter sido algum dia abraçado por minha mãe, embora ela deva ter feito isso, principalmente quando eu era um bebê. [...] Ela nunca chorou e não conseguia tolerar garotinhos com lágrimas nos olhos. Mas as crianças não podem evitar chorar de vez em quando."[40] Durante toda a sua vida, Selye ansiou pelo que nunca recebeu na infância. Quando era um estudante de medicina, sonhava em "se casar com uma garota com quem eu pudesse partilhar todos os meus interesses".[41] Desconfio que todos esses interesses fluíam em uma única direção. Quando ele se casou, lamentou não poder ter conversas inteligentes com sua mulher, que considerava intelectualmente inferior.

Selye era extremamente estimulado pela bajulação. Certa vez, na véspera de ser submetido a uma cirurgia, foi-lhe permitido deixar o hospital para dar uma palestra. A palestra destinava-se a um público importante em um dos maiores hotéis de Montreal. No final da palestra, dada em seu costumeiro estilo magistral, ele explicou para a multidão que seria submetido a uma grande cirurgia no dia seguinte. Selye lembrou que "a ovação entusiástica foi talvez a maior que eu já recebi; algumas das mulheres tinham lágrimas nos olhos quando passei pela multidão dirigindo-me ao meu carro".[42] Como um professor que deu muitas palestras em sala de aula e em público (embora nenhuma terminando com uma ovação entusiástica), sei como é ser calorosamente recebido. Contudo, para um viciado em gratidão, esse desejo nunca pode ser satisfeito. O reconhecimento nunca é suficiente. Relembrando sua vida, Selye achou que seu trabalho havia sido malcompreendido e suas contribuições não foram apreciadas. Ele prontamente admitiu querer acumular a gratidão, o respeito e a admiração dos outros. Como uma pessoa tem muito pouco controle sobre as reações alheias, essa abordagem insegura da vida não pode ser mantida sem considerável tensão. Na verdade, permite que ela se torne emocionalmente refém das reações alheias. A propósito, a autobiografia de Selye, publicada três anos depois de sua morte, em 1982, foi intitulada *The Stress of My Life*.

Como é possível, diante das forças monumentais que minam a gratidão, criar e manter uma perspectiva de vida grata? Como superar o esquecimento, o pensamento de comparação, a tendência à negatividade, conflitos emocionais e outros obstáculos à gratidão? Como viver sem esperar gratidão e não se sentir rejeitado quando ela não vem? Quais são as características das pessoas capazes de fazer isso? Elas devem ter desenvolvido estratégias para vencer esses obstáculos. Criaram vidas de gratidão generalizada e aprenderam que uma perspectiva grata produz prosperidade emocional, enquanto viver sem gratidão leva à pobreza emocional.

6
Gratidão em tempos difíceis

Em tempos de grande abundância, a gratidão pode vir tão facilmente que parece uma reação fácil e natural. Se experimentarmos as alegrias do sucesso material, a surpresa de uma promoção inesperada, o nascimento de um filho muito amado, a euforia de nos apaixonarmos ou a aprovação de nossos amigos e colegas, é raro não nos sentirmos gratos em algum nível. Na verdade, quem não reage com gratidão a esse sucesso e a essa abundância é considerado imperfeito, arrogante, egoísta e até mesmo doente. Mas essa gratidão automática nos abandona em tempos de adversidade e perda. O sofrimento nos rouba a gratidão fácil; na verdade, no caminho para a recuperação, temos de travar uma difícil batalha para reaver a capacidade de apreciar as coisas boas que ainda possuímos, banir a raiva, a taciturna ingratidão e a depressão e voltar a gostar de nossa vida.

O exemplo clássico do sofrimento humano vem do livro bíblico de Jó. Nesse livro, muito citado, mas raramente lido em sua totalidade, o personagem principal, Jó, é descrito como um homem moralmente correto e muito religioso, com uma família grande e uma riqueza considerável. Ele recebeu muito de Deus — família, filhos, bens materiais, estima e um bom nome. É um homem de incomparável riqueza espiritual e material, um "homem honrado e irrepreensível", um homem extraordinário "como não há na Terra semelhante a ele". Tem uma vida boa, ao estilo do século V a.C.

Surge Satanás. Satanás detesta o estilo de vida santo de Jó, por isso instiga Deus a testar seu servo fiel. Diz a Deus que Jó só vive corretamente e o adora porque é rico e que Jó não é grato pelos motivos certos. Satanás atribui a fidelidade de Jó à sua dependência de Deus para a vida de abundância que leva. Acusa Deus de "cercar" Jó de bondade e bênçãos, de modo que Jó só poderia louvá-Lo e honrá-Lo. Satanás acha que, se Jó ficasse doente e sem dinheiro, deixaria de servir a Deus. Em outras palavras, essa gratidão fácil e automática não é a "real": basicamente, Satanás pede a Deus para provar que Jó ainda o adoraria, mesmo que deixasse de ser próspero.

No Livro de Jó, Deus aceita o desafio de Satanás. Tenta provar a Satanás que Jó O servirá não importa a que tipos de provas seja submetido. Dali em diante, Jó perde tudo que tem — filhos, riqueza e saúde. Seus filhos morrem, seus bens materiais, seus animais e seus servos desaparecem e ele passa a ser excluído da sociedade — publicamente considerado um pecador, amaldiçoado por Deus. Sentado no meio das cinzas e coberto de chagas dolorosas, Jó faz a pergunta universal: "Por que eu?"

Concentrado nas questões do sofrimento, o Livro de Jó tem um encanto atemporal.[1] A questão de por que o justo sofre é considerada por muitos o tema principal desse livro, mas também levanta questões adicionais. Os seres humanos recebem o que merecem na vida? Como os justos reagem à adversidade? Estas questões não são apresentadas filosoficamente, mas no contexto da história de um homem. Como Jó reagiria se fosse privado de todas as suas bênçãos? Acreditando que todas as coisas, bênçãos e maldições, vinham da mão de Deus, Jó se deparou com a terrível questão: Deus é o tipo de ser que age sem qualquer motivo? Porque Deus disse para Satanás: "Incitaste-me contra ele para o consumir sem causa." Jó depois diz: "Recebemos o bem de Deus, e não receberíamos o mal?"

Três amigos tentam ajudá-lo a entender sua difícil situação. Eles perguntam se o infortúnio não seria uma punição divina ao pecado. Afirmam que o sofrimento de Jó era a prova de que ele havia cometido pecados pelos quais estava sendo punido. Eles vão além, ao afirmar que a boa sorte sempre é uma recompensa divina, e que, se Jó renunciasse a seus supostos pecados, recuperaria imediatamente a boa sorte.

Em resposta, Jó afirma que é um homem justo e, portanto, seu infortúnio não é uma punição. Isso levanta a possibilidade de que Deus aja de modos caprichosos, e a mulher de Jó lhe diz para amaldiçoar a Deus e morrer. Em vez disso, Jó responde com equanimidade: "O Senhor o deu, e o Senhor o tomou: bendito seja o nome do Senhor." Na visão de Jó, não se pode receber o bem sem o mal. O clímax do livro ocorre quando Deus responde a Jó, não com uma explicação para seu sofrimento, mas com uma pergunta: onde estava Jó quando Ele criou o mundo?

Jó passa no teste. Não amaldiçoa Deus. Persiste em sua integridade mesmo depois de arrasado. É evidente que nunca foi a vida abençoada que inspirou a gratidão e a fidelidade de Jó.

No final do livro, ficamos sabendo que Jó foi curado e que Deus lhe deu o dobro de tudo o que antes possuía. Em última análise, ele foi totalmente redimido. Primeiro, Deus lhe restituiu os relacionamentos, dando-lhe sete novos filhos e três novas filhas. Ele recebeu 14 mil ovelhas, seis mil camelos, mil bois e mil jumentos. Deus lhe dá boa saúde e uma vida longa — 140 anos —, cercado por quatro gerações de descendentes.[2]

EM TODAS AS CIRCUNSTÂNCIAS?

É relativamente fácil ser grato quando acontecem coisas boas e a vida é como queremos que seja. Um desafio muito maior é ser grato quando a situação não vai tão bem e não é como desejaríamos que fosse. A raiva, a amargura e o ressentimento parecem ser reações muito mais fáceis e naturais nesses momentos. Assim, a história de Jó é instrutiva. Ele só era grato a Deus porque era muito abençoado e próspero? Ao passar no teste de Satanás e manter sua integridade, Jó demonstra que sua atitude de gratidão a Deus independia das circunstâncias de sua vida. Ele não achava que tinha direito às bênçãos. As ferramentas da ciência parecem decepcionantes quando tentamos entender as pessoas que levam uma vida de gratidão em situações extremamente difíceis.

Além do Livro de Jó, escritos religiosos e inspiradores contêm histórias de pessoas extraordinárias capazes de transcender seu grande sofrimento e cultivar gratidão pela vida apesar do que ocorria com elas e a seu redor. Pense em Corrie ten Boom, no apóstolo Paulo, em Dietrich Bonhoeffer e Horatio Spafford, exemplos irrefutáveis de pessoas que pareceram ser gratas em circunstâncias terríveis.

Corrie ten Boom, cuja família escondeu judeus em sua casa durante o Holocausto, escreveu em *O refúgio secreto* que ela deu graças pelas pulgas nos alojamentos em seu campo de concentração porque mantinham os guardas a distância e lhes permitiam um pouco de privacidade para suas orações.³ O teólogo alemão Dietrich Bonhoeffer foi executado por planejar matar Hitler, mas permaneceu grato até o fim, escrevendo em sua autobiografia publicada postumamente que "a gratidão transforma a dor das lembranças em grata alegria".⁴ Na carta de Paulo aos filipenses, a palavra alegria e o verbo regozijar aparecem 11 vezes em quatro capítulos, apesar do fato de que ele estava escrevendo a carta da prisão, onde esperava um julgamento que poderia resultar em sua morte. De sua cela na prisão, ele escreveu: "Regozijai-vos sempre no Senhor; outra vez digo, regozijai-vos [...] Eu aprendi a contentar-me com o que tenho. Sei estar abatido e sei também ter abundância: de toda maneira, e em todas as coisas estou instruído, tanto a ter fartura como a ter fome; tanto a ter abundância como a padecer necessidade."⁵ O advogado Horatio G. Spafford vivia com a mulher e quatro filhas em Chicago. Em uma viagem pelo Atlântico, suas filhas morreram quando o navio em que viajavam se partiu em dois após colidir com um cargueiro. Ele recebeu um telegrama de sua mulher em que ela dizia: "Só eu me salvei."⁶ Quando estava indo buscá-la, Spafford pediu ao capitão de seu navio que o avisasse quando eles chegassem ao local em que suas filhas morreram. Naquele ponto, em memória delas, ele escreveu a letra do famoso hino "It Is Well with My Soul" ("Sou feliz").

Ninguém quer enfrentar a adversidade para aperfeiçoar o caráter. Não escolheríamos sofrer para nos tornar mais gratos ou desenvolver qualquer outra virtude. Contudo, exemplos históricos e pesquisas contemporâneas mostraram que as provações e adversidades podem resultar em mudanças de caráter positivas. A crença em que a tragédia pode, em última análise, ter resultados positivos é uma das bases dos sistemas religiosos desde o início da história documentada. Na verdade, há aqueles que dizem que as religiões existem principalmente para ajudar as pessoas a encontrarem um sentido no sofrimento. O budismo e o cristianismo são dois bons exemplos disso. A primeira das Quatro Nobres Verdades apresentadas por Buda é que "a vida é sofrimento". O conceito do sofrimento é tão central nessa tradição, que dizem que Buda não tinha outra pretensão além de ensinar sobre ele. O cristianismo considera o sofrimento o resultado de a humanidade se afastar de Deus. Contudo, o sofrimento é tornado suportável por meio de uma identificação com a agonia de Cristo na cruz.

As tradições religiosas não só identificam o sofrimento como um aspecto central da condição humana, como também articulam visões de como deveríamos reagir ao fato de que a vida é cheia de sofrimento. As pessoas podem adotar uma atitude em relação a isso que permite que o sofrimento seja um componente significativo da vida, talvez abrindo o caminho para uma vivência mais profunda e autêntica. As tradições religiosas nos encorajam a fazer mais do que reagir com passividade e resignação às perdas e crises; aconselham-nos a mudar nossa perspectiva, de modo que nosso sofrimento se transforme em uma oportunidade de crescimento. Não só a experiência da tragédia nos dá uma oportunidade excepcional de crescimento, como também algum tipo de sofrimento é necessário para uma pessoa atingir o desenvolvimento psicológico máximo. Em seu estudo de auto-realizadores, os modelos de perfeição mental, o famoso psicólogo humanista Abraham

Maslow observou que "as experiências de aprendizado mais importantes [...] eram tragédias, mortes e traumas [...] que forçavam mudanças na visão de vida das pessoas e, conseqüentemente, em tudo que elas faziam".[7]

Enquanto escrevo estas palavras durante as férias de inverno, penso naquelas pessoas corajosas que zarparam de Plymouth para a Holanda e depois atravessaram o Atlântico para a Nova Inglaterra, em 1620. Todas as famílias, exceto três, cavaram túmulos no solo rochoso da Nova Inglaterra para enterrar marido, mulher ou filhos. Elas trouxeram consigo plantas e sementes no *Mayflower*, junto com provisões para o primeiro inverno. A cevada que plantaram produziu muito pouco. Outras colheitas também foram malsucedidas. A fome as assolou. Contudo, eram pessoas de fé. Sabiam sobre o antigo festival da colheita de Israel: que Israel, ao final de uma bem-sucedida colheita, agradecia a Deus por sua generosidade e também por libertar seu povo do cativeiro. Os peregrinos leram a própria história à luz da história de Israel. Mostraram-se gratos a Deus pela colheita, mas também por algo mais, que, na verdade, independe de uma colheita bem-sucedida: a presença, a graça e o amor de Deus. Eles agradeceram a Deus por terem milho suficiente para sobreviver ao inverno, pela presença da mão forte que sentiram que os havia guiado e pelo amor que os sustentara. Como Jó, entenderam que deveriam agradecer e louvar a Deus tanto na adversidade quanto na prosperidade.[8]

Nos tempos contemporâneos, também encontramos pessoas capazes de extrair bênçãos da adversidade. Em resposta a uma tarefa em que lhe foi pedido para identificar uma pessoa em sua vida a quem era grata, uma mulher que participou de nossa pesquisa escreveu a carta a seguir descrevendo a "dádiva" de sua cegueira:

No início, achei difícil identificar uma pessoa que realmente teve um grande impacto em minha vida a quem eu quisesse escrever esta carta. Então comecei a ver essa tarefa e esse estado de gratidão como um processo pelo qual precisava passar. Tenho muitas bênçãos em minha vida, mas também tive muitos reveses — passei a maior parte de minha vida como deficiente visual e dez anos atrás fiquei totalmente cega. Apesar de ter uma vida feliz e produtiva com marido, filhos, amigos, família etc., realmente nunca havia olhado para mim mesma ou minha vida de um modo grato. Por isso, senti que a primeira carta que precisava escrever era para Deus. Sou uma pessoa religiosa, embora talvez não tão espiritualizada quanto gostaria de ser. Minha situação e outras dificuldades que enfrentei na vida me deixaram ambivalente em relação a Deus e com a atitude de simplesmente ter as coisas como certas. Ao examinar mais conscientemente a gratidão, percebi que era grata a Deus de muitos modos pelas dádivas de minha vida e pela cegueira. Embora fosse loucura preferir ser cega a enxergar, minha cegueira, definitivamente, resultou em dádivas pelas quais sou grata. Noto a bondade nas pessoas. Percebo meus próprios pontos fortes. Tenho filhos compassivos, responsáveis e independentes. Sei que, quando encontro as pessoas, vou direto a seus corações sem me distrair com aparência externa. Recebi a dádiva de ser capaz de ajudar os outros, o que é algo crucial para mim em termos de ser um modelo e apoio. Embora esta carta não seja a mais articulada que eu já escrevi, queria lhes agradecer por me ajudarem a ver mais claramente as dádivas de minha cegueira e como me sinto grata por ela. Para mim, a próxima etapa do processo será agradecer às pessoas que fizeram diferença em minha vida, mas eu não podia fazer isso sem antes expressar gratidão a Deus ou por minha cegueira. Obrigada.

O PARADOXO DA FELICIDADE E DO SOFRIMENTO

A literatura psicológica sobre o bem-estar subjetivo concluiu que "a maioria das pessoas é feliz".[9] Em um questionário estatístico, a maioria das pessoas em todo o mundo, vivendo em circunstâncias favoráveis ou desfavoráveis, menciona um nível positivo de bem-estar. Como elas podem estar felizes, dada a onipresença do sofrimento, da dor e da adversidade? É possível resolver esse aparente paradoxo? Talvez as pessoas sejam mestras em auto-engano, em achar que são felizes quando, na verdade, são muito infelizes. Por outro lado, talvez sejam criaturas perfeitamente adaptáveis, capazes de transformar circunstâncias adversas em oportunidades de crescimento pessoal, felicidade duradoura e qualidade de vida, mesmo diante da dor e do sofrimento. Para alguns, muitas vezes a vida se torna sublime exatamente nessas condições, que poderiam produzir muita infelicidade.

Contudo, essa conclusão poderia ir contra a maioria das suposições sobre os efeitos psicológicos e emocionais do trauma. Por exemplo, pense em alguns mitos comuns sobre as reações à perda. É amplamente aceito, por profissionais de saúde, leigos e pelas próprias pessoas que enfrentam perdas que (1) a angústia ou a depressão é inevitável após a perda, (2) emoções positivas como a esperança e a felicidade estarão ausentes, (3) a incapacidade de sentir angústia indica um distúrbio psicológico ou é, de algum modo, patológica, (4) aceitar ou "elaborar" a perda é essencial para a recuperação e (5) a ligação com o objeto perdido deve ser cortada. As pesquisas contemporâneas sobre a perda têm posto em dúvida todas essas hipóteses amplamente aceitas e a ciência do crescimento relacionado com o estresse está redefinindo o que significa "ajustar-se" à perda.[10]

Por exemplo, a perda de um cônjuge pode ser emocionalmente devastadora e deixar um claro vazio emocional. No entanto, em um estudo de pessoas que haviam enviuvado no mês anterior, apenas 35 por cento foram classificadas como definitivamente ou "provavelmente" deprimidas.[11] Em outro estudo, de pais que lidavam com a perda de filhos por síndrome de morte súbita infantil (SMSI), cerca de três meses após a perda, suas emoções positivas prevaleciam sobre seus sentimentos negativos, e esse padrão se manteve em uma entrevista de acompanhamento 18 meses depois.[12] Compreensivelmente, no início, os pesquisadores relutavam em perguntar às pessoas se elas haviam encontrado aspectos positivos em suas perdas. Um entrevistador protestou: "Se vocês estão pensando que eu vou lá perguntar àquele quadriplégico quantas vezes ele se sentiu feliz na semana passada, estão loucos." Mas aquilo não era loucura. Três semanas após uma lesão na medula espinhal, que as deixara paralisadas, pessoas relataram felicidade com mais freqüência do que ansiedade, depressão ou raiva. Em outro estudo, envolvendo pessoas viúvas, 81 por cento dos entrevistados encontraram algo positivo 18 meses após suas perdas e, surpreendentemente, 73 por cento algo positivo apenas um mês após a morte de seus cônjuges. As emoções positivas não "desaparecem" em conseqüência da perda. Certamente, ninguém subestimaria a angústia que as perdas costumam acarretar, de modo que nem mesmo a descoberta de que, muitas vezes, levam a ganhos deve ser considerada uma permissão para minimizar a agonia e o sofrimento que o trauma pode produzir. Mas esses estudos apontam para a extraordinária capacidade dos seres humanos de se ajustar e adaptar às circunstâncias traumáticas da vida.

No entanto, nem todos se recuperam das perdas ou experimentam crescimento relacionado com o estresse. Certos fatores parecem predizer quem encontrará resultados positivos ou não. O otimismo é um deles. Os otimistas se ajustam mais rapidamente às perdas. A religiosidade é outro ponto. Devido à sua crença na vida após a morte ou à sua percepção de que a perda é parte de um plano cósmico maior, as pessoas de fé apresentam níveis mais altos de crescimento pós-trauma do que as não-religiosas.[13] Mas pense na gratidão. Ela poderia ser parte do "sistema imunológico psicológico" de uma pessoa que transforma adversidade em prosperidade? Sem minimizar a severidade dos acontecimentos traumáticos, lembrar-se de "ser grato" ou manter uma atitude de gratidão pode ser um modo eficaz de lidar com as circunstâncias da vida particularmente estressantes? A atitude de gratidão permite transformar a tragédia em uma oportunidade de crescimento. Você se lembra de ter lidado bem com uma crise e percebido que cresceu em razão disso? Nesse caso, foi grato não tanto pela situação como pelas habilidades que adquiriu ao enfrentá-la. Alicia, uma participante da pesquisa cujo pai de 70 anos morreu de câncer, disse:

> Tenho tendência a ver de um modo mais amplo, como se todas as coisas em minha vida fossem dádivas, seja qual for o motivo ou o modo como acontecem. Elas não têm de ser necessariamente agradáveis, mas tudo que acontece [...] tem um significado. E assim aprendi

muito. Embora eu não queira reviver isso, sou grata porque me tornou quem eu sou. Há muitas alegrias e tristezas, mas tudo enriquece a vida.

Quanto mais estudo a gratidão, mais acredito que a gratidão sincera e verdadeira pela vida pode exigir certa privação. Nós realmente apreciamos uma amena primavera depois de um rigoroso inverno, uma boa refeição após um jejum e intimidade sexual após um período de abstinência. Algumas bênçãos só são reconhecidas depois de perdidas. Perder um papel ou objetivo apreciado pode levar a pessoa a valorizar mais o que vê em outros aspectos da vida. Quem não conhece o exemplo prototípico do executivo que trabalha demais e, após um ataque cardíaco que põe em risco sua vida, decide passar mais tempo com a família? Por meio do processo de valorização, o que antes era tido como certo agora é considerado especial. Não há nada como a possível indisponibilidade de algo (ou alguém) para nos fazer valorizá-lo mais. Os psicólogos chamam isso de "princípio da escassez" — dar mais valor às oportunidades quando estão menos disponíveis.[14]

Pouco se sabe sobre o papel da gratidão na vida das pessoas reais que enfrentam situações difíceis. Em uma tentativa de corrigir essa deficiência, Lisa Krause e eu compilamos histórias de gratidão da vida de pessoas com doenças neuromusculares (DNMs). Como mencionado no Capítulo 2, as DNMs são doenças crônicas e progressivamente incapacitantes do sistema nervoso periférico que afetam mais de quatro milhões de pessoas nos Estados Unidos. Colaborando com colegas no Department of Medicine and Physical Rehabilitation da University of California-Davis, enviamos formulários elaborados de 26 páginas para avaliação da qualidade de vida e do bem-estar subjetivo a mais de trezentas pessoas com doenças neuromusculares, inclusive síndrome pós-pólio, doença de Charcot-Marie-Tooth, distrofia muscular do cíngulo dos membros, atrofia muscular espinhal e distrofia facioescapuloumeral (DFEU). Recebemos respostas de mais de duzentas pessoas e eu citei várias neste livro.

Lembre-se da angústia de Jó com suas aflições físicas. Diante de doenças progressivas, com freqüência as pessoas consideram a vida extremamente difícil, dolorosa e frustrante. Podem ficar com raiva de Deus, frustradas com seus médicos ou amargas em relação à vida pelo que consideram uma cruel injustiça. Por isso, no início nos perguntamos se seria possível para as pessoas que entrevistamos encontrar algo pelo qual ser gratas. Mas a maioria dos respondentes teve dificuldade em mencionar um momento específico — eles simplesmente tinham muito em sua vida pelo que agradecer. Ficamos impressionados com a profundidade dos sentimentos transmitidos e com o aparente poder transformador da gratidão em muitas dessas vidas. Incluímos uma questão de resposta aberta em que pedimos aos participantes que escrevessem sobre um momento em que sentiram muita gratidão por algo ou alguém. Nós lhes pedimos para recriar essa experiência em sua mente de modo a sentir as emoções como se tivessem voltado no tempo ao próprio acontecimento. Depois pedimos para refletirem sobre o que sentiram naquela situação e como expressaram esses sentimentos. Ao lermos esses relatos, fica evidente que (a) a gratidão pode ser um sentimento extremamente intenso, (b) a gratidão pelas dádivas, facilmente esquecida por muitas pessoas, pode ser a forma mais poderosa e freqüente de reconhecimento, (c) a gratidão independe das circunstâncias objetivas da vida e pode ser escolhida apesar da própria situação. Também ficamos impressionados com a reviravolta redentora que ocorreu em quase metade dessas narrativas: de algo ruim (sofrimento, adversidade, aflição), adveio algo bom (nova vida ou novas oportunidades), pelo qual a pessoa se sentia profundamente grata. Nesta narrativa, uma mudança no humor é a causa da gratidão:

> Até pouco tempo, era difícil para mim até mesmo pensar em um momento de gratidão. Recentemente, minha depressão havia se tornado profunda, pedi a alguns amigos que me visualizassem feliz, cheio de alegria. Desse pedido, resultaram muitas demonstrações de amor e palavras de apoio e incentivo. Eu havia chegado a um ponto em que me sentia inútil e sem valor. Divórcio, perda de emprego e renda, mudança, perda de amigos e de mobilidade me haviam deixado em desespero. Dez meses depois, achei que tinha superado isso, mas os sentimentos se intensificaram com o correr do tempo. As palavras de meus amigos e familiares me surpreenderam. Eu não tinha a menor idéia de que todos eles me viam com a força e a capacidade de superar, o que era evidente em suas palavras. Sinto paz e esperança. Um pequeno avanço na direção da luz da alegria. Sou muito grato a essas pessoas por serem espelhos para mim; espelhos que refletiram não minha escuridão, que era tudo que eu podia ver, mas minha luz, que eu havia perdido de vista.

GRATOS CUIDADOS

A mulher de Robertson McQuilkin, Muriel, que morreu em 2003 de doença de Alzheimer, começou a apresentar sintomas no final da década de 1970. Embora tipicamente essa doença tire a vida de suas vítimas menos de sete anos após o diagnóstico,

Muriel e Robertson lutaram contra ela durante quase um quarto de século. Com a idade de 62 anos, Robertson renunciou a seu cargo de reitor de uma faculdade para cuidar de sua mulher em tempo integral. Três anos depois, ela deixou de reconhecê-lo. Ele escreveu: "Eu a amava, mas ela não conseguia retribuir meu amor, e isso é doloroso." A história de McQuilkin é, ao mesmo tempo, muito triste e admirável. Eis um homem que sacrificou quase um terço de sua vida por uma mulher que não sabia quem ele era e não voltaria a saber. Quando lhe perguntaram em uma entrevista por que continuava a cuidar dela, ele respondeu: "Neste momento, acho que minha vida deve ser melhor do que a vida de 95 por cento das pessoas no planeta Terra. Muriel é uma alegria para mim e a vida é boa para nós dois, de modos diferentes. Mas estou pensando em algo mais básico do que apenas 'contar minhas bênçãos'. Eu adoro cuidar dela. Eu a amo."

Assumir a responsabilidade de cuidar a longo prazo de um cônjuge incapacitado, pais idosos ou uma criança com doença crônica é uma forma única de estresse que pode até mesmo apressar o processo de envelhecimento. Um estudo notável sobre esse assunto foi realizado por pesquisadores da University of California, de São Francisco. Eles compararam 58 mulheres, entre 20 e 50 anos, todas mães biológicas de uma criança com doença crônica (cuidadoras) ou uma criança saudável (o grupo de controle).[15] As mães que cuidavam de crianças doentes tinham telômeros mais curtos nas células de seus sistemas imunológicos. Os telômeros são complexos de DNA — proteínas que formam as extremidades dos cromossomos e promovem estabilidade genética. Como as extremidades de um cordão de sapatos, os telômeros impedem que os filamentos de DNA se desfaçam. Sempre que uma célula se divide, parte do telomérico se desfaz e, após muitas divisões celulares, o DNA telomérico diminui tanto que a célula envelhecida pára de se dividir. Assim, os telômeros desempenham um papel crucial na determinação do número de vezes que uma célula se divide, sua saúde e longevidade. Esses fatores, por sua vez, influem na saúde dos tecidos que as células formam e, por extensão, no envelhecimento do organismo hospedeiro. Os especialistas dizem que o estresse é o principal causador de envelhecimento, e essa pesquisa revolucionária sobre os cromossomos explica por quê. O estresse acelera o envelhecimento das células humanas, explicando por que as pessoas cronicamente estressadas parecem abatidas e esgotadas.

Não admira que os cuidadores de indivíduos com doenças como Alzheimer experimentem tanto estresse. Eles podem ficar sobrecarregados de responsabilidades e acabar se sentindo incapazes de atender às necessidades de seus parentes. "Luto em vida" é uma expressão comum usada para descrever como é ver um ente querido sofrer dessa doença. Sete anos antes da morte de Ronald Reagan, Nancy Reagan disse que a decadência do marido com Alzheimer foi "pior do que a tentativa de assassinato". Nancy Reynolds, uma amiga da família, comentou que, nos estágios finais, a Sra. Reagan assumiu "a responsabilidade pelo que restou" do ex-presidente. Sua posição privilegiada tornou seu papel de cuidadora bem diferente da experiência de muitas pessoas. Contudo, pelo menos emocionalmente, isso não significa que tenha sido mais fácil. Mesmo quando o cuidador decide entregar seu parente aos cuidados de um centro hospitalar, o estresse físico e psicológico de ver sua saúde se agravando pode causar estragos.

Seria difícil prever como uma prática simples como a de escrever diários de gratidão poderia fornecer um alívio do estresse constante de cuidar de um ente querido com Alzheimer. Afinal de contas, a mudança de perspectiva que a gratidão promove não altera a dura realidade dessa terrível doença. Contudo, Jo-Ann Tsang, da Baylor University, coordenou um estudo de intervenção de gratidão para ver se os diários poderiam ter um impacto positivo no bem-estar físico e psicológico dos parentes de pessoas com Alzheimer.[16] Ela recrutou os participantes em um grupo local de cuidadores de pacientes dessa doença. Metade dos cuidadores escreveu diários de gratidão enquanto a outra metade relacionou suas dificuldades diárias. Ambos os grupos escreveram nos diários durante duas semanas. Uma mulher escreveu: "Fiquei muito grata por Bill ter chamado meu nome. Ele não queria que eu fosse embora e me pediu para voltar." Em outro dia, ela escreveu: "Hoje fiquei muito grata porque Bill se lembrou de que era julho, não janeiro."

As celebrações de pequenas vitórias desse tipo foram freqüentes nos diários. Os participantes que os escreveram experimentaram um aumento no bem-estar geral e uma redução nos níveis do estresse e da depressão do início ao fim do estudo. A gratidão diária foi relacionada a níveis mais elevados de otimismo e auto-estima nos cuidadores e com menos queixas sobre a saúde física. As redes de apoio a cuidadores defendem os diários de gratidão como um modo de auto-expressão, e eu acho que manter um diário de experiências positivas e edificantes pode ser algo muito terapêutico.

Paradoxalmente, lembrar de contar as próprias bênçãos e atentar para os muitos modos em que ainda vale a pena viver pode fazer as pessoas se sentirem de bem com a vida, mesmo cuidando daqueles que estão muito esquecidos. Robertson McQuilkin se agarrava gratamente a lembranças doces e amargas. "Muriel guardou no armário de minha mente as melhores delas", escreveu.[17] Nancy Reagan teve o ânimo levantado pela gratidão. Em um discurso para a Alzheimer's Association, feito um ano antes da morte de seu marido, ela reconheceu o poder de uma perspectiva grata:

> Apenas quatro meses atrás celebramos nosso 52º aniversário de casamento. E, como vocês sabem melhor do que ninguém, eu o celebrei sozinha. Aqueles que têm Alzheimer estão em um caminho pedregoso que só vai para baixo. A longa jornada de Ronnie o levou para um lugar distante, onde não posso mais alcançá-lo. Não podemos partilhar as lembranças maravilhosas de nossos anos juntos. Muitas pessoas maravilhosas nestes últimos dez anos dirigiram a mim e a Ronnie suas orações e seus melhores votos. Àqueles que foram tão compassivos, serei eternamente grata por sua consideração. E quero que vocês encontrem algum conforto em saber que Ronnie é a mesma pessoa gentil, humilde e bondosa que sempre foi. Deus nos concedeu essa bênção, pela qual sou muito grata.[18]

Gratidão entre as cinzas

Em 11 de setembro de 2001, a vida dos americanos mudou para sempre quando seqüestradores terroristas jogaram aviões comerciais contra as torres do World Trade Center, em Nova York, e o Pentágono, fora de Washington, D.C. Os atentados terroristas de 11 de setembro produziram mais mortes de civis em um único dia do que qualquer outro acontecimento na história dos Estados Unidos. Os acontecimentos terríveis daquele dia forneceram uma oportunidade sem precedentes para os pesquisadores de saúde mental estudarem a reação humana a um trauma nacional em ampla escala. Dentro de quatro anos, quase cem estudos que examinaram as conseqüências emocionais e físicas dos ataques foram publicados em vários jornais de psicologia e medicina. Como era de se esperar, os primeiros pareceram concentrados nos efeitos negativos: estresse pós-trauma, ansiedade, depressão, distúrbios do sono. Mas logo depois começaram a surgir outros estudos, de emoções mais positivas. Experiências entremeadas de emoções positivas eram justificáveis após os atentados de 11 de setembro. Se você quer saber como, pense nisto: as pessoas poderiam se sentir gratas por estarem vivas ou saber que seus entes queridos estavam seguros. Por exemplo, um sobrevivente do World Trade Center disse: "Cada dia em que eu permaneço como hóspede nesta Terra verde subitamente parece ser de uma enorme sorte."[19] Estudos relacionados tentaram determinar se qualidades psicológicas e emoções positivas poderiam contribuir para a adaptação no período posterior aos atentados.

Em um deles, a então psicóloga positiva da University of Michigan, Barbara Fredrickson, examinou a freqüência de emoções positivas e negativas antes e depois de 11/9.[20] Felizmente, ela ainda tinha acesso a um grupo de estudantes a quem fornecera um extenso questionário sobre as emoções, quatro meses antes de 11/9. Foi pedido aos participantes que "pensassem nos atentados de 11 de setembro e nos dias que se passaram desde então" e relatassem a freqüência com que haviam sentido cada uma de vinte emoções diferentes, relacionadas ou aparentemente não-relacionadas com os atentados. Essas emoções incluíam as positivas (alegria, esperança, amor) e as negativas (ansiedade, raiva, tristeza). Das 20 emoções, a gratidão era a segunda mais comumente experimentada. Apenas a compaixão era mais freqüente. As pessoas capazes de sentir pelo menos níveis moderados dessas emoções apresentavam mais resiliência e tendiam menos a sofrer de depressão após 11/9 (72 por cento dos participantes apresentavam sintomas de depressão clinicamente significativos). As pessoas com mais resiliência eram as que provavelmente tinham apresentado menos problemas e estresse relacionados com os atentados terroristas. A gratidão e outras emoções positivas pareciam desempenhar um efeito protetor.

Poderíamos nos perguntar se toda essa positividade era meramente uma forma de negação. Afinal de contas, um modo de lidar com o trauma é suprimir da consciência as imagens e os pensamentos negativos. Contudo, não havia nenhuma evidência desse efeito supressivo nos dados. A correlação entre sentimentos positivos e negativos estava longe de ser inversa, como seria se defesas intensas estivessem operando. A maioria das pessoas afetadas pelos atentados sentia uma combinação de emoções agradáveis e desagradáveis após 11/9.

Por mais estranho que possa parecer, a gratidão também foi a reação de alguns dentro do World Trade Center, mesmo quando as torres estavam sendo evacuadas. Todos nós ouvimos muitas histórias daquele dia horrível. Uma particularmente comovente que chamou minha atenção foi contada por um consultor de tecnologia de uma companhia de investimentos cujos escritórios ficavam na Torre Sul:

> Quando o segundo avião atingiu a Torre Sul do World Trade Center, eu tinha acabado de sair de um elevador no 44º andar. Poeira e pedregulhos irromperam pelo poço do elevador e pelas escadas. Houve muito pânico. Eu me apeguei à necessidade de ver e sentir o amor de Deus. A descida pelas escadas foi organizada e eficiente. Muitas pessoas expressavam amor umas pelas outras — elas se ajudavam, acalmavam, abraçavam e confortavam.

> Parece estranho, mas uma de minhas impressões permanentes era o quanto havia a agradecer e a quantas pessoas ser grato [...] a situação piorou durante algum tempo, quando as torres caíram e eu estava a um quarteirão de distância [...] eu consegui me manter, de certa forma, concentrado na necessidade de amar e ser grato.[21]

Essa foi uma reação notável em uma circunstância fora do comum. Eu não sei quanto a você, mas, se eu estivesse nessa situação, a gratidão teria sido um de meus sentimentos mais improváveis.

Logo depois dos atentados terroristas, as reportagens da mídia afirmaram que os americanos, como um todo, haviam mudado de muitos modos para melhor. Apesar da raiva e da revolta por terem sido atacados no próprio solo, ao que consta, eles se tornaram mais gentis, amorosos, apreciadores da vida e prestativos após esse evento. Mas essas mudanças realmente ocorreram e, nesse caso, duraram? Christopher Peterson, psicólogo clínico da University of Michigan e um dos líderes do movimento da psicologia positiva, respondeu a estas perguntas usando dados de uma pesquisa on-line sobre pontos fortes do caráter. Ele procurou mudanças imediatas comparando escores anteriores ao 11 de setembro com os obtidos um, dois e dez meses após o atentado. Sete dos pontos fortes aumentaram: gratidão, esperança, benevolência, liderança, amor, espiritualidade e trabalho em equipe. Esses pontos fortes permaneceram altos dez meses depois, embora, em média, tivessem baixado de um ponto alto nove meses antes.[22] No aniversário de um ano dos atentados de 11 de setembro, o presidente George W. Bush comentou que, nos eventos que puseram à prova todos os norte-americanos, também se viu a marca deixada. Ele prosseguiu, dizendo que cada um dos americanos foi "lembrado de que estamos aqui apenas por algum tempo, e que esses dias contados deveriam ser cheios de coisas que duram e são importantes: amor por nossas famílias, nossos vizinhos e nosso país; gratidão pela vida e pelo Doador da vida."[23] A gratidão é sancionada aqui pelo presidente dos Estados Unidos como o melhor modo de lidar com tempos de incerteza.

Fatores de resiliência

Uma perspectiva grata da vida parece oferecer proteção nos tempos de crise. Mas a gratidão também pode proporcionar maior e mais ampla resiliência por toda a vida. Atualmente, a resiliência é um termo muito popular na psicologia, refere-se à capacidade rápida de recuperação e adaptação à adversidade. Uma vasta literatura de pesquisa tem mostrado, por exemplo, que otimismo, vigor, senso de humor, apoio social, noção de sentido e objetivo e espiritualidade são fortes fatores de resiliência. Pesquisas recentes sugerem que a gratidão deve ser acrescentada a essa lista.

Kenneth Kendler e seus colegas na Virginia Commonwealth University School of Medicine estudaram os fatores de risco genético de depressão e outras doenças psiquiátricas durante os últimos vinte anos. Eles reuniram registros de gêmeos com o objetivo de entender os fatores de risco ambientais e genéticos de características psicológicas normais e anormais (a estratégia de examinar pares de gêmeos permite detectar fatores de risco únicos porque os gêmeos compartilham tanto seus genes quanto seu meio familiar). Em um estudo publicado em 2003, eles examinaram os riscos durante toda a vida de desordens psiquiátricas em quase três mil pares de gêmeos.[24] Altos níveis de gratidão foram associados a um risco reduzido do que os pesquisadores chamaram de desordens de interiorização (depressão, fobias, bulimia) e exteriorização (personalidade antissocial, dependência de álcool e drogas). Por ser epidemiológico, esse estudo não esclareceu por que a gratidão poderia ter um efeito protetor; apesar disso, foi um estudo importante, pois mostra que a maioria dos fatores de resiliência tende a ser de natureza ambiental (estresse, história familiar, perda pessoal) ou biológica (dieta, exercícios), e não algo tão aparentemente imperceptível e despretensioso quanto a gratidão.

A gratidão pode ser uma ótima tática para as pessoas com desordens psiquiátricas enfrentarem os desafios da vida. Também pode ser eficaz, de forma diferenciada, em grupos diferentes em gênero, etnia e/ou raça. Um estudo epidemiológico realizado no estado de Nova York descobriu que "contar as próprias bênçãos" era uma estratégia comum para lidar com a síndrome do pânico e a agorafobia.[25] Essa era a segunda estratégia mais usada pelos pacientes afro-americanos, que recorriam a ela com mais freqüência do que seus congêneres euro-americanos. Outros estudos descobriram que os afro-americanos apresentavam mais resiliência em relação ao estresse crônico porque eram mais capazes de ter uma perspectiva que mantinha o estresse a distância e, portanto, com menos chances de permear sua consciência de si mesmos. Também é provável que atitudes com base religiosa de esperança, fé, perdão e gratidão contribuam para essa resiliência, uma vez que a grande fé religiosa está bem documentada na comunidade afro-americana. Uma forma colaborativa de lidar com o estresse, em que o indivíduo "se une" a Deus, é mais eficaz do que a total autoconfiança, especialmente quando o estresse é incontrolável.[26] Outro estudo, de mulheres idosas de baixa renda, descobriu que elas tendiam mais a se descrever como "afortunadas" ou "abençoadas" do que como "pobres" ou "velhas", apesar de dois terços estarem abaixo da linha de pobreza, com idades entre 52 e 99 anos.[27] Contar as bênçãos foi a abordagem mais mencionada para lidar com a pobreza por quase metade de todas as entrevistadas.

Lembrar-se de manter uma atitude de gratidão pode ser um modo comum de lidar com desastres naturais. Em um estudo realizado, foram feitas entrevistas com 13 pacientes que viviam no sul da Flórida em 1992, quando houve o furacão Andrew, o que causou mais mortes e prejuízos na história da Flórida. Um dos temas-chave das experiências pelas quais passaram os pais foi um sentimento profundo de gratidão pelo que não perderam com o furacão. Embora cinco das casas tivessem sido tão destruídas que obrigaram as famílias a se mudar, nenhuma delas perdeu um ente querido. Por terem sido poupadas da perda do que era mais importante para elas, essas famílias se sentiram profundamente gratas em meio ao terrível desastre. Um pai disse: "Senti uma imensa alegria por estarmos vivos [...] isso é o que importa [...] é ao que realmente nos apegamos."[28]

Mais recentemente gravados em nossas memórias estão os furacões Katrina e Rita, de 2005. Mais uma vez, junto com as histórias de devastação dessas tempestades, há lembranças de recuperação permeadas de gratidão:

> A semana passada foi difícil. Vi coisas e encontrei pessoas que estavam vivendo um pesadelo. Contudo, o que mais me surpreendeu enquanto eu dirigia para casa foi a profunda gratidão que as pessoas a meu redor expressavam quando lhes era oferecido algo comum — uma refeição quente, uma bebida energética de chocolate, uma caro-

na, um lugar para dormir, um banho de chuveiro, algumas palavras de incentivo. A privação criava uma nova perspectiva para todos nós. Deixamos de ter nossa vida normal (e uns aos outros) como certa. Eu acho que essa é a dádiva que recebi, minha recompensa por trabalhar duro. O Katrina pode ter destruído minha casa, mas não destruiu meu espírito.[29]

Felizmente, não é preciso um desastre natural para haver gratidão. Contar as bênçãos pode ser um modo eficaz de lidar com outras mudanças na vida que impõem os próprios desafios. Qualquer um que seja pai pela primeira vez conhece os desafios que essa transição apresenta. Em um estudo de novos pais, os pesquisadores descobriram que "lembrar-se das coisas pelas quais devemos ser gratos" e "dizer para mim mesmo que eu tenho coisas a agradecer" foram considerados alguns dos comportamentos mais úteis para lidar com esses desafios.[30] As mães tenderam a achar a gratidão mais útil do que os novos pais (evidentemente, os que se levantavam no meio da noite).

Se as crianças têm incapacidades, a gratidão pode compensar um pouco do estresse associado a cuidar delas. Laura King, uma ex-aluna minha de doutorado e agora professora da University of Missouri, pediu a pais de crianças com síndrome de Down (SD) que escrevessem histórias sobre o momento em que souberam que seus filhos tinham a síndrome. É difícil imaginar uma notícia mais devastadora do que a de que o filho tem uma incapacidade profunda. Contudo, pesquisas anteriores mostraram que os pais de crianças com SD, na verdade, não diferem muito dos pais de crianças normais em relação ao funcionamento conjugal e familiar. Laura codificou as histórias que obteve para a presença de presságios (pressentir antes do nascimento que a criança poderia ter SD), um início ou final feliz, assim como certa conclusão ou resolução, indicando que os pais se conformaram ao saber que seus filhos tinham SD. Previsivelmente, a maioria das histórias não teve um início feliz. Mas os finais felizes e a conclusão das histórias estavam relacionados com níveis mais altos de bem-estar dois anos depois. Um pai escreveu: "Eu sabia que tudo ficaria bem. Jamie era, acima de tudo, nosso filho, e a SD era uma característica dele. Ele é uma bênção tão grande para nossa família quanto qualquer criança poderia ser."[31] O site National Down Syndrome chega a dar a dica aos pais de "adotar uma atitude de gratidão" como um modo de lidar com algumas das emoções negativas que surgem quando sabem que os filhos têm uma grave incapacidade.[32] As tentativas dos pais de permanecerem confiantes são claramente benéficas para as crianças. Os diários de gratidão podem ser úteis como foram para os cuidadores de pessoas com Alzheimer já discutidos.

O próprio estado emocional das crianças com SD pode ser uma fonte de inspiração.[33] Richard Robison é pai de duas filhas adolescentes com SD. Ele fala de quando, à mesa do Dia de Ação de Graças da família, sua filha Amy veio preparada com uma lista escrita à mão das coisas pelas quais era grata:

1. Eu sou grata pela minha família.
2. Sou grata por meus amigos.
3. Sou grata por meus fãs.
4. Sou grata por minha irmã.
5. Sou grata por minha mãe, que me deu flores (depois de minha peça teatral na escola).
6. Eu amo minha mãe. Amo meu pai. Amo minha irmã e meu irmão.

Há o estereótipo de que as pessoas com SD são constantemente felizes. Contudo, como as crianças sem SD, cada criança experimenta um amplo conjunto de emoções, se esforça para lidar com os desafios do dia-a-dia e enfrenta um risco maior do que o normal de ser discriminada ou incompreendida devido a essa incapacidade. Existem muitas evidências de que as pessoas com SD também correm um risco maior de receber o diagnóstico de depressão. Por isso, é muito inspirador quando expressões simples e entusiásticas de gratidão, como as de Amy, alegram a vida dos pais e das pessoas a seu redor.

O EU REDENTOR

Dan McAdams, psicólogo da Northwestern University, é especializado no estudo de vidas. No campus, ele dirige o Foley Center, dedicado a promover a rica tradição intelectual associada a Henry A. Murray, Robert White, Erik Erikson, David McClelland, Silvan Tomkins e outros estudiosos que estabeleceram a "personologia" como o estudo científico da pessoa inteira no contexto biográfico e cultural. Esses psicólogos defenderam a importância da narrativa (o modo como as pessoas encontram sentido no mundo ao contarem histórias) como um instrumento de criação de sentido. As narrativas nos permitem entender, de modo único, o passado, o presente e o que é humanamente possível. As pesquisas sobre narrativas de vida presumem que o que as pessoas dizem sobre sua vida são reconstruções imaginativas do passado e antecipações do futuro, sugestivas do mito pessoal autodefinidor de que a pessoa está trabalhando em sua própria vida. Poucas questões têm uma história intelectual mais longa, profunda e vívida do que como nós "construímos" nossa vida — e, efetivamente, criamos a nós mesmos nesse processo. Esses mitos pessoais atuam psicologicamente dando à vida moderna uma aparência de ordem e objetivo. As pessoas também usam histórias para encontrar sentido na vida e se adaptar a acontecimentos inesperados.

Nessas histórias, McAdams identificou as "seqüências de redenção" como um de dois estilos distintos de narrativa que as pessoas usam.[34] Em uma seqüência redentora, há uma transformação de uma circunstância desagradável em um resultado positivo. Algo ruim acontece (digamos, o protagonista falha de algum modo, perde um ente querido, sofre de alguma maneira, reconhece um defeito ou uma transgressão pessoal), mas algo bom advém disso para redimir a seqüência. Por exemplo, ao alcoolismo e ao divórcio podem seguir-se sobriedade e um novo casamento; a uma falha no emprego, uma promoção; ou a um grande fracasso, um sucesso que aumenta a confiança. Notavelmente, estavam presentes nas seqüências redentoras geradas nos entrevistados por McAdams sentimentos de gratidão e apreço. Uma seqüência foi a de uma gravidez indesejada e um parto doloroso que resultaram em felicidade e gratidão pela criança. Outra foi uma grave lesão devido a um acidente de moto que resultou em maior apreço pela vida e uma renovação do compromisso com os objetivos da vida. Esses exemplos reais não são só interessantes, como também provam um ponto importante. Gratas, as pessoas redimidas não são ingenuamente otimistas nem se iludem achando que o sofrimento e a dor não são reais. Para haver redenção, primeiro deve haver dor. A reviravolta redentora não apaga a dor original. Em vez disso, essas pessoas assumem conscientemente o controle, decidindo extrair benefícios da adversidade, e um dos principais benefícios é a percepção da vida como uma dádiva.

Embora tipicamente as pessoas não expressem gratidão por infortúnios, é muito comum adultos altamente produtivos observarem o quanto são gratos a mudanças redentoras em suas histórias. Um homem perde o emprego, mas, como resultado disso, redefine as prioridades em sua vida pondo sua família em primeiro lugar, e é grato por essa oportunidade. Uma mulher se divorcia do marido abusivo, mas suas amizades são fortalecidas, sua auto-estima aumenta e ela é grata a todos a seu redor que a ajudaram. Nas seqüências redentoras, somos lembrados do famoso verso: "Eu estava perdido, mas agora me achei; fui cego, mas agora vejo."[35] A redenção pode atrair uma graça surpreendente — gratidão abundante. Talvez a gratidão promova a construção de seqüências de vida redentoras porque as pessoas que consideram a vida uma dádiva tendem mais a encontrar o bem nas circunstâncias ruins, a progredir e seguir em frente depois de uma catástrofe. Na verdade, podem tender mais a considerar esse evento uma dádiva.

MAIS DO QUE UM SENTIMENTO

Corrie ten Boom, o apóstolo Paulo, Dietrich Bonhoeffer e Horatio Spafford foram capazes de ter uma atitude de gratidão pela vida apesar do que acontecia com eles e a seu redor. A gratidão pode brotar, e freqüentemente isso ocorre, no solo da adversidade. Mas como esses "pilares" da gratidão fizeram isso acontecer? A gratidão é uma daquelas dádivas "injustas" concedidas a quem tem um temperamento alegre, não sente instintivamente a ansiedade, a dor e o isolamento de viver neste mundo? Provém de uma predisposição química ao otimismo, ou há escolhas que podemos fazer? Em seu livro *In Search of*

Stones, o psiquiatra M. Scott Peck sugere que talvez algumas pessoas carreguem um gene de gratidão.[36] Mas nós podemos escolher a gratidão? Poder escolher ver tudo que acontece na vida como uma dádiva que visa o nosso benefício? A capacidade de ver os elementos em nossa própria vida e na vida em si como dádivas parece essencial para transformarmos a tragédia em oportunidade.

De um modo inverso, a idéia de ser uma vítima passiva de circunstâncias desastrosas reduz a capacidade de se sentir dotado (compare com a pesquisa afro-americana). Ver-se como uma vítima impede as percepções de que a vida é uma dádiva. As pessoas gratas podem ter mais flexibilidade psicológica do que as ingratas, o que lhes permite serem menos defensivas e mais abertas à vida. Por isso, tendem mais a concordar com o que escreveu o fundador do metodismo, João Calvino, no século XVII: "Nós somos quase esmagados pelo farto derramamento de benefícios, por tantos grandes milagres vistos em qualquer direção em que se olhe que nunca nos faltam motivos para louvar e dar graças."[37]

Ao pensarmos nas relações entre sofrimento, gratidão e crescimento, temos de lembrar a diferença entre sentir-se grato e ser grato. Como um sentimento, a gratidão é uma reação natural a uma situação específica em que ocorrem coisas boas. Ninguém se sente grato quando perdeu o emprego, recebeu um diagnóstico devastador ou viu seu casamento desmoronar. Como poderia se sentir? Seria absurdo, e um insulto à pessoa, sugerir que ela se sentisse grata apesar do que lhe aconteceu. Você acha que Jó, o apóstolo Paulo ou Dietrich Bonhoeffer se sentiram gratos? Mas a gratidão não é apenas um sentimento. Também é uma atitude, uma posição escolhida em relação à vida, que afirma: "Serei grato em todas as circunstâncias."

O irmão David Steindl-Rast, o mestre da gratidão mais famoso do mundo, escreveu que "os tempos que nos desafiam física, emocional e espiritualmente podem tornar quase impossível sentirmos gratidão. Contudo, podemos decidir viver grata e corajosamente abertos à vida em toda a sua plenitude. Ao vivermos a gratidão que não sentimos, começamos a sentir a gratidão que vivemos".[38] Conceber a gratidão como uma postura em relação à vida nos permite ver como ela pode ser testada e fortalecida por meio da adversidade. Os sentimentos de gratidão se seguem às coisas boas que acontecem; as atitudes de gratidão precedem a bondade e as provações. Se alguém não for grato antes do surgimento dos desafios, será mais difícil (mas não impossível) sê-lo depois.

O filósofo Søren Kierkegaard tinha esta oração:

> Recebemos tudo de Vossa mão, seja honra, glória, ridicularização ou insultos. Permiti que recebamos uma ou outra dessas coisas com igual alegria e gratidão; há pouca diferença entre elas e para nós não haveria nenhuma se só pensássemos no que é mais decisivo: que vem de Vós.[39]

Para Kierkegaard, tudo que vem da mão de Deus deve ser bom, pareça ou não para a mente natural, porque Deus é benevolente. Na gratidão, temos um modo de transcender as vicissitudes imediatas das circunstâncias. A gratidão não é apenas uma emoção que sentimos quando recebemos alegremente um benefício, mas também uma postura diante da vida. Foi essa postura que Jó adotou. Nesse sentido, independe das circunstâncias da vida. A postura de gratidão em relação à vida é relativamente imune à boa e à má sorte. Além disso, as provações e o sofrimento podem realmente intensificar a gratidão. Historicamente, a gratidão é vista como uma virtude que pode contribuir para uma vida boa. As virtudes são hábitos aprendidos com a prática, e os bons hábitos freqüentemente exigem um longo treinamento. Os escritores clássicos focados na vida boa enfatizaram o cultivo e a expressão da gratidão para a saúde e a vitalidade dos cidadãos e da sociedade. Em todas as culturas e tempos, as experiências e expressões de gratidão foram tratadas como aspectos básicos e desejáveis da personalidade humana e da vida social.

Transformar a adversidade em prosperidade exige que, não importa o que aconteça, a própria vida seja vista como uma dádiva. Mas vê-la assim requer que a gratidão seja um aspecto profundo e permanente do caráter humano. A virtude da gratidão é a boa vontade ou predisposição para reagir às ações alheias, vendo nelas bondade e benevolência e, conseqüentemente, desejando retribuir os benefícios. Como uma virtude, a gratidão é a base do sucesso na vida. Em seu estudo longitudinal do desenvolvimento de adultos do sexo masculino, o psiquiatra George Vaillant, de Harvard, especula que uma chave para a adaptação madura à vida é a capacidade de substituir a amargura e o ressentimento em relação a quem nos prejudicou por gratidão e aceitação. Segundo Vaillant, "as defesas maduras surgem do aumento da capacidade do cérebro de dominar, assimilar e sentir gratidão pela vida e experiência".[40] A gratidão é parte integrante desse processo criativo pelo qual as emoções autodestrutivas se transformam em emoções que permitem cura e recuperação. A pessoa predisposta à gratidão tende a ver o que é bom nas situações e a notar menos o que é mau. Aqueles que têm a virtude da gratidão são mais gratos por como as circunstâncias dolorosas permitem o crescimento. Quando as tragédias se transformam em oportunidades, as pessoas gratas começam a se curar de feridas passadas e a ansiar pelo futuro com um novo compromisso com a vida.

O REINO DA NOITE

"Ninguém é tão capaz de sentir gratidão quanto quem emerge do reino da noite",[41] escreveu Elie Wiesel, sobrevivente do Holocausto, escritor e ganhador do prêmio Nobel da Paz. Wiesel sabia, por experiência própria, da necessidade de uma pessoa desvincular sua própria atitude das circunstâncias em que se encontra. Preso pelos nazistas em sua vila romena, com 15 anos ele foi transportado em um vagão de gado para Auschwitz, na primavera de 1944. Elie sofreu humilhação, falta de fé, perda da família e, finalmente, a perda de qualquer aparência de humanidade. Ele sentiu a grande vergonha de não se importar com nada além da própria sobrevivência, o que ocorre quando há fome, indignidade e frio intenso. De algum modo, Wiesel conseguiu sobreviver aos campos de concentração e ser libertado, em abril de 1945.

Alguns anos atrás, Oprah Winfrey entrevistou Wiesel em seu programa. Ela lhe perguntou se, depois de toda a tragédia que testemunhara, ainda tinha um lugar dentro de si para a gratidão. Sua resposta foi:

> Sem dúvida. Logo após a guerra, eu dizia para as pessoas: "Obrigado apenas por estar vivo, por ser humano." E até hoje a palavra que sai com mais freqüência de minha boca é "Obrigado". Quando uma pessoa não tem gratidão, falta algo em sua humanidade. Uma pessoa pode

quase ser definida por sua atitude em relação à gratidão [...] Para mim, cada hora é uma dádiva. E eu sinto gratidão em meu coração sempre que encontro alguém e vejo seu sorriso.[42]

Quando penso na vida e na obra de Wiesel, fico impressionado com sua metáfora do "reino da noite". Felizmente, é provável que pouquíssimos de nós algum dia passem por algo tão terrível quanto o Holocausto. Contudo, todos os que se viram diante de algum tipo de sofrimento lidaram com o próprio reino da noite. A "noite" são aquelas circunstâncias da vida que parecem nos aprisionar ou limitar nossas opções. Para uma pessoa, pode ser um vício ou um relacionamento abusivo. Para outra, uma dificuldade econômica. Para outra ainda, um emprego limitador ou até mesmo depressão. Wiesel continua a usar suas experiências na prisão quando explica que os outros não podem ver o que é real para aqueles que estão aprisionados: a mente das pessoas constrói os muros da prisão. Seus pensamentos os revestem de arame farpado. Os julgamentos internos se tornam os guardas da patrulha. A fuga exige a construção de túneis ou uma escalada por trás dessas barreiras para passar pelos guardas.

Como escapar? Para Wiesel, a chave que abre a porta da prisão é a chave da gratidão. Ser grato pelo que é positivo em cada situação cava o túnel e põe fim ao domínio do desespero. Wiesel escreve: "Esse simples processo tem o poder de mudar sua vida. Se a poeira abaixar e você ainda estiver de pé, há um motivo para isso [...] comece a caminhar agora! Você pode deixar o reino da noite. Pode começar imediatamente a caminhar na direção das portas. Sua liberdade começa com a gratidão pelas coisas pequenas — ganhando coragem e força para alcançar as coisas grandes."[43]

Nossas identidades estão intimamente ligadas a lembranças importantes da vida. Pode-se até mesmo dizer que nós *somos porque* nos lembramos. A gratidão é o modo de o coração se lembrar — de gentilezas, boas interações, atos de compaixão de estranhos, presentes-surpresa e bênçãos diárias. Ao nos lembrarmos, honramos e admitimos os muitos modos pelos quais quem e o que somos foi moldado pelos outros, tanto vivos quanto mortos. Wiesel nos lembra de que, paradoxalmente, na gratidão devemos recordar os maus e os bons tempos. Nossa gratidão de agora testemunha o sofrimento que ocorreu. Quando o sofrimento ocorre nas mãos dos outros, essa gratidão assume um caráter desafiador, uma firme determinação de permanecer grato apesar de tudo pelo que se passou. Essa "gratidão desafiadora" é uma dádiva que Wiesel e outros sobreviventes de atrocidades ofereceram a cada um de nós. Ao enganar a morte, ele nos ensinou a viver. Em condições desumanizadoras, ensinou-nos a ser humanos.

7
A PRÁTICA DA GRATIDÃO

Há um paradoxo na gratidão: apesar das claras evidências de que cultivar a gratidão na vida e na atitude em relação à vida nos torna pessoas bem mais felizes e saudáveis, ainda é difícil praticar a gratidão em uma base diária.

Em alguns dias, isso ocorre naturalmente; em outros, é como se tomássemos nosso remédio, fizéssemos algo que é bom para nós, mas de que realmente não gostamos. Nos dias difíceis, pode ser como caminhar em uma esteira mecânica quando tudo que você quer é afundar no sofá e ligar a televisão. Eu sei. Adoro meu trabalho — coordenar pesquisas sobre a gratidão, pensar e escrever sobre ela, ler os *insights* dos outros sobre o tema e falar sobre ele em público. Mas acho difícil a prática constante da gratidão. Nem sempre é fácil ou natural para mim e tenho de fazer um esforço para ir contra fortes tendências a ter a vida como certa.

Essa pode ser a única coisa que tenho em comum com Einstein. Ele precisava se lembrar centenas de vezes por dia, pelos seus cálculos, do quanto dependia das outras pessoas. Eu também preciso me lembrar centenas de vezes por dia de ser grato e do quanto dependo dos outros. Justifico-me dizendo para mim mesmo que, como sempre penso na gratidão, não preciso efetivamente praticá-la. Mas, na maioria das vezes, meus pensamentos não são sobre as coisas na vida pelas quais sou grato; são apenas sobre o próximo estudo ou artigo, ou a próxima palestra que darei. Desconfio de que esse não é apenas um problema meu e de Einstein. A gratidão pode ser difícil e penosa. Exige disciplina. É por isso que precisamos de um capítulo sobre como cultivá-la.

A evidência de que cultivar a gratidão é algo bom para você é muito clara. A gratidão é a qualidade à qual deveríamos aspirar como parte integrante do crescimento pessoal. Esse conhecimento deriva não só dos filósofos e teólogos antigos, como também da pesquisa social contemporânea. Análises dos livros sagrados hebraicos, do Novo Testamento e do Alcorão revelaram que a gratidão é uma das principais virtudes exaltadas. As pesquisas da ciência social contemporânea agora ratificaram esse conhecimento antigo, concluindo que a gratidão traz inúmeros benefícios. Especificamente, demonstramos que a gratidão está positivamente relacionada aos resultados cruciais, como satisfação com a vida, vitalidade, felicidade, autoestima, otimismo, esperança, empatia e vontade de dar apoio emocional palpável às pessoas, enquanto a ingratidão está relacionada com ansiedade, depressão, inveja, materialismo e solidão. Coletivamente, esses estudos apresentam uma evidência digna de crédito de que sentir gratidão produz um efeito que alcança todas as áreas da vida, podendo satisfazer alguns de nossos desejos mais profundos — de felicidade, relacionamentos melhores e nossa busca incessante por paz interior, integridade e contentamento. Mas a gratidão é mais do que uma ferramenta para o auto-aperfeiçoamento. É um estilo de vida.

É difícil a gratidão, como a maioria das emoções, surgir como por encanto. Como já discutimos, é uma reação a eventos externos, sem os quais é quase impossível ocorrer. A causa de uma emoção é externa — um gatilho ou motivo direto que a produz. Há uma percepção particular ou interpretação do gatilho que determina o sentimento subjetivo e sua correspondente intensidade. Então, há uma resposta fisiológica mensurável. A emoção deve causar mudanças motivacionais e de outros tipos no modo de pensar.

Como uma emoção de curto prazo e transitória, o sentimento de gratidão não pode ser adquirido apenas com força de vontade. Você não pode tentar ser grato e então, por sua pura vontade, automaticamente, conseguir isso mais do que pode tentar ser feliz e conseguir. Há um antigo ditado que diz: "Perseguir a felicidade a torna mais distante." Você não pode obtê-la por meio de um esforço consciente. Um foco interno em se você é ou tenta ser feliz parece destinado ao fracasso. "Pergunte a si mesmo se você é feliz", escreveu John Stuart Mill em 1873, "e deixará de sê-lo".[1] Ocorre o mesmo com a gratidão. Se você se pergunta se é grato ou não, provavelmente não é. O que estou dizendo aqui é que você não pode sentir instantaneamente gratidão. Por isso, relaxe — esse sentimento não pode ser obtido em um estalar de dedos. Os benefícios da gratidão provêm da dedicação a longo prazo à prática de cultivar a disposição de ser grato. Essa disposição é a tendência a sentir freqüentemente gratidão, de modos apropriados e em circunstâncias adequadas. A pessoa que a possui adquiriu uma visão do mundo que considera toda a vida uma dádiva concedida gratuitamente. Embora não possamos ser gratos de nenhum modo direto, podemos cultivar a gratidão construindo nossa vida de forma a facilitar a consciência de experiências causadoras de gratidão e as rotulando como tal.

Os psicólogos sugerem que a mudança, seja limitada ou mais ampla, não ocorre da noite para o dia, mas em estágios.[2] De acordo com os estágios de mudança do modelo desenvolvido pelo psicólogo clínico James Prochaska, na University of Rhode Island, a mudança de comportamento não ocorre em um único passo. As pessoas tendem a progredir por meio de vários estágios em seu caminho para a mudança bem-sucedida. Além disso, progredimos ao longo desses estágios em nosso próprio ritmo. Esse modelo tem sido usado com sucesso para a compreensão de como as pessoas mudam hábitos físicos nocivos como o de fumar e beber, mas é facilmente aplicado de forma geral aos hábitos psicológicos negativos. Se você está pensando em se tornar mais grato (o que é provável, se leu este livro até aqui), está no que Prochaska chama de "estágio de contemplação" da mudança. Está pensando nos aspectos negativos de ser ingrato e nas conseqüências positivas de uma perspectiva mais grata. Está aberto a receber informações sobre a mudança. Mas ainda não está realmente empenhado nela. Meu objetivo neste capítulo é lhe fornecer algumas ferramentas muito concretas que lhe permitirão chegar ao próximo estágio da mudança, o de ação.

No estágio de ação, as pessoas acreditam que têm a capacidade de mudar seu comportamento e estão realmente empenhadas em dar passos para isso, usando várias técnicas diferentes. Revêem mentalmente seu compromisso em relação a si mesmas e fazem planos para lidar com as pressões pessoais e externas que podem levar a erros. Podem usar recompensas no curto prazo para manter sua motivação e pensar em seus esforços para mudar de um modo que aumenta sua autoconfiança. As pessoas nesse estágio também tendem a aceitar receber ajuda e a buscar apoio nos outros, o que é em si um fator crucial para manter as mudanças positivas.

Permaneça sempre grato: as dez estratégias

No Capítulo 5, identifiquei vários obstáculos à gratidão. Como um contraponto, eis dez estratégias, baseadas em evidências, para aumentá-la. Como esses obstáculos são consideráveis e sua influência em nossa vida é generalizada, precisamos da prática constante e disciplinada de dar os passos a seguir para nos sentirmos mais gratos. Logo, é útil examinar técnicas diferentes para desenvolver e experimentar gratidão. Ao aprender e entender essas abordagens, você começa a criar as próprias experiências e práticas que o ajudam a descobrir a capacidade de apreciar as dádivas que recebe. Apresento as dez fora de uma ordem particular, embora elas se completem e se reforcem.

1. Mantenha um diário de gratidão

Um dos melhores modos de você cultivar a gratidão é estabelecer uma prática diária de se lembrar das dádivas, das graças, dos benefícios e das coisas boas que tem. Registre nesse diário as bênçãos pelas quais é grato. Minha pesquisa mostrou, como foi discutido no Capítulo 2, que essa técnica torna as pessoas mais felizes. Quando somos gratos, afirmamos que há uma fonte de bondade em nossa vida. Escrevendo diariamente, ampliamos e exaltamos essas fontes de bondade. Reservar um tempo, todos os dias, para lembrar de momentos de gratidão associados até mesmo a eventos cotidianos ou comuns, atributos pessoais ou pessoas queridas lhe dá a possibilidade de criar uma história de vida constante de gratidão, assim como promove uma atitude em relação à vida que é, decididamente, positiva.

Portanto, comece a catalogar diariamente os acontecimentos que inspiram gratidão. Pode ser no início ou fim do dia. Não há um modo certo de fazer isso. Você não precisa comprar um diário pessoal elegante ou se preocupar com a ortografia ou com a gramática. O importante é estabelecer o hábito diário de ficar atento aos eventos que inspiram gratidão. O ato de anotar traduz os pensamentos em palavras. Pesquisas em psicologia mostraram que traduzir pensamentos em linguagem concreta — palavras, sejam orais ou escritas — traz mais vantagens do que apenas pensar.[3] Escrever ajuda a organizar os pensamentos e facilita a integração, além de ajudá-lo a aceitar as próprias experiências e inseri-las em um contexto. Basicamente, permite-lhe entender o significado dos acontecimentos a seu redor e criar sentido na própria vida. Escrever sobre eventos desagradáveis e até mesmo traumáticos é amplamente recomendado pelos terapeutas. No contexto dos diários de gratidão, pode ajudá-lo a trazer um referencial novo e redentor a uma situação difícil de vida.

Sua lista de gratidão deve ser atualizada periodicamente. É importante não deixar seu catálogo ficar velho. No primeiro dia, uma participante de um de nossos experimentos anotou estes três motivos de gratidão: "Meu gato, meu cachorro, meu apartamento." No segundo dia, escreveu: "Meu gato, meu cachorro, meu apartamento." No terceiro: "Meu gato, meu cachorro...". Você entendeu a idéia. Durante as três semanas do estudo, ela não mudou nem o conteúdo nem a ordem das fontes de gratidão. Esse processo de repetir as mesmas bênçãos todos os dias indica "fadiga de gratidão". É verdade que nos primeiros dias o conteúdo pode ser um pouco redundante. Não há nada de errado com a coincidência parcial, mas a repetição literal deve ser evitada, porque pode até mesmo produzir o efeito oposto do desejado. Dá até para imaginar, depois de algumas semanas desse processo repetitivo, a participante subitamente escrevendo: "Minha vida é tão vazia! Tudo que tenho é meu gato, meu cachorro e meu apartamento!"

Quando refletimos sobre um benefício que alguém nos fez, devemos fracioná-lo em vários componentes e meditar sobre cada um deles. Isso é eficaz por dois motivos. O primeiro é que nos ajuda a evitar a fadiga da gratidão. O segundo é que produz mais apreço pelo esforço feito pelo benfeitor e pelos vários benefícios inerentes ao benefício "global" — algo que um reconhecimento mais apressado e superficial poderia deixar escapar. Por exemplo, simplesmente dizer que sou grato à minha mulher me induz menos à gratidão do que tentar pensar consciente e deliberadamente nas incontáveis horas de trabalho duro que ela realizou ao cuidar de nossa casa e de nossos filhos, para eu poder terminar este livro no prazo previsto (apenas para citar um de seus atos de bondade e consideração por mim).

Às vezes, sua lista parece pobre, o que, a princípio, pode ser desanimador. Contudo, corroborando a sabedoria antiga, descobri que se conscientizar das próprias bênçãos realmente leva a ter mais pelo que ser grato. Quando nosso foco perceptivo se torna mais nítido, tendemos mais a ver bênçãos onde antes víamos maldições. Começamos a não ter mais as coisas como certas e a ser gratos pela capacidade de sentir gratidão. A espiral cresce. O importante é você começar onde quer que esteja, mesmo que o único item em sua lista seja "nada de ruim aconteceu hoje". Se você está atualmente em -5 em uma escala de ingratidão-para-gratidão de -10 a +10, talvez precise primeiro se mover para o ponto 0 antes de começar a ver claramente as bênçãos e passar para o lado positivo.

Quando você identificar em seu diário os elementos em sua vida pelos quais é grato, o psicólogo Charles Shelton recomenda que os veja como "dádivas". Ao refletir sobre um aspecto de sua vida pelo qual é grato, tente fazer o esforço consciente de associá-lo à palavra dádiva. Conscientize-se de seus sentimentos e de como aprecia essa dádiva. Leve o tempo necessário para se tornar especialmente consciente da profundidade de sua gratidão. Em outras palavras, não faça esse exercício com pressa, como se fosse apenas outro item de sua lista de tarefas a fazer.

2. Lembre-se das coisas ruins

A maioria das pessoas geralmente considera a vida agradável. Pesquisas mostraram que as lembranças de eventos passados tendem a ser positivas. Um estudo recente mostrou que mais de noventa por cento dos participantes da pesquisa registravam mais lembranças autobiográficas boas do que más. Apesar dessa preferência pelas boas, não há por que não registrar as ruins. Também precisamos nos lembrar delas. Durante um sermão de Ação de Graças, o reverendo Peter Gomes encorajou sua congregação em Harvard a "se lembrar de seus piores momentos, suas aflições, perdas e tristezas e depois se lembrar de que estão aqui, capazes de se lembrar delas [...] vocês superaram o pior dia de sua vida [...] o trauma e a provação, resistiram à tentação, sobreviveram a relacionamentos ruins, estão saindo da escuridão... lembrem-se das coisas ruins... e depois vejam onde estão".[4] Quando nos lembramos do quanto a vida costumava ser difícil e do quão longe chegamos, estabelecemos um nítido contraste em nossa mente, e esse contraste é um solo fértil para a gratidão.

Por que se lembrar do pior que a vida ofereceu seria uma estratégia eficaz para cultivar a gratidão? Porque capitaliza as ferramentas mentais naturais e os processos de pensamento humano normais. Por exemplo, as pesquisas em psicologia estabeleceram a verdade empírica de que o "mal é mais forte do que o bem".[5] Freqüentemente, os estímulos negativos evidenciam reações fortes que podem ser difíceis de ignorar ou superar. As adversidades da vida, temperadas com emoções fortes, ficam profundamente gravadas em nossa mente e, por isso, são fáceis de lembrar. Contudo, uma tendência conflitante é que os sentimentos associados a eventos desagradáveis tendem a desaparecer mais rápido do que os associados a acontecimentos agradáveis. Ansiamos por nos reconciliar com nossos ex-cônjuges porque as lembranças dos momentos de revolta e frio desprezo desaparecem. Portanto, lembrar do quanto nosso casamento anterior foi horrível nos ajuda a ser gratos por nossa união atual. Além disso, nossa mente pensa em termos de contrafactuais — comparações mentais que fazemos entre o modo como as coisas são e como poderiam ter sido. Às vezes, esses contrafactuais podem ser contraproducentes para nosso bem-estar mental, porque lamentamos oportunidades perdidas ou coisas que não aconteceram. Mas podemos usar o poder do pensamento contrafactual nos lembrando de como a vida poderia ser pior do que é.

3. Faça três perguntas a si mesmo

Ao fazer um inventário moral diário, você pode achar eficaz incorporar aspectos de uma técnica de meditação budista conhecida como Naikan, criada por Yoshimoto Ishina, um milionário budista do Japão que venceu por esforço próprio.[6] Ele criou essa técnica para ajudar as pessoas a olharem para dentro (a palavra *Naikan* significa "olhar para dentro"), tornarem-se introspectivas e "se verem com o olho da mente". A prática envolve refletir sobre três perguntas:

> O que eu recebi de_____ ?
> O que eu dei para_____ ?
> Que problemas e dificuldades eu causei a_____ ?

Estas perguntas podem nos ajudar a lidar com problemas ou relacionamentos. Ajudam-nos a ver a qualidade recíproca dos relacionamentos e fornecem uma base para a auto-reflexão. Podem ser dirigidas a situações de trabalho, interações sociais ou ao desenvolvimento de aspectos mais elevados de nós mesmos.

O primeiro passo, ou a primeira pergunta, envolve reconhecermos todas as dádivas que recebemos. Lembrar-se do sorriso, das palavras gentis ou das boas ações de uma pessoa pode produzir sentimentos de gratidão. Quando nos concentramos nas coisas boas que nos acontecem todos os dias, podemos nos encher de gratidão, em vez de desabar sob o peso de nossos problemas. Certa vez, quando eu viajava, refleti sobre quantas pessoas me ajudaram a ir do Ponto A para o Ponto B.

Ao chegar ao meu quarto de hotel, fiquei impressionado com o número das pessoas envolvidas (o motorista do ônibus do terminal do aeroporto, o agente de viagens, o carregador da bagagem, o operador da máquina para detecção de materiais perigosos, os pilotos e comissários de bordo, o funcionário da agência de aluguel de carros e a recepcionista do hotel, entre outros — sei que não incluí todos). Concentrar-me no que essas pessoas fizeram reduziu muito mais o estresse da viagem para mim do que qualquer outro fator.

O segundo passo é nos concentrarmos no que damos aos outros. Isso nos ajuda a reconhecer o quanto estamos interligados e a perder a sensação de que temos direito às coisas, que pode advir da idéia de que nos são devidas sem que precisemos retribuí-las. Pergunte a si mesmo: de que modos eu poderia "retribuir" aos outros como uma reação adequada à gratidão que sinto? Seja criativo ao encontrar modos de retribuir as muitas bênçãos recebidas. No mínimo, devo e expresso uma sincera gratidão a todas as pessoas no exemplo anterior.

O último passo é difícil: reconhecer não as coisas que nos incomodam, mas como causamos sofrimento aos outros com nossos pensamentos, palavras e atos. O autor Greg Krech, que escreveu sobre a prática de Naikan, diz sobre esse passo: "Se não estivermos dispostos a ver e aceitar esses acontecimentos, em que fomos a fonte do sofrimento alheio, não poderemos realmente conhecer a nós mesmos ou a graça pela qual vivemos."[7]

Essas três perguntas podem ser feitas diariamente, durante cerca de 20 minutos, ao anoitecer. Isso pode ser um modo de refletir sobre as atividades do dia. Outro modo é pensar em um relacionamento específico durante 50 a 60 minutos. Você pode pensar no relacionamento cronologicamente ou se concentrar em determinado aspecto que precisa de atenção.

Independentemente do relacionamento em que pensa, o processo de Naikan enfatiza dois temas: (1) a descoberta de culpa pessoal por ter sido ingrato com pessoas no passado e (2) a descoberta de sentimentos de gratidão para com as pessoas que o beneficiaram no passado, ou beneficiam no presente.

Uma prática mais intensiva de Naikan pode ocorrer em um dos vários centros de retiro nos Estados Unidos. Em geral, dura cerca de uma semana e não inclui fazer listas ou escrever as próprias reflexões, mas se sentar em meditação olhando para uma tela em branco e projetando nela a história da própria vida. Os participantes passam a maior parte do dia refletindo sobre seus relacionamentos com pessoas importantes em sua vida, especialmente os pais. Esses retiros produzem experiências profundas para o meditador sério e sincero.

4. Aprenda lições de gratidão

Estudos revelaram que as pessoas passam mais tempo rezando do que fazendo qualquer outra coisa.[8] Estudos de pesquisa mostraram que mais de 72 por cento das pessoas indagadas disseram que rezavam pelo menos uma vez por dia; 75 por cento que gostariam de passar mais tempo rezando e 51 por cento (mais da metade), que rezavam antes das refeições. A maioria das orações era informal em vez de ter um caráter litúrgico.

A oração é o centro da vida espiritual. Tem sido chamada de "a alma e essência da religião" e "a expressão mais espontânea e pessoal de intimidade com o divino".[9] A oração de gratidão é a forma mais comum de oração e os livros sagrados de várias tradições religiosas estão repletos de orações desse tipo. Até mesmo os estudantes universitários, que geralmente não são considerados um grupo particularmente religioso, fazem orações de gratidão com mais freqüencia do que qualquer outro tipo de oração (exceto de pedidos).[10]

A oração de gratidão é altamente recomendada nos livros sagrados. A Bíblia hebraica é cheia de motivos pelos quais o homem deve ser grato a Deus: pela vida, pela saúde e pelo sustento. Há muitos salmos de "ação de graças" e outras orações em que a pessoa ou a comunidade expressa gratidão. A mensagem é clara: seja grato. Aceite as dádivas que recebeu. Não se esqueça de Deus. As liturgias e os rituais foram criados para ajudar os fiéis a se lembrarem. Por exemplo, na liturgia da Igreja Luterana, quando as ofertas e o pão e da comunhão o vinho são levados ao altar, o pastor pronuncia o que o *Lutheran Book of Worship* chama de *Great Thanksgiving* (Grande Ação de Graças):

> Pastor: O Senhor esteja convosco.
> Congregação: E com teu espírito.
> Pastor: Levantai vossos corações.
> Congregação: Levantemo-los ao Senhor.
> Pastor: Demos graças ao Senhor Nosso Deus.
> Congregação: Assim fazê-lo é digno e justo.[11]

Ou você pode preferir uma versão bem diferente, menos ritualística. Esta é a do famoso luterano de Prairie Home Companion, Garrison Keillor:

> Obrigado, Senhor, por me dar os meios para não preparar um *cheeseburguer* de 250g agora e, em vez disso, comer um talo de aipo. Obrigado por meu filho maravilhoso, minha filha surpreendente, minha mulher inteligente e *sexy* e meus netos... Obrigado pelo estranho

prazer de ter 60 anos, parte do qual é o puro alívio por não ter 50. Eu poderia continuar indefinidamente... faça uma lista de suas bênçãos e você passará pelos portões do agradecimento para os campos da alegria.[12]

Embora a gratidão esteja mais presente nas tradições monoteístas, não há religião na Terra que não acredite que o agradecimento é importante. Ele é universalmente endossado. Em muitas tradições espirituais, as orações de gratidão são consideradas a forma mais poderosa de oração, porque, por meio delas, as pessoas reconhecem a fonte suprema de tudo que são e sempre serão. Uma de minhas favoritas é esta, dos índios americanos:

> Nós agradecemos ao Grande Espírito pelos recursos
>   que tornaram este alimento possível;
> agradecemos à Mãe Terra por produzi-lo,
> e agradecemos a todos aqueles que trabalharam para
>   trazê-lo para nós.
> Que o benefício do alimento diante de nós
> revele a Integridade do Espírito dentro de nós.[13]

O famoso mestre budista Thich Nhat Hanh é um autor prolífico e criador de um movimento conhecido como "budismo engajado", que mistura práticas meditativas tradicionais com desobediência civil não-violenta. Já indicado por Martin Luther King Jr. para o prêmio Nobel da Paz, Thich Nhat Hanh é considerado um dos mais respeitados mestres do budismo no Ocidente, atrás apenas do Dalai Lama. É sua a oração da manhã a seguir que é simples e pode ser feita por pessoas de qualquer religião ou sem fé religiosa:

> Ao acordar esta manhã, eu vejo o céu azul.
> Junto minhas mãos em agradecimento
> Pelos muitos milagres da vida;
> Por ter 24 horas novinhas em folha diante de mim.[14]

Se você acha que, devido às circunstâncias, não pode fazer uma oração de gratidão, sugiro que reze pela capacidade de ser grato. Podemos rezar para sentir gratidão, encontrar gratidão oculta em nossas circunstâncias e nos lembrar de nossas dádivas.

A gratidão e a oração também se relacionam de muitos outros modos. A descoberta feliz e inesperada de um de nossos estudos experimentais foi que o progresso na direção de um objetivo era facilitado quando os participantes rezavam para alcançar o resultado desejado. No início do estudo dos diários de gratidão pedimos aos participantes que fizessem uma pequena lista dos objetivos que desejavam atingir nos próximos dois meses. Como eles eram estudantes, a maioria dos objetivos caiu no domínio interpessoal ou acadêmico. A descoberta interessante foi que a oração estava correlacionada com o sucesso percebido na realização do objetivo, mas apenas para os estudantes que mantinham diários de gratidão, não para os estudantes nos grupos de aborrecimentos e controle. Isso sugere um efeito sinérgico em que a oração parece importar mais no contexto de maior gratidão. Os estudantes que rezavam por seus objetivos também davam mais passos na direção de alcançá-los (fracionando-os em subobjetivos, tentando obter apoio social, evitando atividades competitivas), talvez devido a um aumento de energia causado pelo exercício de gratidão. A conclusão disso é que as orações "de pedido" "funcionam" melhor se as pessoas também praticam a gratidão.

5. Caia em si

Boa saúde; estar vivo; não ter mais alergias de pele; não estar gordo; dentes brancos; exercícios; olhos; ouvidos; tato; força física; sesta; capacidade de respirar; medicina moderna; energia para enfrentar o dia; nenhum osso quebrado. Todas estas bênçãos físicas foram registradas nos diários de gratidão dos participantes de minha pesquisa. O aspecto físico da gratidão é notável, já que a gratidão pelo funcionamento do próprio corpo, pela recuperação de uma doença ou apenas por estar vivo é um dos temas mais mencionados. Quase oitenta por cento dos participantes disseram que eram gratos por sua saúde ou a de seus familiares, o que torna a saúde uma das fontes mais citadas de gratidão. Outras fontes freqüentemente mencionadas são os sentidos — o tato, a visão, o olfato, o paladar e a audição. Em seu ótimo livro *Uma história natural dos sentidos*, a autora, Diane Ackerman, escreveu que "nada é mais memorável do que um cheiro".[15] O cheiro nos leva de volta a tempos mais antigos, talvez férias na infância, romances adolescentes ou tradições familiares de feriados que despertam em nós uma saudosa gratidão. Eu ainda me lembro do cheiro inebriante da árvore de Natal em nossa sala de estar quando eu era criança. Na verdade, comecei a encomendar ciprestes da Costa Leste para nossa casa na Califórnia em uma tentativa de sentir novamente aquele cheiro. Quando o preço do frete começou a ficar maior do que o da árvore, nossa família redescobriu a alegria da peregrinação anual aos bosques locais.

Os sentidos nos fazem apreciar o que é ser humano, o incrível milagre de estar vivo. Isso poderia produzir uma reação mais adequada do que a de alegre gratidão? Durante milênios, poetas, filósofos e médicos louvaram a natureza milagrosa e bela do corpo. Contudo, visto através das lentes da gratidão, o corpo é mais do que uma estrutura milagrosa. É uma dádiva, livre e gratuitamente oferecida, independentemente de a pessoa achar que provém de Deus, da evolução ou dos bons genes familiares. Embora algumas partes do corpo possam não funcionar tão bem quanto antes, se você consegue respirar, tem motivo para gratidão.

Por falar em respirar, o Dr. Frederic Luskin sugere em seu livro popular, *Forgive For Good*, o exercício a seguir, que ele chama de "Respiração de agradecimento":

1. Duas ou três vezes por dia, quando você não estiver muito ocupado, reduza seu ritmo e fique atento à sua respiração.
2. Repare que você inspira e expira sem ter de fazer coisa alguma... continue respirando desse modo.
3. Para cada uma das próximas cinco a oito expirações, sussurre a palavra "obrigado" para se lembrar da dádiva de sua respiração e do quanto tem sorte em estar vivo. Ele sugere fazer isso pelo menos três vezes por semana.[16]

Esse é um bom lembrete de que a gratidão começa pelo que é básico. A respiração de agradecimento é uma prática que todos nós podemos realizar, independentemente de nossas circunstâncias atuais de vida.

6. Use lembretes visuais

Entre em nossa casa e uma das primeiras coisas que você verá é uma placa de cerâmica acima do espelho do corredor com a palavra "agradeça" gravada no centro. Pegue uma bebida na geladeira e verá um ímã na porta com uma citação de Eleanor Roosevelt: "Ontem é história, amanhã é um mistério... hoje é uma dádiva." Agora vá para a sala de estar e olhe para a estante à direita da janela. Em uma prateleira há um peso de papel de peltre, presente de um grande amigo, contendo uma passagem de autoria de Melody Beattie: "A gratidão pode transformar uma refeição em uma festa, uma casa em um lar, um estranho em um amigo." Perto da época de Ação de Graças nossa casa se torna um grande santuário de gratidão.

Lembre-se de que dois dos principais obstáculos à gratidão são (1) o esquecimento e (2) uma falta de consciência atenta. Esquecimento. Essa tendência humana. Nós nos esquecemos de nossos benfeitores, de contar nossas bênçãos e dos muitos modos pelos quais nossa vida é facilitada pelos esforços alheios. A consciência é uma precondição para o reconhecimento: temos de notar aquilo pelo que somos gratos — não podemos ser gratos por algo de que não temos consciência. Por isso, precisamos nos lembrar e nos tornar conscientes. Não faltam sugestões de como realizarmos rituais e práticas diárias com o objetivo de nos lembrar de ser gratos. Artigos com títulos como "27 modos de ter uma vida espiritual diária", "30 hábitos em 30 dias" e "Cem bênçãos por dia" aparecem regularmente em revistas populares.[17] Gosto de lembretes visuais que servem para produzir gratidão. Algumas pessoas, como minha mulher e eu, colocam adesivos relacionando bênçãos em geladeiras, espelhos, volantes de automóvel ou outros locais visíveis. Outras regulam *pagers*, bipes ou assistentes digitais pessoais para tocarem ao acaso durante o dia. Quando tocam, elas param e contam imediatamente suas bênçãos. Podem até mesmo registrá-las em seus assistentes digitais pessoais como uma forma de alta tecnologia de manter um diário de gratidão. Um advogado de tribunal sobre o qual eu li acha que seu banho de chuveiro pela manhã inspira gratidão porque passou muito tempo em áreas remotas em que a água quente é uma dádiva impensável.

Os melhores lembretes visuais podem ser as outras pessoas. Talvez você tenha se engajado em um programa de auto-aperfeiçoamento apenas para abandoná-lo depois de um curto tempo. Sabe-se que os programas de exercício apresentam altos índices de desistência. A maioria dos americanos não pratica atividades físicas regularmente. Um dos principais motivos para as pessoas não se exercitarem é não terem alguém que faça os exercícios com elas.[18] O apoio social incentiva os comportamentos saudáveis. Um estudo descobriu que os participantes recrutados sozinhos para um programa de emagrecimento apresentaram um índice de conclusão de 76 por cento, e 24 por cento mantiveram a perda de peso, enquanto os recrutados com amigos apresentaram um índice de conclusão de 95 por cento e 66 por cento mantiveram totalmente sua perda de peso por seis meses.

Conheço pessoas que têm parceiros de responsabilidade para lembrá-las de ser gratas. Os parceiros e grupos de responsabilidade receberam atenção do público quando o presidente Clinton organizou um grupo de pastores para ajudar em sua redenção após seus deslizes no Salão Oval. Os parceiros de responsabilidade nos tornam... bem, responsáveis. Nós damos explicações a um círculo íntimo ou a um parceiro confiável que as pede quando começamos a nos desviar do caminho moral. Assim como é mais fácil manter a disciplina do exercício físico quando você tem um parceiro, é mais fácil ser grato quando tem com quem trocar listas de bênçãos com quem contestar seus pensamentos de ingratidão. Você pode falar com a pessoa sobre o que está aprendendo sobre gratidão e a diferença que isso faz em sua vida. Seu parceiro pode ser capaz de ajudá-lo a descobrir bênçãos ocultas em sua vida, identificar obstáculos à sua gratidão ou agradecer pelos aspectos de sua vida que podem ser particularmente desafiadores. E, o que é mais importante, pode se opor às suas atitudes de ingratidão para com a vida quando você precisar desse estímulo. Aqueles de vocês que já estão em grupos de responsabilidade (independentemente de como os chamem) podem usar parte do tempo do grupo para a gratidão.

É razoável que um parceiro de responsabilidade ajude a despertar o sentimento de gratidão. Afinal de contas, a gratidão é uma emoção social ativada no contexto das relações. Você pode se ver sentindo uma gratidão profunda por seu parceiro de responsabilidade que depois se estende a outras pessoas em sua esfera social.

As estratégias internas são boas, mas não bastam. Vivemos em contextos sociais e as pessoas podem facilitar ou dificultar nosso desejo de nos tornarmos mais gratos. Você pode considerar andar com pessoas gratas e se comprometer a passar menos tempo com pessoas que não têm a virtude da gratidão. Talvez já faça isso, já que as pessoas ingratas, como as depressivas crônicas, tendem a ser evitadas. Uma lei psicológica bem estabelecida é a do contágio emocional: uma emoção expressa dentro de um grupo tem um efeito propagador e passa a ser partilhada pelos membros do grupo.[19] As pessoas são suscetíveis a "pegar" as emoções dos outros. Há muitos exemplos disso. Meu filho de 4 anos se irrita facilmente quando um de seus colegas da escola maternal está irritado; do mesmo modo, ri de filmes que não entende e seu irmão mais velho acha engraçados. Os terapeutas acham exaustivo tratar de pessoas deprimidas porque isso os faz se sentirem deprimidos. Nós achamos um filme mais engraçado quando as pessoas a nosso redor no cinema riem, e mais triste quando elas choram. Há evidências de que as crianças "pegam" as emoções dos pais assim como de que os pais "pegam" as dos filhos.

Se andarmos com pessoas ingratas, "pegaremos" uma série de emoções; se escolhermos andar com pessoas mais gratas, essa influência será em outra direção. Encontre uma pessoa grata e passe mais tempo com ela. Quando você demonstra alegria e gratidão, descobre que as pessoas desejam "pegar" suas emoções.

7. Faça um voto de praticar a gratidão

Em *Harry Potter e o enigma do príncipe*, Severo Snape faz um voto inquebrável com a bruxa Narcisa Malfoy de matar o professor Dumbledore.[20] Ele consegue? No caso de alguns de vocês ainda não terem lido o sexto livro da série *Harry Potter* (por mais que isso possa ser difícil de acreditar), não estragarei sua leitura. Contudo, algumas pesquisas mostram que fazer um voto no sentido de ter um comportamento realmente aumenta a probabilidade de tê-lo. Em um estudo, membros de uma associação cristã de moços local que decidiram participar do Twelve-Week Personal Fitness Program (programa de condicionamento físico de 12 semanas) concordaram em "se exercitar três dias por semana durante 12 semanas ou mais na associação". Depois de tomar essa decisão, o grupo experimental fez o voto de que a cumpriria. Um segundo grupo assinou um compromisso por escrito de que teria o comportamento prometido. Um terceiro, o grupo de controle, não assumiu nenhuma forma de compromisso. O impacto da manipulação foi examinado para que fosse verificado seu efeito na adesão ao programa. As pessoas que fizeram o voto demonstraram maior adesão do que as dos outros grupos em avaliações de semanas consecutivas de três sessões de exercícios.[21] Nesse caso, o efeito de quebrar o voto certamente era menos terrível do que teria sido para Severo Snape; contudo, o voto pareceu aumentar mais a motivação do que um compromisso por escrito de ter o mesmo comportamento.

Por que o voto é um motivador eficaz do comportamento? Um voto, quando feito na frente dos outros, constitui um pronunciamento público de uma intenção de realizar um ato. Por isso, quebrá-lo é uma grande falha moral (como a dissolução de um casamento o é para aqueles que levam os votos matrimoniais a sério). O medo de sanções internas (na forma de culpa) ou externas (na forma de desaprovação social) é um forte motivador. Para as pessoas espiritualizadas, um voto feito a Deus é algo sério. Se fizemos um voto a alguém e essa pessoa se esqueceu disso, não corremos qualquer risco. Mas se o fizemos a Deus, o risco é maior. Deus nunca se esquece. Um voto feito a Deus tem um peso moral maior do que um feito a um simples ser humano. A Bíblia hebraica afirma: "Quando um homem fizer voto ao Senhor, ou fizer juramento, não violará sua palavra: segundo tudo o que saiu da sua boca, fará" (Números 30: 2).[22] Quando um adolescente, por exemplo, faz um "voto de pureza" a Deus, prometendo permanecer casto até o casamento, o controle de seu comportamento é maior do que se não tivesse feito uma promessa a Deus. Na mente de quem a faz, quebrá-la acarretaria uma punição severa, enquanto cumpri-la traria recompensas sublimes. Mas o papel de Deus vai além do de agente da lei moral. Quando fazemos um voto a Deus, na verdade nós o transformamos em um poderoso aliado que nos ajuda a ter energia para cumprir nossas promessas.

Como pode ser um voto de praticar a gratidão? Não precisa ser elaborado. Pode ser algo simples como: "Eu faço o voto de não ter tantas coisas em minha vida como certas. Prometo parar e contar minhas bênçãos pelo menos uma vez por dia. Juro demonstrar gratidão por alguém que influiu em minha vida e a quem nunca agradeci devidamente." Se o seu voto for formalizado, afixe-o em um lugar em que será freqüentemente lembrado dele. Melhor ainda: mencione-o a seu parceiro de responsabilidade.

8. Preste atenção à sua linguagem

No início da década de 1930, o lingüista amador Benjamin Lee Whorf apresentou a teoria de que a linguagem determina a natureza e o conteúdo do pensamento.[23] Essa hipótese "whorfiana" inspirou décadas de pesquisas em várias disciplinas, inclusive lingüística, psicologia, filosofia, antropologia e educação. Até hoje, não foi totalmente contestada ou defendida, mas continua a intrigar pesquisadores de todo o mundo. Muitos adotaram uma forma mais flexível da hipótese: a de que a linguagem influi em nosso modo de pensar, em vez de determinar de uma forma rígida o próprio conteúdo dos pensamentos.

Eu apresento a teoria whorfiana aqui devido à sua relevância para o pensamento sobre como estimular uma vida de mais gratidão. O modo como descrevemos os acontecimentos da vida e, em última análise, a própria vida, mostra como a vemos e interpretamos. Essa teoria afirma que a linguagem que usamos influi no que pensamos sobre o mundo. Indo ainda mais longe, a visão whorfiana consiste em que as palavras criam a realidade. Compare o discurso de gratidão com o discurso de ingratidão. As pessoas gratas têm um estilo lingüístico particular. Tendem a usar a linguagem de dádivas, doadores, bênçãos, fortuna e abundância. Estas palavras estão presentes no discurso de gratidão. Por outro lado, as pessoas ingratas tendem a se concentrar nas palavras privação, merecimento, arrependimento, falta, necessidade, escassez e perda. Em um estudo, 62 mulheres entre 40 e 100 anos foram entrevistadas em um formato coloquial semi-estruturado que visava produzir autodescrições abertas. Em geral, os termos que elas mais usaram para se descrever foram "afortunada" e "abençoada". Uma das mulheres mais pobres no estudo, que sobrevivia com uma renda bem abaixo da linha de pobreza, disse: "Eu sei que sou pobre. Mas, de certo modo, sou grata a Deus. Ele não deixa meus filhos morrerem de fome. Mesmo quando eu não tenho nada além de pão e leite, eu como... Não me considero pobre, mas... abençoada."[24] A capacidade de se considerar afortunado pode ser um componente importante do bom envelhecimento e, como aprendemos com o famoso estudo das freiras descrito no Capítulo 3, até mesmo estar associado à longevidade.

Os terapeutas cognitivos observam que as pessoas deprimidas vivem em um interminável monólogo interno ("Ninguém gosta de mim", "Nunca encontrarei um parceiro", "Sou um perdedor" e assim por diante). "Nós somos aquilo em que pensamos o dia inteiro",[25] disse Ralph Waldo Emerson. O monólogo interno se torna tão automático que nem mesmo nos damos conta do que estamos fazendo ou percebemos seu efeito penetrante. Podemos mudar nosso humor mudando o que dizemos para nós mesmos. O objetivo da terapia cognitiva é mudar esses monólogos internos e substituir os pensamentos negativos e disfuncionais por outros, mais positivos e funcionais.

Quais seriam as contrapartidas de gratidão para a fala autodestrutiva dos depressivos? Não tenho em mente aqui um mantra da Nova Era como "Eu me amo", recitado diante do espelho (o que me faz lembrar de uma charge publicada na revista *New Yorker* em que uma mãe responde à pergunta do filho pequeno:

"Por que você é especial? Porque eu sou sua mãe, e eu sou especial"). Na gratidão, não nos concentramos no quanto somos inerentemente bons ou especiais, mas em quantas coisas inerentemente boas ou especiais os outros fizeram por nós. Podemos dizer para nós mesmos: "Tenho muito na vida a agradecer", "Sou verdadeiramente abençoado", "Todo dia é uma surpresa" ou "Minha vida é uma dádiva". Aparentemente contrariando muitos dos conselhos da psicologia pop, o monólogo de gratidão que nos faz atentar para as contribuições positivas que os outros fizeram para a nossa vida tem um impacto positivo em nosso bem-estar emocional e, ao mesmo tempo, fortalece nossos laços sociais.

9. Simule

Uma série engenhosa de experimentos realizados alguns anos atrás mostrou que, quando as pessoas imitavam as expressões faciais associadas à felicidade, se sentiam mais felizes — mesmo quando não sabiam que estavam movendo os "músculos da felicidade" em seu rosto. Os pesquisadores descobriram que o próprio sorriso produz sentimentos de felicidade. Como? De um modo simples. Eles pediram às pessoas que segurassem um lápis com os dentes, o que tende a ativar o músculo que usamos quando sorrimos (o zigomático maior).[26] Esse músculo levanta oblíqua e lateralmente o canto da boca e produz uma expressão sorridente característica. Tente fazer isso. Você sorrirá. Agora pegue o lápis e o segure com os lábios, apontando-o diretamente para a frente. Um conjunto diferente de músculos será ativado: aqueles envolvidos no franzir de sobrancelhas (e alvo dos tratamentos com botox). Por que os pesquisadores usaram esse artifício engenhoso? Eles não podiam deixar os participantes do estudo saberem que deveriam se sentir felizes, porque isso teria conseqüências indesejadas na avaliação de seus comportamentos.

Os pesquisadores descobriram que as pessoas com lápis nos dentes que ativavam, sem saber, seus músculos zigomáticos, achavam charges mais engraçadas do que as com lápis nos lábios. Parece que simular pode produzir a emoção. Tecnicamente falando, os movimentos faciais involuntários fornecem informação periférica suficiente para produzir a experiência emocional.

A relevância de praticar a gratidão é direta. Se fizermos um gesto de gratidão, nós a sentiremos. O que é um gesto de gratidão? Agradecer. Escrever bilhetes de agradecimento. Não é assim que socializamos nossos filhos para se tornarem membros gratos de uma sociedade cívica? Expressar gratidão a uma pessoa a quem você nunca agradeceu devidamente pode ter conseqüências muito positivas, tanto para você quanto para a pessoa. A pesquisa que eu descrevi no Capítulo 2 indicou que a irradiação positiva resultante de uma carta de agradecimento pode durar vários meses.

E se o gesto tiver de ser forçado? O importante é fazê-lo. Faça-o agora e o sentimento virá. Há muitas evidências psicológicas de que a mudança de atitude freqüentemente se segue à mudança de comportamento. Muitas vezes, as boas intenções são vencidas pelos antigos hábitos. Se ficarmos esperando por um sentimento para tomarmos uma atitude, talvez nunca a tomemos. Faça uma pessoa ter determinado comportamento e, com algumas exceções, os sentimentos dela corresponderão ao comportamento. Faça as pessoas irem à igreja e logo elas começarão a acreditar no que estão ouvindo. Faça-as se apresentarem como voluntárias para preparar sopas para os pobres e elas se tornarão mais generosas. As Igrejas eficazes cativam as pessoas do modo certo. Os gerentes eficazes sabem que o treinamento bem-sucedido se concentra, primeiro, em mudar o comportamento. Os terapeutas conjugais dizem aos casais que deixaram de se amar para fingir que gostam um do outro. Em cada caso, simular pode produzir as emoções desejadas, preparando o terreno para as emoções reforçarem o comportamento.

10. Pense lateralmente

Se quisermos aproveitar ao máximo as oportunidades de usar nossos músculos da gratidão, deveremos procurar criativamente novas situações e circunstâncias pelas quais sentir gratidão. Justamente quando eu achava que havia entendido totalmente a base conceitual da gratidão, vi um artigo em minha escrivaninha que descrevia dois "casos anômalos" de gratidão que não se encaixavam na dinâmica do dar e receber de bondade entre benfeitor e beneficiário.[27]

    O primeiro caso é ser grato a quem lhe faz mal. Em outras palavras, ser grato a seus inimigos. Essa idéia parece absurda e difícil de ser compreendida pela maioria de nós devido à nossa tendência natural de nos defender ou retaliar (a reação "fugir ou lutar"). Contudo, é uma idéia comum no budismo. O Dalai Lama freqüentemente repete esse ensinamento budista dizendo à sua audiência que é grato aos chineses por lhe terem dado a oportunidade de praticar o amor por seus inimigos. Se amar for difícil demais, seja grato por seus inimigos lhe darem oportunidades de praticar a paciência. Exemplos parecidos podem ser encontrados em outras tradições espirituais. O poeta sufi Rumi escreve sobre um sacerdote que reza por seus agressores "porque eles me fizeram generosos favores. Sempre que eu me viro na direção das coisas que querem, deparo-me com eles. Eles me batem e me deixam na estrada e eu me dou conta novamente de que o que querem não é o que eu quero. Aqueles que o fazem voltar para o espírito... seja-lhes grato".[28] A gratidão a quem nos faz mal é uma forma muito avançada de reconhecimento — e a maioria de nós não é muito capaz disso.

Você pode se identificar mais facilmente com o segundo caso anômalo de gratidão: ser grato a quem *você* beneficia. As pessoas que fazem trabalho voluntário às vezes falam sobre os benefícios que obtêm de seu serviço e expressam gratidão por aqueles que lhes deram a oportunidade de servir. Madre Teresa costumava dizer que era grata pelos doentes e moribundos a quem prestava auxílio nos bairros miseráveis de Calcutá porque eles lhe permitiam aumentar sua compaixão. A psicóloga Ann Colby e William Damon estudaram "exemplos morais" — pessoas que assumiram compromissos morais extraordinários com as organizações sociais em que serviram como voluntárias ou trabalharam.[29]

Uma qualidade que esses exemplos morais tinham em comum era uma forte atitude positiva — eles encontravam alegria em sua vida e estavam determinados a extrair o máximo proveito de tudo que acontecesse. Notavelmente, expressavam essa positividade como uma gratidão profunda pela satisfação que lhes proporcionava seu trabalho e, especialmente, ajudar os outros. Como servir aos outros os ajudava a descobrir a própria espiritualidade interna, eram gratos por essa oportunidade. Esses exemplos têm muita consciência de que são dotados. Ações intencionais então fluem dessa consciência de ser dotado de modo que eles podem partilhar e aumentar o próprio bem que receberam. Somos lembrados de que a gratidão é incompleta enquanto não se manifesta por meio de uma ação externa. Nós temos de, como descreve tão bem o psicólogo Charles Shelton, "retribuir a bondade".[30]

Algumas considerações finais

Alguns anos atrás fui co-autor de um livro inspirador sobre a gratidão.[31] Logo depois que foi publicado, recebi um e-mail de minha co-autora que lhe fora enviado por um homem de 78 anos que lera o livro. Ele afirmava que o livro havia mudado totalmente sua vida — seu relacionamento com a mulher, os filhos e os netos, e seu modo de pensar sobre si mesmo, o mundo e tudo mais. Essa é uma afirmação bastante radical, principalmente para um homem que se aproximava da nona década de vida. Eu me lembro de ter pensado na época: "É por isso que eu faço o que faço." Para pessoas como ele — que se beneficiam com o poder transformador da gratidão —, o reconhecimento é um novo modo de ver. Para ele, homem, era um modo inusitado. Trata-se de uma postura, um modo de se posicionar para ficar mais sintonizado com as dádivas recebidas. Para algumas pessoas, como aquele homem, pode ser uma mudança profunda no modo como elas vêem e experimentam o mundo. Ele provou que nunca é tarde demais para começar a colher os frutos da vida grata. E, a propósito, encomendou mais 12 exemplares do livro, para seus filhos e netos.

Bem ou mal, nós, psicólogos pesquisadores, somos o que estudamos. Quando eu ainda era um aluno de graduação em psicologia, ficava fascinado com o relacionamento entre o pesquisador e o pesquisado. Por que as pessoas decidiam estudar certos temas? Na época em que iniciei minha pós-graduação, achei que havia descoberto o motivo: as pessoas geralmente estudavam aquilo que lhes faltava ou em que eram imperfeitas. As introvertidas estudavam a extroversão; as tímidas estudavam a assertividade; as vingativas ansiavam por aprender sobre o perdão; os professores distraídos exploravam as particularidades da memória humana.

Hoje em dia, prefiro pensar nessa "teoria da privação" mais como um modelo "coerente de autoperfeição". Almejamos nos tornar mais do que já somos. Somos trabalhos em progresso. Desse ângulo, a gratidão não é um dia, um acontecimento ou um momento. É um processo, uma jornada. Quando penso em por que escolhi estudar a gratidão, lembro-me de que um escritor famoso disse certa vez que os autores não escolhem seus temas; são escolhidos por eles. Eu me sinto impelido a estudar a gratidão, a aprender o máximo que puder sobre ela e a partilhar o que aprender com o maior número de pessoas possível. Admiti que a prática da gratidão é difícil e, para mim, não ocorre naturalmente. Contudo, os benefícios valem o esforço. Eu sempre fui uma pessoa que lutou contra a sensação de ter direito ou merecimento. Não queria dar crédito aos outros pelo que fora capaz de realizar. Era difícil para mim sentir paz e contentamento. Pouco a pouco, passei a experimentar a liberdade da gratidão. Quando apreciamos as dádivas do momento, a gratidão nos livra de arrependimentos passados e ansiedades futuras. Ao cultivá-la, livramo-nos da inveja do que não temos ou não somos. A gratidão não torna a vida perfeita, mas, com ela, vem a compreensão de que exatamente agora, neste momento, temos o bastante, somos o bastante. É altamente improvável que eu encontre novamente algum dia um tema tão satisfatório e inspirador ao qual dedicar minha energia para o trabalho de pesquisa. Sou profundamente grato pela oportunidade de aprender sobre a gratidão e revelar às pessoas minhas descobertas na esperança de que esse conhecimento lhes permita ter a melhor vida possível.

Notas

1. A nova ciência da gratidão

1. Stein, Ben. American Gratitude, *The American Enterprise*, 2005. pp. 18-21.
2. Comte-Sponville, Andre. Politeness. *A Small Treatise on the Great Virtues*. Nova York: Metropolitan Books/Henry Holt and Company, 1996.
3. *Oxford English Dictionary* (2ª ed.). Nova York: Oxford University Press.
4. Heidegger, Martin. *What Is Called Thinking?*. Nova York, Evanston, Londres: Harper & Row, 1968.
5. Steindl-Rast, David. Gratitude as Thankfulness and as Gratefulness. *The Psychology of Gratitude*, ed. Emmons, R. & McCullough, M. Nova York: Oxford University Press, 2004. pp. 282-89.
6. Edel, Abraham. Science and the Structure of Ethics. *International Encyclopedia of Unified Science. Foundations of the Unity of Science*, 1961. 2(3). Chicago: University of Chicago Press.
7. Brown, Thomas. *Lectures on the Philosophy of the Human Mind*. Edimburgo: Tait, 1820.
8. Bartlett, Elizabeth Ann. *Journey of the Heart: Spiritual Insights on the Road to a Transplant*. Duluth, MN: Pfeifer-Hamilton, 1997.
9. Bertocci, Peter Anthony. *Personality and the Good: Psychological and Ethical Perspectives*. Nova York: David McKay Co, 1963.

10. Peck, M. Scott. *In Search of Stones: A Pilgrimage of Faith, Reason and Discovery*. Nova York: Hyperion, 1995.
11. Lobdell, William (2001). "D'oh God! 'The Simpsons' and Spirituality", em: *The Simpsons Archive*. Disponível em: http://snpp.com/other/articles/dohgod.html. Acessado em 25 de jan. de 2006.
12. Simmel, Georg. *The Sociology of Georg Simmel*. Glencoe, IL: Free Press, 1950.
13. Emmons, R. A. & McCullough, M. E. Counting Blessings Versus Burdens: An Experimental Investigation of Gratitude and Subjective Well-Being in Daily Life. *Journal of Personality and Social Psychology*, 2003. 84: 377-89.
14. King, Laura & Lyubomirski, Sonja. The Benefits of Frequent Positive Affect: Does Happiness Lead to Success?. *Psychological Bulletin*, 2005. 131: 803-55.
15. Solomon, Robert C. Prefácio em *The Psychology of Gratitude*, ed. Emmons, R. & McCullough, M. Nova York: Oxford University Press, 2004. pp. v-xi.
16. Kosmitzki, Corinne & Sommers, Shula. Emotion and Social Context: An American-German Comparison. *British Journal of Social Psychology*, 1988. 27: 35-49.
17. Bonhoeffer, Dietrich. *The Way to Freedom*. Nova York: Harper & Row, 1966.
18. Harpham, Edward J. Gratitude in the History of Ideas. em *The Psychology of Gratitude*, ed. Emmons, R. & McCullough, M. Nova York: Oxford University Press, 2004. pp. 19-36.
19. Dorothy Parker, citada em Gomes, Peter J. *Strenght for the Journey: Biblical Wisdom for Daily Living*. Nova York: Harper San Francisco, 2003.
20. Gomes, Peter J. *Strenght for the Journey: Biblical Wisdom for Daily Living*. Nova York: Harper San Francisco, 2003.
21. *Ibid*.
22. Nouwen, Henri. J. M. *The Return of the Prodigal Son*. Nova York: Doubleday Publishing Group, 1992.
23. Einstein, Albert (1931). "The World As I See It." Disponível em: http://aip.org/history/einstein/essay.htm. Acessado em 1º de fev. de 2006.

2. GRATIDÃO E PSIQUE

1. Alhquist, D. *G. K. Chesterton: The Apostle of Common Sense*. São Francisco: Ignatius Press, 2003. Schall, J. V. *Schall on Chesterton: Timely Essays on Timeless Paradoxes*. Washington, D.C.: Catholic University of America Press, 2000.
2. Fagerberg, D. W. The Essential Chesterton. *First Thing*, 2000. 10: 23-26.
3. *Ibid.*, p. 25.
4. Harp, R. L. Ortodox Wonder. *The Chesterton Review*, 1991. 17: 33-45.
5. Freedman, Johathan. *Happy People: What Happiness Is, Who Has It, and Why*. Nova York: Harcourt Brace Jovanovich, 1978.
6. Fugita, Frank & Diener, ed. Life Satisfaction Set Point: Stability and Change. *Journal of Personality and Social Psychology*, 2005. 88: 158-64.
7. Brickman, P., Coates, D. & Janoff-Bulman, R. Lottery Winners and Accident Victims: Is Happiness Relative? *Journal of Personality and Social Psychology*, 1978. 36: 917-27.
8. Babyak, M., Baldewicz, T. T., Blumenthal, J. A., Herman, S., Craighead, W. E., Doraiswamy, M., Khatri, P., Krishnan, K. R. & Moore, K. Exercice Treatment for Major Depression: Maintenance of Therapeutic Benefit at 10 Months. *Psychosomatic Medicine*, 2000. 62: 633-38.
9. Schweitzer, A. *Reverence for Life*, trad. R. H. Fuller. Nova York: Harper & Row, 1969.
10. Breathnach, Sarah Ban. *The Simple Abundance: Journal of Gratitude*. Nova York: Time Warner Company, 1996.
11. Osteen, Joel. *O momento é este!* Rio de Janeiro: Best*Seller*, 2005.
12. Dickens, Charles (1835). "A Christmas Dinner". Disponível em: http://fidnet.com/~dap1995/dickens/a_christmas_dinner.html. Acessado em 1º de fev. de 2006.
13. Emmons, R. A. & McCullough, M. E. Counting Blessings versus Burdens: An Experimental Investigation of Gratitude and Subjective Well-Being in Daily Life. *Journal of Personality and Social Psychology*, 2003. 84: 377-89.

14. Watkins, P. C. Gratitude and Subjective Well-Being. *The Psychology of Gratitude*, ed. Emmons, R. e McCullough, M. Nova York: Oxford University Press, 2004. pp. 167-92.
15. Piercy, Marge 2006. "Listening with Understanding and Empathy". Disponível em: http://www.habits-of-mind.net/listening.htm. Acessado em 1º de fev. de 2006.
16. Chesterton, Gilbert Keith. *St. Francis of Assisi*. Garden City, NY: Doubleday & Co, 1954.
17. Bartlett, M. & DeSteno, D. Gratitude and Prosocial Behavior: Helping When It Costs You. *Psychological Science*, 2006. 17: 319-25.
18. Grim, D. L., Kots, R. & Watkins, P. C. Counting your Blessings: Positive Memories Among Grateful Persons. *Current Psychology: Developmental, Learning, Personality, Social*, 2004. 23: 52-67.
19. Ingram, Rick. Self-Focused Attention in Clinical Disorders: Review and a Conceptual Model. *Psychological Bulletin*, 1990. 107(2): 156-76.
20. Atchley, Leslie (2005). "Don't worry; be... grateful?" Disponível em http://aands.virginia.edu/x5325.xml. Acessado em 13 de jun. de 2005.
21. Smith, Richard. Assimilative and Contrastive Emotional Reactions to Upward and Downward Social Comparisons. *Handbook of Social Comparison: Theory and Research*. Países Baixos: Kluwer Academic Publishers, 2000. p. 28.
22. Goldberg, L. L., Gutierres, S. E. & Kenrick, D. T. Influence of Popular Erotica on Judgments of Strangers and Mates. *Journal of Experimental Social Psychology*, 1989. 25 (2): 159-67.
23. Dickens, Charles. *Bleak House*. Nova York: Norton, 1977.
24. Bernston, G. G., Cacioppo, J. T. & Hawkley, L. C. The Anatomy of Loneliness. *Current Directions in Psychological Science*, 2003. 12 (3): 71-74.
25. Frederickson, Barbara. The Role of Positive Emotions in Positive Psychology: The Broaden-and-Build Theory of Positive Emotions. *American Psychologist*, 2001. 56: 218-26.
26. Fredrickson, Barbara. Positive Affect and the Complex Dynamics of Human Flourishing. *American Psychologist*, 2005. 60 (7): 678-86.

27. Gottman, John M. *The Seven Principles for Making Marriage Work*. Nova York: Crown Publishers, 1999.
28. Hochschild, Arlie Russell. *The Second Shift: Working Parents and the Revolution at Home*. Nova York: Viking, 1989.
29. Lyubomirsky, S. Sheldon, K. M. & Schade, D. Pursuing Happiness: The Architecture of Sustainable Change. *Review of General Psychology. Special Issue: Positive Psychology*, 2005. 9 (2): 111-31.
30. Maslow, Abraham. *The Journals of A. H. Maslow. The A. H. Maslow series*. Monterey, CA: Brooks/Cole Pub. Co, 1979.
31. Park, N., Peterson, C., Seligman, M. E. P. & Steen, T. A. Positive Psychology Progress: Empirical Validation of Interventions. *American Psychologist*, 2005. 60: 410-21.
32. Shakespeare, William. *Rei Lear*. Disponível em: www.ebooks.brasil.org/eLibris/lear.html. Acessado em 2 de fev. de 2007.
33. Gordon, A. K., Mushner-Eizenman, D. R., Holub, S. C. & Dalrymple, J. What are Children Thankful For? An Archival Analysis of Gratitude Before and After the Attacks of September 11. *Applied Developmental Psychology*, 2004. 25: 541-53.
34. Froh, J. J., Sefick, W. J. & Emmons, R. A. Counting Blessings in Early Adolescents: An Experimental Study of Gratitude and Subjective Well-Being. Manuscrito apresentado para publicação, 2006.
35. Baumgarten-Tramer, Franziska. 'Gratefulness' in Children and Young People. *The Journal of Genetic Psychology*, 1938. 53: 53-66.
36. Macintyre, Alasdair. *Dependent Rational Animals: Why Human Beings Need the Virtues*. Chicago: Open Court Publishing, 1999.

3. Como a gratidão é materializada

1. Haidt, Jonathan. Elevation and the Positive Psychology of Morality. *Flourishing: Positive Psychology and the Life Well-Lived*, ed. Haidt, Jonathan & Keyes, Corey L. M. Washington, D.C.: American Psychological Association, 2003. pp. 275-89.

2. Kottler, Jeffrey. *A linguagem das lágrimas*. São Paulo: Pearson Education do Brasil, 1997.
3. *Ibid*.
4. Meissner W. W. *The Psychology of Saint Ignatius of Loyola*. New Haven e Londres: Yale University Press, 1992.
5. Camras, L. A., Holland, E. A. & Patterson, M. J. Facial Expression, em *Handbook of Emotions*, ed. Lewis, M. e Haviland, J. M. Nova York e Londres: The Guilford Press, 1993. pp. 199-208.
6. Ekman, Paul. The Argument and Evidence About Universals in Facial Expressions of Emotion. *Handbook of Social Psychophysiology*, ed. Wagner, H. & Manstead, A. Oxford, Inglaterra: John Wiley & Sons, 1989. pp. 143-64.
7. Darwin, Charles. *A expressão das emoções no homem e nos animais*. São Paulo: Companhia das Letras, 2000.
8. Pittam, J. & Scherer, K. R. Vocal Expression and Communication of Emotion. Lewis & Haviland, 1993. pp. 185-98.
9. Ekman, Paul. Unmasking the Face; A Guide to Recognizing Emotions from Facial Clues. *Spectrum Book*. Englewood Cliffs, NJ: Prentice-Hall, 1975.
10. Afflect, G., Croog, S. & Tenner, H. Causal Atribution, Perceived Benefits, and Morbidity After a Heart Attack: An 8-Year Study. *Journal of Consulting and Clinica Psychology*, 1987. 55: 29-35.
11. Goodman, Troy (2005). "Anger-Prone People More Likely to Have Heart Attacks". Disponível em: http://www.beliefnet.com/story/23.story_2345_1.html. Acessado em 6 de out. de 2005.
12. Bosworth, H. B., Feaganes, J. R., Mark, D. B., Siegler, I. C. & Vitaliano, P. P. Personality and Coping with a Common Stressor: Cardiac Catheterization. *Journal of Behavioral Medicine*, 2000. 24: 17-31.
13. Dew, M. A. & Harris, R. C. Department of Psychiatry: University of Pittsburgh School of Medicine, 1996.
14. Gallo, L. C. & Matthews, K. A. Understanding the Association Between Socioeconomic Status and Physical Health: Do Negative Emotions Play a Role?. *Psychological Bulletin*, 2003. 129: 10-51.
15. Peterson, Christopher. Pessimistic Explanatory Style Is a Risk Factor for Physical Illness: A Thirty-Five-Year Longitudinal Study. *Journal of Personality and Social Psychology*, 1988. 55: 23-27.

16. Geleijnse, J. M., Giltay, E. J., Hoakstra, T., Schouten, E. G. & Zitman, F. G. Dispositional Optimism and All-Cause and Cardiovascular Mortality in a Prospective Cohort of Elderly Dutch Men and Women. *Atchieves of General Psychology*, 2004. 61: 1126-35.
17. Colligan, M. R. & Offord, M. M. Optimism-pessimism Assess in the 1960s and Self-Reported Health Status 30 Years Later. *Mayo Clinic Proceedings*, 2002. 77: 748-53.
18. Danner, D. D., Friesen, W. V. & Snowdon, D. A. Positive Emotions in Early Life and Longevity: Findings from the Nun Study. *Journal of Personality and Social Psychology*, 2001. 80: 804-13.
19. Snowdon, D. D. *Aging with Grace: What the Nun Study Teaches Us About Leading Longer, Healthier, and More Meaningful Lives*. Nova York: Bantam, 2001.
20. Pressman, S. D. & Cohen, S. Positive Emotion and Social Word Use in Autobiography Predicts Increased Longevity in Psychologists. Apresentado no Encontro Anual da American Psychosomatic Society Conference, Denver, Co, 2006.
21. Atkinson, M., McCraty, R., Rein, G., Tiller, W. A. & Watkins, A. D. The Effects of Emotions on Short-Term Power Spectrum Analysis of Heart Rate Variability. *American Journal of Cardiology*, 1995. 76: 1089-93.
22. "You Can Meet Him at McGuire's". Disponível em: http://www.mayoclinic.org/patientstories/robertmcguire.html. Acessado em 6 de out. de 2005.
23. Tyler, Aubin (2004). "Feinberg: Town Council Should Be 'Pro-People'". Disponível em: http://www.explorernews.com/articles/2004/03/10/oro_valley/oro_valley06.prt. Acessado em 12 de jan. de 2006.
24. Atkinson, M., Carrios-Choplin, B., McCraty, R., Rozman, D. & Watkins, A. D. The Impact of a New Emotional Self-Management Program on Stress, Emotions, Heart Rate Variability, DHEA, and Cortisol. *Integrative Physiological and Behavioral Science*, 1998. 33(2): 151-70.
25. Branigran, C., Fredrickson, B. L., Mancuso, R. A. & Tugade, M. M. The Undoing Effect or Positive Emotions. *Motivation and Emotion*, 2000. 24, 237-58.

26. Saizberg, Sharon. *Lovingkindness: The Revolutionary Art of Happiness*. Boston: Shambhala Publications, 2002.
27. Davidson, R., Maxwell, J. S. & Shackman, A. J. Asymmetries in Face and Brain Related to Emotion. *Trends in Cognitive Sciences*, 2004. 8: 389-91.
28. Hener, T., Raz, T. & Weisenberg, M. The Influence of Film-induced Mood on Pain Perception. *Pain*, 1998. 76 (3): 365-75.
29. Carson, J. W., Carson, K. M., Fraz, A. M., Goli, V., Keefe, F. J., Llynch, T. R. & Thorp, S. R. Loving-Kindness Meditation for Chronic Low Back Pain. *Journal of Holistic Nursing*, 2005. 23 (3): 287-304.
30. Teigen, Karl. Luck, Envy, and Gratitude: It Could Have Been Different. *Scandinavian Journal of Psychology*, 1997. 38(4): 313-23.
31. Brown, A., Durso, R., Lynch, A. & McNamara, P. Counterfactual Cognitive Deficit in Persons with Parkinson's Disease. *Journal of Neurology, Neurosurgery, and Psychiatry*, 2003. 74: 1065-70.
32. Kornai, Janos. Hidden in an Envelope: Gratitude Payments to Medical Doctors in Hungary. *The Paradoxes of Unintended Consequences*, ed. Dahrendorf, L. & Elkana, Y. Budapeste: CEU Press, 2000.
33. Balabanova, D. & McKee, M. Understanding Informal Payments for Health Care: The Example of Bulgaria. *Health Policy*, 2002. 62: 243-73.
34. Braddock, C. H., Fryer-Edwards, K. & Kasman, D. L. Educating for Professionalism: Trainees' Emotional Experiences on IM and Pediatrics Impatient Wards. *Academic Medicine*, 2003. 78: 730.
35. *Ibid.*
36. *Ibid.*
37. Estrada, C., Isen, A. M. & Youg, M. J. Positive Affect Facilitates Integration of Information and Decreases Anchoring in Reasoning Among Physicians. *Organizational Behavior and Human Decision Processes*, 1997. 72(1): 117-35.
38. Schwenzfeier, E. M. *et al.* Psychological Well-Being as a Predictor of Physician Medication Prescribing Practices in Primary Care. *Professional Psychology: Research and Practice*, 2002. 33: 478-82.
39. Buchholz, C. Clarke, S. W. & Ludwig, T. D. Using Social Marketing to Increase the Use of Helmets Among Bicyclists. *Journal of American College Health*, 2005. 54 (1): 51-58.

40. Gabbard, Glen. On Gratitude and Gratification. *Journal of the American Psychoanalytic Association*, 2000. 48 (3): 697-716.
41. "Special Coverage of the Aftermath of Hurricane Katrina: NBC Special" (3 de set. de 2005). Disponível em: http://web.lexis-nexis.com/universe/document?_m=1dc5f96469cb23d6d6f916e38de8b197&_docnum=3. Acessado em 12 de jan. de 2006.
42. Bradley, R. T., McCraty, R. & Tomasino, D. The Resonant Heart. *Shift: At the Frontiers of Consciousness, December 2004-February 2005*, 2004-2005. 15-19.

4. GRAÇAS A DEUS: A GRATIDÃO E O ESPÍRITO HUMANO

1. Todas as citações feitas em Emmons, Robert A. & Hill, Joanna. *Words of Gratitude for Mind, Body, and Soul*. West Conshohocken, PA: Templeton Foundation Press, 2001.
2. Lewis, G., McCaughey, B., McCaughey, K. & Shaw Lewis, D. *Seven from Heaven: The Miracle of the McCaughey Septuplets*. Nashville: Thomas Nelson Publishers, 1998.
3. Miller, Patrick D. *They Cried to the Lord: The Form and Theology of Biblical Prayer*. Minneapolis: Fortress Press, 1994.
4. Lewis, *et al.*, Seven from Heaven.
5. Autoria desconhecida. Disponível em: http://www.sermons.org/thanksgiving.html. Acessado em 6 de jan. de 2006.
6. Buchanan, John M. Stammering Praise. *Christian Century*, 2002. 20 de nov.–3 de dez.: 3.
7. *Ibid.*
8. Moore, David W. This Thanksgiving Day Americans Most Thankful for Family and Health. *The Gallup Poll Monthly*, 1996.
9. Allport, Gordon W., Gillespie, James M. & Young, Jacqueline. The Religion of the Post-War College Student. *Journal of Psychology: Interdisciplinary and Applied*, 1948. 25: 3-33.
10. Emmons, Robert A. & Kneezel, Teresa T. Giving Thanks: Spiritual and Religious Correlates of Gratitude. *Journal of Psychology and Christianity*, 2005. 24 (2): 140-48.

11. Streng, Frederick J. Introduction: Thanksgiving as a Worldwide Response to Life. *Spoken and Unspoken Thanks: Some Comparative Soundings*, ed. Carman, John B. & Streng, Frederick J. Dallas: Center for World Thanksgiving, 1983. pp. 1-9.
12. Boulton, Matthew. "We Pray by His Mouth: Karl Barth, Erving Goffman, and a Theology of Invocation", *Modern Theology*, 2001. 17: 67-83.
13. Schimmel, Solomon. Gratitude in Judaism. *The Psychology of Gratitude*, ed. Emmons, R. & McCullough, M. Nova York: Oxford University Press, 2004. pp. 37-57.
14. *Ibid.*
15. Todas as citações feitas em Buchanan, "Stammering Praise".
16. Baillie, John. *A Reasoned Faith*. Nova York: Scribner, 1963.
17. Citação feita em Emmons and Hill, *Words of Gratitude for Mind, Body, and Soul*.
18. Edwards, Jonathan. *Religious Affections*. New Haven: Yale University Press, 1959.
19. Sanneh, Lamin O. Thanksgiving in the Qur'an: The Outlines of a Theme. *Spoken and Unspoken Thanks*, 1982. pp. 135-44.
20. Fadiman, James & Grager, Robert. *Essential Sufism*. Nova York: Harper San Francisco, 1999.
21. Citação feita em Emmons e Hill, *Words of Gratitude for Mind, Body, and Soul*.
22. Shoshu, Nitiren (2003). "The Four Debts of Gratitude". *The Doctrines and Practice of Nicheren Shoshu*. Disponível em: http://www.nsglobalnet.jp/page/d_and_p/chapter_43.htm. Acessado em 26 de jan. de 2006.
23. Shakarian, D. *O povo mais feliz da Terra*. Rio de Janeiro: Adhonep, 1998.
24. Jenkins, Philip. *The Next Christendom*. Nova York: Oxford University Press, 2002.
25. Griffin, R. Marie. 'Joy Unspeakable and Full of Glory': The Vocabulary of Pious Emotion in the Narratives of American Pentecostal Women, 1920-1945. *An Emotional History of the United States*, ed. Stearns, Peter N. & Lewis, Jan. Nova York: New York University Press, 1998.

26. Judd, Carrie F. *The Life and Teachings of Carrie Judd Montgomery*. Oakland, CA: Office of Triumphs of Faith, 1936.
27. Geertz, Clifford. Citado em *Antropological Approaches to the Study of Religion*, ed. Banton, Michael. Londres: Tavistock Publications, 1968.
28. Barret, Justin L. *Why Would Anyone Believe in God?* Walnut Creek, CA: AltaMira Press, 2004.
29. *Ibid*.
30. Bulbulia, Joseph. Religious Costs as Adaptations that Signal Atruistic Intention. *Evolution and Cognition*, 2004. 10: 19-42.
31. Miller, Patrick D. *They Cried to the Lord: The Form and Theology of Biblical Prayer*. Minneapolis: Fortress Press, 1994.
32. Pargament, Kenneth I. *The Psychology of Religion and Coping: Theory, Research, Practice*. Nova York: The Guilford Press, 1997.
33. Park, Crystal L. Religion as a Meaning-Making Framework in Coping with Life Stress. *Journal of Social Issues: Religion as a Meaning System*, 2005. 61: 707-30.
34. *Ibid*.
35. Claypool, John. *Tracks of a Fellow Struggler: Living and Growing Through Grief*. Harrisburg, PA: Morehouse Publishing, 1995.
36. Frankl, Viktor Emil. *Em busca de sentido*. Petrópolis, RJ: Vozes, 1997.
37. Peck, Morgan Scott. *In Search of Stones: A Pilgrimage of Faith, Reason, and Discovery*. Nova York: Hyperion, 1995.
38. Hargrove, Thomas & Stempel, Guido H. III (2004). "13 Percent Don't Plan to Celebrate Thanksgiving", *Scripps Howard News Service*. Disponível em http://web.lexis-nexis.com/universe/document?_m=13963096ea9445698eao7aob2e39b9. Acessado em 19 de nov. de 2004.
39. Cox, Harvey Gallagher. *A festa dos foliões*. Petrópolis, RJ: Vozes, 1974.

5. Um crime antinatural: ingratidão e outros obstáculos à vida grata

1. "Hurricane Katrina Draws Record Donations". Disponível em: http://web.lexis-nexis.com/universe/document?_m=4f5c243e3

011ed28d7cea22e63c78d49&_docnum=2&wchp=dGLzVLz-zSkVa&_md5=777d37d5a54fcba16e8e401b55361cf7. Acessado em 25 de jan. de 2006.
2. Gray, Steven. Good Intentions: A Katrina Family Tries to Start Over in Minnesota Town. *Wall Street Journal*, (11 nov. 2005). p. A1.
3. Sheibe, Karl, E. *The Drama of Everyday Life*. Cambridge, MA: Harvard University Press, 2000.
4. Cacioppo, J. T., Ito, T. A., Larson, J. T. & Smith, N. K. Negative Information Weighs More Heavily on the Brain: The Negativity Bias in Evaluative Categorizations. *Journal of Personality and Social Psychology*, 1998. 75(4): 887-900.
5. Berntson, G. G. & Cacioppo, J. T. The Affect System: Architecture and Operating Characteristics. *American Psychological Society*, 1999. 8 (5): 133-37.
6. Mather, M., Canli, T., English, T., Whitfield, S., Wais, P. *et al*. Amygdala Responses to Emotionally Valenced Stimuli in Older and Younger Adults. *American Psychology Society*, 2004. 15 (4): 259.
7. Dickens, Charles. *Grandes esperanças*. Rio de Janeiro: Ediouro, 1993.
8. *Ibid*.
9. Emerson, Ralph W. (1844). Disponível em: http://www.rwe.org/comm/index.php?option=com_contents&task=view&id=139Itemid=42. Acessado em 31 de jan. de 2006.
10. Emmons, Robert A. & King, Laura A. Conflict Over Emotional Expression: Psychological and Physical Correlates. *Journal of Personality and Social Psychology*, 1990. 58 (5): 864-67.
11. Vitz, Paul C. (1999). Disponível em: http://www.catholiceducation.org/articles/marriage/mf0002.html. Acessado em 31 de jan. de 2006.
12. Scheibe. *O drama da vida cotidiana*. São Paulo: Editora PUC-SP, 2005.
13. Weijer, Charles. No: Gifts Debase the True Value of Care. *Western Journal of Medicine*, 2001. 175: 77.
14. *Ibid*.
15. Flanagan, Caitlin. What Teachers Want. *The New Yorker*, (6 dez. 2004). p. 64.

16. Myers, David G. *The Pursuit of Happiness: Who Is Happy and Why*. Nova York: William Morrow and Company, 1992.
17. Epicuro (341 a.C.-271 a.C.). Disponível em: http:/www.brainyquote.com/quotes/quotes/e/epicurus133089html. Acessado em 31 de jan. de 2006.
18. Dineen, Tana. *Manufacturing Victims: What the Psychology Industry is Doing to People*. Montreal: Robert Davies Multimedia Publishing, 1998.
19. Brickman, P., Coates, D. & Janoff-Bulman, R. Lottery Winners and Accident Victims: Is Happiness Relative? *Journal of Personality and Social Psychology*, 1978. 36: 917-27.
20. Fernandez, Sandy M. (21 de ago. de 2005). "Hear What I'm Saying?" *Washington Post*. Disponível em: http://pqasb.pqarchiver.com/washingtonpost/access/884798331.html? dids=884798331:884798331&FMT=ABS&FMTS=Sandy+M. +Fernandez&desc=Hear+What+Ipercent27m+Sayingpercent3F. Acessado em 6 de fev. de 2006.
21. *Ibid*.
22. Todas as citações feitas em Harpham, Edward J. Gratitude in the History of Ideas. *The Psychology of Gratitude*, ed. Emmons, R. & McCullough, M. Nova York: Oxford University Press, 2004. pp. 19-36.
23. Leithart, Peter J. The Politics of Gratitude. *First Things*, 2004. 148: 15-17.
24. Mencken, H. L. *Prejudices: Second Series*. Nova York: Alfred A. Knopf, 1924.
25. Lincoln, Abraham (1863). "Presidential Thanksgiving Proclamations". Disponível em: http://www.pilgrimhall.org/thanxproc1862.htm. Acessado em 31 de jan. de 2006.
26. Knott, Tom (2004). "Finishing First in Gratitude", *Washington Times*. Disponível em: http://web.lexis-nexis.com/universe.document?_m=36de7ad286e42ceod4be515obf8oca7. Acessado em 15 de set. de 2004.
27. "If Noor Stayed in Iraq". Weinstein, Joshua L. (2005). "A Father's Thanks, A Daughter's Smile", *Portland Press Herald: Maine Sunday Telegram*. Disponível em: http://pressherald.mainetoday.

com/news/local/050301heart.shtml. Acessado em 1º de mar. de 2005.
28. Algoe, Sara & Haidt, Jonathan. Moral Amplification and the Emotions that Attach Us to Saints and Demons. *Handbook of Experimental Existential Psychology*. Nova York: Guilford Press, 2003.
29. Shelton, Charles M. Graced Gratitude. *The Way*, 2003. 42 (3): 137-49.
30. Bergler, Edmund. Psychopathology of Ingratitude. *Diseases of the Nervous System*. Nova York, 1945.
31. Sêneca. On Benefits. *Moral Essays, with an English translation by John W. Basore: Vol. III*. Cambridge, MA: Harvard University Press, 1935.
32. Trump, Donald (2005). "Profile: Donald Trump", *Money Week*. Disponível em: http://www.moneyweek.com/file/4794trup-1111.html. Acessado em 31 de jan. de 2006.
33. Citado em Robins, Richard W. & Paulhus, Delroy L. The Caracter of Self-Enhancers: Implications for Organizations. *Personality and Psychology in the Workplace: Decade of Behavior*, ed. Roberts, Brent W. & Hogan, Robert. Washington, D.C.: American Psychological Association, 2001. pp. 193-219.
34. Raskin, Robert & Hall, Calvin S. The Narcissistic Personality Inventory: Alternate Form Reliability and Further Evidence of Construct Validity. *Journal of Personality Assessment*, 1981. 45 (2): 159-62.
35. McWilliams, Nancy & Lependorf, Stanley. The Denial of Remorse and Gratitude. *Narcissistic Pathology of Everyday Life*. Nova York: W. A. W. Institute, 1990.
36. *Diagnostic and Statistical Manual of Mental Disorders* (4ª ed.) (1994). Washington, D.C.: American Psychiatric Association.
37. Confúcio. Disponível em: http://en.tkexist.com/quotes/with/keyword/gratitude/. Acessado em 31 de jan. de 2006.
38. Selye, Hans. *The Stress of Life*. Nova York: McGraw-Hill, 1956.
39. *Ibid*.
40. *Ibid*.
41. *Ibid*.
42. *Ibid*.

6. Gratidão em tempos difíceis

1. Wharton, James A. *Job*. Louisville, KY: Westminster John Know Press, 1999.
2. Good, Edwin M. *In Turns of Tempest: A Reading of Job*. Stanford, CA: Stanford University Press, 1990.
3. Ten Bloom, Corrie & Scherrill, John. *O refúgio secreto*. Belo Horizonte: Editora Betânia, 1974.
4. Bonhoeffer, Dietrich. *Letters and Papers from Prison*, trad. Eberhard Bethge. Londres: SCM Press, 1971.
5. Beck, James R. *The Psychology of Paul: A Fresh Look at His Life and Teaching*. Grand Rapids, MI: Kregel Publications, 2002.
6. Spafford, Horatio G. (1873). "It Is Well With My Soul". Disponível em: http://www.gracelivingstonhill.com/spafford.htm. Acessado em 6 de fev. de 2006.
7. Maslow, Abraham H. *Motivation and Personality*. Nova York: Harper & Row, 1987.
8. Gomes, Peter J. *The Good Life: Truths That Last in Times of Need*. São Francisco: Harper San Francisco, 2002.
9. Diener, Carol & Diener, ed. "Most People Are Happy", *Psychological Science*, 1996. 7(3): 181-86.
10. Wortman, Camille B. & Silver, Roxane C. Coping with Irrevocable Loss. *Cataclysms, Crises, and Catastrophes: Psychology in Action*, Washington, D.C.: American Psychological Association, 1987. pp. 185-235.
11. *Ibid*.
12. McIntosh, D. N., Silver, R. C. & Wortman, C. B. Religion's Role in Adjustment to a Negative Life Event: Coping With the Loss of a Child. *Journal of Personality and Social Psychology*, 65, 1993. 812-21.
13. Park, C. L., Cohen, L. H. & Murch, R. L. Assessment and Prediction of Stress-Related Growth. *Journal of Personality and Social Psychology*, 1996. 64 (1): 71-105.
14. Cialdini, Robert B. *Influence: Science and Practice*. Upper Saddle River, NJ: Scott Foresman and Company, 1985.

15. Adler, N. E., Blackburn, E. H., Cawthon, R. M., Dhabhar, F. S., Epel, E. S., Lin, J. & Morrow, J. D. Accelerated Telomere Shortening in Response to Life Stress. *Proceedings of the National Academy of Sciences of the United States of America*, 2004. 101 (49 & 50): 17312-25.
16. Ciras, Heather J. (2005). "First Give Thanks, Then Do No Harm". Disponível em: http://www.stnews.org/altruism-1632.htm. Acessado em 12 de jan. de 2006.
17. McQuilkin, Robertson (2005). "CT Classic: Muriel's Blessing". Disponível em: http://www.ctlibrary.com/print.html?id+11608. Acessado em 11 de out. de 2005.
18. Disponível em: http://www.alz.org/Media/newsrelease/ronaldregan/reagannancyletter. asp. Acessado em 14 maio 2006.
19. Mason, Kelly Murphy (2001). "The Sacrament of Gratitude". Disponível em: http://www.beliefnet.com/story/89/story_8926.html. Acessado em 7 de fev. de 2006.
20. Fredrickson, B. L., Tugade, M. M., Waugh, C. E. & Larkin, G. R. "What Good Are Positive Emotions in Crisis: A Prospective Study of Resilience and Emotions Following the Terrorist Attacks on the United States on September 11th, 2001. *Journal of Personality and Social Psychology*, 2003. 84: 365-76.
21. "Survivors' Stories" (s/d). Disponível em http://www.11-sept. org/survivors.html. Acessado em 7 de fev. de 2006.
22. Peterson, Christopher & Seligman, Martin. Character Strenghts Before and After September 11. *Psychological Science*, 2003. 14: 381-84.
23. Bush, George W. (2002). "President's Remarks to the Nation". Disponível em: http://www.whitehouse.gov/news/releases/2002/09/200020911-3.html. Acessado em 7 de fev. de 2006.
24. Kendler, K. S., Liu, X. Q., Gardner, C. O. *et al.* "Dimensions of Religiosity and Their Relationship to Lifetime Psychiatric and Substance Use Disorders. *American Journal of Psychiatry*, 2003. 160: 496-503.
25. Smith, L. C., Friedman, S. & Nevid, J. Clinical and Sociocultural Differences in African American and European American Patients with Panic Disorder and Agoraphobia. *Journal of Nervous and Mental Disease*, 1999. 187: 549-60.

26. Naim, Raymond C. & Merluzzi, Thomas V. The Role of Religious Coping in Adjustment to Cancer. *Psycho-Oncology*, 2003. 12: 428-41.
27. Barusch, Amanda Smith. Religion, Adversity, and Age: Religious Experiences of Low-Income Elderly Women. *Journal of Sociology and Social Welfare*, 1999. 26: 152-42.
28. Coffman, Sherrilyn. Parents' Struggles to Rebuild Family Life After Hurricane Andrew. *Issues in Mental Health Nursing*, 1996. 17: 353-67.
29. Afton, Jo (2005). "Letter from Jo Afton". Disponível em: http://sistercitsupport.net/indexphp?s=but+not+my+spirit. Acessado em 7 de fev. de 2006.
30. Ventura, Jacqueline N. & Boss, Pauline G. The Family Coping Inventory Applied to Parents with New Babies. *Journal of Marriage and the Family*, nov. de 1983. 867-75.
31. Kind, L. A., Scollon, C. K., Ramsey, C. & Williams, T. Stories of Life Transition: Subjective Well-Being and Ego Development in Parents of Children with Down Syndrome. *Journal of Research in Personality*, 2000. 35: 509-36.
32. The National Down Syndrome Society Web site (s/d). Disponível em http://www.ndss.org. Acessado em 6 de fev. de 2006.
33. Robson, Richard (2003). "Dad of the Month". Disponível em http://iparenting.com/dad/0903.htm. Acessado em 6 de fev. de 2006.
34. McAdams, Dan P. *The Redemptive Self: Stories Americans Live By*. Nova York: Oxford University Press, 2006.
35. McAdams, Dan P. & Bauer, Jack J. Gratitude in Modern Life: Its Manifestations and Development. *The Psychology of Gratitude*, ed. Emmons, R. & McCullough, M. Nova York: Oxford University Press, 2004. pp. 81-99.
36. Peck, Morgan Scott. *In Search of Stones: A Pilgrimage of Faith, Reason, and Discovery*. Nova York: Hyperion, 1995.
37. Calvino, João. *Institutes of the Christian Religion*. Grand Rapids, MI: Wm. B. Eerdmans, 2001.
38. Rast, irmão David Steindl (s/d). "Practicing the Art of Gratefulness". Disponível em http://www.gratefulness.org. Acessado em 8 de fev. de 2006.

39. Kierkegaard, S. & LeFevre, P. D. *The Prayers of Kierkegaard*. Chicago: University of Chicago Press, 1996.
40. Vaillant, George. *Aging Well: Surprising Guideposts to a Happier Life from the Landmark Harvard Study of Adult Development*. Boston: Little, Brown and Company, 2002.
41. Wiesel, Elie & Heffner, Richard D. *Conversations with Elie Wiesel*. Nova York: SchockenBooks, 2001.
42. Wiesel, Elie (2000). "Oprah's Cut with Elie Wiesel", *O, The Oprah Magazine*, nov. de 2000. Disponível em: http://www.2oprah.com/omagazine.200011/omag_200011_elie_b.jhtml. Acessado em 6 de fev. de 2006.
43. "This simple process". Disponível em: http://www.pubs.org/eliewiesel/life/henry. html. Acessado em 10 de jan. de 2006.

7. A PRÁTICA DA GRATIDÃO

1. Mill, John Stuart (1873). *The Cambridge History of English and American Literature in 18 Volumes (1907-21), volume XIX. The Victorian Age, Part Two*. Disponível em http://www.bartleby.com/224/0107.html. Acessado em 8 de fev. de 2006.
2. Prochaska, James O. Change at Differing Stages. *Handbook of Psychological Change: Psychotherapy Processes & Practices for the 21st Century*, ed. Snyder, C. R. & Ingram, R. E. Nova York: John Wiley & Sons, 2000. pp. 109-127.
3. Niederhoffer, Kate G. & Pennebaker, James W. Sharing One's Story: On the Benefits of Writing or Talking About Emotional Experience. *Handbook of Positive Psychology*, ed Lopez, W. J. & Snyder, C. R. Nova York: Oxford University Press, 2002. pp. 573-83.
4. Gomes, Peter J. *Strenght for the Journey: Biblical Wisdom For Daily Living. A New Collection of Sermons*. São Francisco, 2003.
5. Baumeister, R. F., Bratslavsky, E. & Finkenauer, C. Bad Is Stronger Than Good. *Review of General Psychology*, 2001. 5(4): 323-70.
6. Hedstrom, L. James. Morita and Naikan Therapies: American Applications. *Psychoterapy*, 1994. 31: 154-60.

7. Krech, Greg. *Naikan: Gratitude, Grace, and the Japanese Art of Self-Reflection*. Berkeley, CA: Stone Bridge Press, 2002.
8. Gallup, George & Bezilla, Robert. *The Religious Life of Young Americans: A Compendium of Surveys on the Spiritual Beliefs and Practices of Teen-Agers and Young Adults*. Princeton, NJ: G. H. Gallup International Institute, 1992.
9. Clark, Walter Houston. *The Psychology of Religion: An Introduction to Religious Experience and Behavior*. Nova York: Macmilan, 1961.
10. McKinney, John Paul & McKinney, Kathleen, G. Prayer in the Lives of Late Adolescents. *Journal of Adolescents*, 1999. 22, 279-90.
11. *Lutheran Book of Worship*. Minneapolis, MN: Augsburg Publishing House, 1978.
12. Keillor, Garrison (2006). "With All the Trimmings: A Thanksgiving Essay". Disponível em: http://www.javaforjesus.com/allthetrimmings.html. Acessado em 1º de mar. de 2006.
13. "Prayers of the Day: Native American" (2006). Disponível em: http://www.beliefnet.com/prayeroftheday/more_prayers.asp?paid=49&faid=10. Acessado em 1º de mar. de 2006.
14. Hanh, Thich Nhat. *Call Me by My True Names*. Berkeley, CA: Parallax Press, 1993.
15. Ackerman, Diane. *Uma história natural dos sentidos*. Rio de Janeiro: Bertrand Brasil, 1992.
16. Luskin, Fred. *Forgive for Good: A Proven Prescription for Health and Happiness*. Nova York: HarperCollins Publishers, 2002.
17. Compilado por Frederic A. Brussat (1994). "27 Ways to Live a Spiritual Life Every Day: Who Says Gossiping and Brushing Your Teeth Can't Be Sacred?", *Utne Reader* (jul./ago. de 1994): 91-95.
18. Coscarelli, L., Ford, Maire & Plante, T. G. Does Exercising With Another Enhance the Stress-Reducing Benefits of Exercise?. *International Journal of Stress Management*, 2001. 8(3): 201-13.
19. Doherty, William. The Emotional Contagion Scale. *Journal of Nonverbal Behavior*, 1997. 21: 131-54.
20. Rowling, J. K. *Harry Potter e o enigma do príncipe*. Rio de Janeiro: Rocco, 2005.

21. Dean, Mark Lawrence (2002). "Effects of Vow-making on Adherence to a 12-week Personal Fitness Program, Self-Efficacy, and Theory of Planned Behavior Constructs", *Dissertation Abstracts International: Section B: The Sciences and Engineering*, 62 (12-B): pp. 5959.
22. *Bíblia Almeida Corrigida e Fiel*. Disponível emhttp: //bibliaonline.com.br. Acessado em 2 de jun. de 2007.
23. Whorf, Benjamin Lee. *Language, Thought, and Reality; Selected Writings*. Editado e com uma introdução de John B. Carroll. Prefácio de Stuart Chase. Cambridge, MA: MIT Press, 1966.
24. Barusch, Amanda Smith. Self Concepts of Low-Income Older Women: Not Old or Poor, But Fortunate and Blessed. *International Journal of Aging and Human Development*, 1997. 44 (4): 269-82.
25. Emerson, Ralph Waldo (2006). Ralph Waldo Emerson Quotes. Disponível em: http://www.brainyqyote.com/quotes/quotes/r/ralphwaldo108797.html. Acessado em 1º de mar. de 2006.
26. Strack, F. & Martin, L. Inhibiting and Facilitating Conditions of the Human Smile: A Non-obtrusive Test of the Facial Feedback Hypothesis. *Journal of Personality and Social Psychology*, 1988. 54: 768-77.
27. Fitsberald, Patrick. Gratitude and Justice. *Ethics*, 1998. 109: 119-53.
28. *Ibid*.
29. Colby, Anne & Damon, William. *Some Do Care: Contemporary Lives of Moral Commitment*. Nova York: The Free Press, 1992.
30. Shelton, Charles. Gratitude, Moral Emotions, and the Moral Life". Monografia adaptada de uma palestra apresentada em 15 de abril de 2002, na Indiana University, Bloomington, Indiana. *The Poynter Center for the Study of Ethics and American Institutions*. Bloomington, IN: Indiana University Foundation, 2002.
31. Emmons, Robert A. & Hill, Joanna. *Words of Gratitude: For Mind, Body, and Soul*. Filadélfia: Templeton Foundation Press, 2001.

Este livro foi composto na tipografia
Adobe Garamond, em corpo 11,5/15,2, e impresso em
papel off-white no Sistema Digital Instant Duplex
da Divisão Gráfica da Distribuidora Record.